· 长期主义系列 ·

唐英◎著

突围

打工人逆袭指南

TUWEI DAGONGREN NIXI ZHINAN

企业管理出版社
ENTERPRISE MANAGEMENT PUBLISHING HOUSE

图书在版编目（CIP）数据

突围：打工人逆袭指南 / 唐英著．—北京：企业管理出版社，2023.5
ISBN 978-7-5164-2725-5

Ⅰ．①突… Ⅱ．①唐… Ⅲ．①工作方法—指南 Ⅳ．① B026-62

中国版本图书馆 CIP 数据核字（2022）第 174606 号

书　　名：	突围：打工人逆袭指南
书　　号：	ISBN 978-7-5164-2725-5
作　　者：	唐　英
责任编辑：	刘金敏　　黄　爽
出版发行：	企业管理出版社
经　　销：	新华书店
地　　址：	北京市海淀区紫竹院南路 17 号　　邮　　编：100048
网　　址：	http://www.emph.cn　　电子信箱：emph001 @163.com
电　　话：	编辑部（010）68701638　　发行部（010）68701816
印　　刷：	三河市荣展印务有限公司
版　　次：	2023 年 5 月第 1 版
印　　次：	2023 年 5 月第 1 次印刷
开　　本：	710mm × 1000mm　1/16
印　　张：	16.5 印张
字　　数：	232 千字
定　　价：	68.00 元

前言
PREFACE

本书是在我大学毕业后十二年左右的工作笔记的基础上完成的。偶尔翻看这些工作笔记时，就像翻看老照片一样百感交集：既汗颜于年轻时的青涩和懵懂，又感叹如箭的时光和一去不复返的年少轻狂。但更多的还是感恩，感恩不论是在职场还是在生活中遇到的人们。比如在我还是一个职场小白的时候，那些教我工作技能和做人道理的上级；和我一起共事十多年仍然不离不弃的佩佩；深圳灵狮文化产业集团的向帅兵董事长；给我支持、带我成长、给我安全感的爱人……要感谢的人太多太多了，一言难以说尽。

目前，我是一名创业者，也是一名天使投资人，不仅如此，我还要花大量的时间在深圳市文化产业园区协会的会员服务和深圳市国元文化产业研究院的实践研究上。很多朋友问我：你不累吗？

我的答案是：沉浸在自己热爱的事情当中，会体验到“心流”，那是一种充满能量而不会有任何疲倦的感觉。

创业者、天使投资人、协会秘书长、研究院理事长，看起来事情很多，但每一项工作内容的管理跨度都不大，而且集中在一个领域，形成了一个完美的闭环。我的创业方向是产品创意设计，投资的领域是文化产业，协会的主要会员是文化产业园区，研究院的主要研究方向是文化金融、文化园区和文化科技。

我每天要约见数位企业家和创业者，很多创业者不可谓不优秀、不努力、不幸运，但为什么最后能成功的人寥寥无几？创业这件事通常只有两类人可以干成：一类是与生俱来的创业者和企业家；另一类是被逼无奈，除了创业无路可走的人。

现在很多人在打工不开心的时候会想：也许我不适合打工，我适合创业自己当老板。

如果你现在刚好有这个想法，我劝你趁早打消这个念头。一个人创业干得好，通常打工也能干得好；但是，一个人打工干不好，创业基本也干不好。

“太阳底下没有新鲜事”，99.99% 的人想到的所谓的创业理念都已经有人在干了，而且很大可能都已经成功了。这个时候应该做的决不是冲进这个行业，亏个底朝天，而是应该找到这个行业的成功企业，想方设法以打工者的身份进去，深入基层，全面掌握商业模式、组织结构等，看看与自己的设想有多大差距。在绝大多数情况下，了解越深入、越全面，就会越理智、越谨慎。

成功 = 失败 + 反思 + 学习 + 行动。

等号右边的四个要素缺一不可，缺少任何一个要素，即使有一点阶段性的成绩，也不过是昙花一现。

如果你渴望成功，那么你有反思过失败的原因吗（这个失败不一定仅指自己的失败，也可以是别人的失败）？找到了失败的原因后，有向“拿到了结果”的成功者学习吗？有系统地学习吗？学习之后是仅仅停留在“想象、设想、计划、讨论”阶段还是付诸了行动，并且不断地在进行“计划—组织—行动—反思”的循环呢？

如果你是职场小白，希望你在本书里能看到“希望”，因为起点低如我，也可以逆袭突围；如果你是职场精英，希望你在本书里能看到“转机”，每一个或迷茫或坚决的管理者都有机会自主创业；如果你是跃跃欲试的创业者，希望你在本书里能看到“谨慎”，每一次的创业都是全力以赴去博一个小概率事件，创业成功有方法论。

希望这是一本你愿意看、看得懂、有点用的书。

在写作过程中，感谢余来文博士、甄英鹏博士的指导，感谢唐君仪参与本书相关章节资料整理工作。需要特别说明的是，本书学习、借鉴、吸收和参考了国内外众多专家学者的研究成果及大量的相关文献资料，并引用了一些书籍、报刊、网站的部分数据和资料内容，已尽可能地在参考文献中列出，由于时间紧迫，也有部分未能与有关作者一一联系，敬请见谅。在此，对这些成果的作者深表谢意。

2022 年 8 月 30 日

目 CONTENTS 录

第一章

人生职业选择

有人说，大学生应该从大一开始着手进行职业选择。其实职业选择是贯穿整个职业生涯周期且需要不断精进的一门课程。无论是大学校招时让人目不暇接的招聘海报，还是成为职场精英后接到的络绎不绝的猎头电话，都需要我们擦亮眼睛保持清醒的头脑找到适合自己的职业。而找到适合自己的职业的前提则是清晰的职业规划和人生目标。

第一节　自己选的路，要坚定地走下去

你有没有曾为自己的职业和人生选择感到犹豫、纠结？每一次选择都是职业生涯和人生的变量，而每一个人在每一个时间节点上面临的选择都不一样，某些人的起点却是很多人终身的奋斗目标。我们不需要与任何人去做横向的比较，只需今天做得比昨天好，明天过得比今天强就好。如果要使我们在每一个职业和人生当口的可选项越来越多，就只能依靠自身的努力。

选择和努力都很重要，选择大于努力的基础就是你要有充足的可选项。选择和努力是互为因果的关系（见图 1-1），因为做出的选择决定了我们努力的方向和程度，而努力的方向和程度又会决定我们将来的可选项。

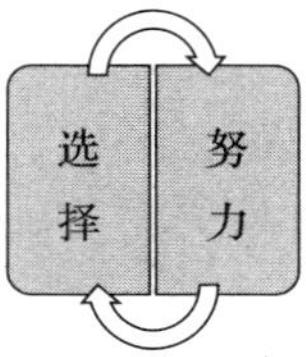

图 1-1　选择和努力关系

职业选择有成千上万种，每一种选择都将引领我们走上完全不同的职业之路。有志者立长志，无志者常立志。如果经常更换职业赛道，可能很难在任何一个行业有所建树。但是，如果在某条职业之路上“一条道走到黑”，谁又能知道这条路到底是“一条想走的路”，还是“一条正确的路”？抑或是一条既没有前途又没有让你提起任何热情的路？

一、30 岁以后的人生，是毕业后前三年决定的

2006 年 9 月，我正式进入大学阶段最后一年的学习，身边的同学也越

来越多地在讨论毕业后的去向。当时班上的学霸们早就已经在为考研做准备，偶然听到有同学要跨专业考北京大学，我内心的感受只能用“震惊”二字来形容。我曾认真地问这位志向为北京大学的同学：你真是在备考北京大学的心理学吗？同学只是淡淡地说：志向为北京大学，再差也能考个北京师范大学。

我读大二时挂过一门课——大学英语，英语四级考了三次终于擦线过关。即使是有如此令人无法直视的成绩，我居然还能通过各类社团、社会活动的加分拿了两次三等奖学金。特别感谢母校对人才极高的包容程度以及因材施教的教育理念。上大学的时候，我从来没有想过考研，因为对于我来说，考研是用我的最短处攻克一个最高的山头。

我也觉得考公务员不太适合我，因为我对自己的考试能力也没有多大的信心，所以考公务员这条路，看来也走不太通。

所以我别无选择地选择了——就业。

当我进一步考虑就业的方向和城市时，闺蜜兼发小给我发了一条短信，问我在考研、考公务员、就业之间，她应该怎么选择。

当年短信是朋友、同学间主要的沟通方式，一角一条，还是限定字数的，要说清楚这个问题没有10条短信是搞不定的。所以，我从寝室上铺爬下床，坐在床下的书桌前，拿出笔记本列出了这样一个表格（见表1-1）：

表1-1　考研、考公务员、就业优劣势分析

选择	优势	劣势
考研	1. 提升学历，学到更多知识 2. 可能考到一所比在读本科院校更好的学校 3. 毕业后的起薪大概率会更高	1. 有可能考不上 2. 因为备考而耽误了实习和大学生校招的黄金时间
考公务员	1. 工作稳定 2. 社会地位高 3. 养老福利有保障	1. 有可能考不上 2. 刚开始工作时可发挥的空间不大，职业生涯可能一眼看得到头

续表

选择	优势	劣势
就业	1. 在各大公司校招的时候有较高的就业可能性 2. 尽早踏入社会，比考研同学多积累 2 ～ 3 年的工作经验	1. 毕业起薪不高 2. 毕业院校一般，可能无法进入理想的企业和岗位

受当年手机像素和通信软件的限制，我将这张手写的表格拿到宿舍楼下的打印店用传真发给了闺蜜。

闺蜜和我的情况非常相似，这张表既是帮她分析，也是在帮自己分析。看着这张分析表，我更加坚定了自己的选择——就业。

当我在考研、考公务员和就业之间选择了就业的时候，就意识到在职业生涯最初的前三年，将把所有的精力献给职场。

为什么说对于职场新人而言，毕业后的前三年将决定 30 岁的人生？因为这三年会在很大程度上决定我们未来职业生涯的整体趋势，不仅如此，还会为我们的职业素养和职业思维进行定型。行为决定习惯，习惯决定思维，职业思维一旦定型，就会成为我们整个职业生涯的基石。

与此同时，职业生涯前三年因为缺乏工作经验和人际关系网络，很容易使我们产生职业迷茫。面对这样的压力，很多年轻人会用“跳槽”来解决这个问题，而频繁跳槽将给整个职业生涯埋下严重的隐患。

如果毕业后我们一开始进入的是一家工作严谨、体系完善、发展机会充裕的企业，那么大概率我们会树立积极的职业思维；反之，如果我们进入的是一家人际关系复杂、业务不清和商业模式不明晰的企业，我们就有可能陷入消极的职业思维（见图 1-2）。

2020 年 5 月，《中国青年报》社会调查中心联合问卷网对 1984 名职场人士进行的一项调查显示，96.3% 的受访者认为职场前三年是一个人职业生涯的关键期。其中，65.8% 的受访者认为前三年是提升业务技能的重要时期，61.5% 的受访者认为前三年是资历、人脉积累的重要时期，56.4% 的受访者认为前三年是职业探索期，会为未来发展奠定基础。

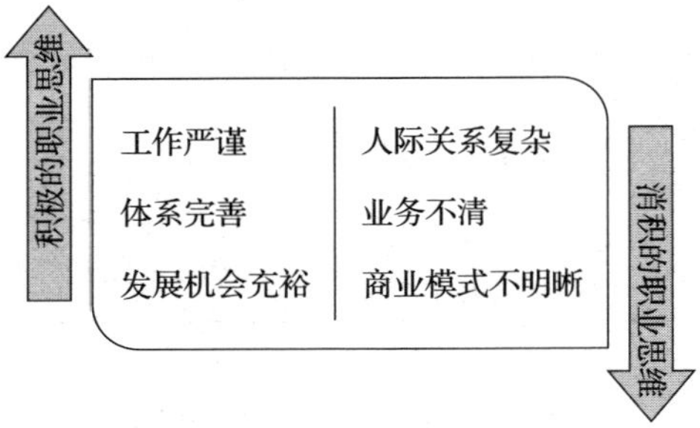

图 1-2　职业思维的成因

总之，职场前三年是一个人形成职业价值观的重要阶段，无论是业务技能还是资历、人脉都会在这个阶段得到有效积累。

二、选择真的比努力更重要吗

人的一生中会遇到各种人，有时会对新认识的人有一种说不出来的熟悉感，其实本质原因是人的共性，心理学家称这种共性为人性。倾向于做“简单选择”，逃避“复杂过程”就是人性。大家都希望通过掌握一个简单的道理，并在工作中重复应用，继而走向成功。说实话，这是不现实的。

以前，供我们选择的并不多，这会让人们产生“只要努力就能成功”的错觉。比如，四十年前，学生只有好好读书才能考上一所好大学，只有从好大学毕业才能找到“铁饭碗”，只有进入体制内才能有机会出人头地。多简单的选择，根本不用多想，努力就行。

即使是这样简单的选择，你有没有想过一个问题，摆在你面前有两条路：一条明显是更好的路，另一条明显是更差的路，那么你凭什么能选中这条更好的路？为什么是你而不是别人？

你与被选项之间存在着一个双向选择，你选了“最优项”，同时还需要“最优项”选择你才行。比如，你想在一个工资高离家近和一个工资低且没有前途的工作机会之间选择前者，不仅你想这样选，绝大多数人都想这样选，那么决定这个双向选择能否匹配成功的就是你是否努力。

具体到职业选择上，什么才是正确的努力？首先，需要了解跟专业和工作经验相关的行业，了解这些行业中哪些是朝阳产业，哪些是夕阳产业。其次，要在具有发展前景的行业中找到明星企业以及目前招聘中与自身情况适配的岗位。最后，根据企业和岗位的要求，把我们的成绩、技能证书、社会实践、实习工作经历等制作成一份简历。有了这些基础后，才是全力以赴地应对笔试、初试和复试。

这是一个需要努力的过程，如果只想通过“简单选择”就能走对人生路，岂不是异想天开？

专栏 1-1

高瓴资本——张磊：选择比努力重要

1972 年，张磊出生于河南省驻马店市，1990 年，张磊以河南省高考文科状元的身份考取中国人民大学国际金融专业。1998 年，张磊赴美国耶鲁大学求学，获得耶鲁大学工商管理硕士及国际关系硕士学位。张磊在耶鲁大学捐赠基金工作过一段时间，随后在全球新兴市场投资基金工作，并负责对南非、东南亚和中国的投资。此后，张磊还曾担任纽约证券交易所首任中国区首席代表，在中国香港创立了纽约证券交易所驻香港办事处。2005 年，张磊作为创始人创建了高瓴资本，始终支持创新，专注于长期投资，支持实体经济转型升级和价值创造。

无论是在一级还是在二级市场，高瓴资本都是一个闻名遐迩的名字。高瓴资本有三条投资哲学，这三条不仅是投资的宝典，还是很多人的成功秘籍。

第一是“守正用奇”。“守正用奇”取自老子的《道德经》，《道德经》说“以正治国，以奇用兵”，意思就是以静正之道，用超乎寻常的谋略治国。“守正”需要人有稳定的情绪，坚持内心的信念，不轻易跟风。具体到投资这件事上，可以参考沃伦·巴菲特（Warren E. Buffett）所说的“别人贪婪时我恐惧，别人恐惧时我贪婪”。“守正用奇”就是要以“正道”为基础激发创新活力。

第二是“永葆初心”。“弱水三千，只取一瓢饮”，张磊说：无论是选择员工还是选择合作伙伴，自己都会对方方面面都是第一的人保持警惕。这是为什么呢？各方面都是第一，难道不是证明这是一个全面优秀的人吗？不一定！因为这种人很有可能只是条件反射要当第一。虽然他们的能力极强，但同时危险系数也相对很高，因为他们可能根本就不清楚为什么要争第一，自己到底要达到什么目的。他们眼里只有胜负，只有对某一件事的成败的执着。

第三是“自然而然”。张磊认为，只要做好了自己的事情，成功就会自然发生。正所谓“桃李不言，下自成蹊”。意思是桃树和李树不主动招引人，但来赏花和摘果的人从四面八方赶过来，于是在树下踩出了一条路。做投资一定要关注“长期价值”，而不能在意短期的波动，更不能被社会舆论和世俗的评价所累。投资人应该始终专注于找到优秀的创业者并帮助他们成就梦想，做好本职工作，就是在为社会创造价值，成功就会自然而然地发生。

关于“选择比努力重要”，张磊曾发表过以下观点：

（1）高瓴资本的投资哲学无论是在企业管理中还是在人生道理上同样适用。第一是“守正用奇”，这就是让人们在创业“正道”上激发出创新的动力；第二是“弱水三千，只取一瓢饮”，这里的意思是人们应该认清自己擅长的方向，在自己擅长的方向去做最大的努力；第三是“桃李不言，下自成蹊”，是指只要事情做对了，在过程当中不必过多担心结果，最后好事自然会主动找上门来。

（2）比努力更重要的是选择，与谁同行比要去的远方更重要。如果目光只能看到脚下，那么什么事都很难办成。如果看得长远，很多事就看明白了。流水不争先，争的是滔滔不绝。

（3）选择做时间的朋友。在多数人沉醉于“即时满足”时，懂得“滞后满足”道理的人，早已先胜一筹，这就是选择延期享受成功。

（4）选择与价值观正确的长期主义者同行，往往能让你躲避许多重大风险，并获得超预期的回报。

总之，“我们是创业者，恰巧是投资人”。这是张磊创业之初的自我定位，也是时至今日高瓴资本不变的选择。我们在关注高瓴资本“基金管理规模数千亿元，2005 年至 2020 年的年化投资回报超 33%……”的亮眼成绩，以及张磊被业界和媒体称为“中国巴菲特”的背后，更应该看到张磊在 2005 年创办高瓴资本之前是一名创业者和企业家。绝大多数的创业者在创业时都会遇到资金、人才、数据壁垒、市场开拓等方面的共性问题，没有一个创业项目可以一蹴而就，如果能找到正确的方向，坚持长期主义，不执着于短期利益，那么利润尾随着“正确选择”和“坚持努力”而来是自然而然的结果。

（笔者根据多方资料整理而成）

资料来源：
①张磊．选择与谁同行很重要 [J]．中外企业家，2017（28）：6-7．
②张剑伟，杨永华．论老子的治国智慧 [J]．湛江师范学院学报，2014（1）：102-106．

三、不跳出舒适圈就是自我毁灭

2006 年 11 月的一天，在广东惠州一家台资企业做人力资源负责人的学长联系学校要招收二十名管理培训生，还特别提出要招四名学生活动经验丰富的应届毕业生过去实习，如果实习期表现优秀就可以直接留下来。

由于我当时已经坚定地选择了就业，这个工作机会很难得，所以没有思考太长时间，就决定去了。随后我又集结了另外三名学生活动比较活跃的同学一起踏上了实习之旅。

我们实习期接手的第一项工作任务是年会策划。在学校我曾经参与过很多活动，如当主持人、舞蹈表演、演讲比赛、辩论赛……但是，真的没有从头到尾完整地策划过一场活动，当时我就有点慌了。年会主题是什么？物料怎么设计？节目如何征集？年会应该有抽奖吧？一时间千头万绪，不知如何下手。

结果表明，是我想得太多了。作为一个有着十几年发展历史和3000多名员工的台资企业，人力资源部和总务部经过若干年的磨合，已协调出了一整套年会工作流程。并且这项工作居然还写入了公司ISO 9001体系文件，有专门的标准作业程序（SOP）。随后，人力资源部专门的助理工程师把往年的年会纸质资料和视频档案交到了我们手中，并手把手地教我们年会策划流程。

实习第一课就教了我们企业的流程管理。

在年会的策划工作中，我体会到了三点企业流程管理的优势，如图1-3所示。

优势一：决策者的优势

优势二：企业的精神

优势三：人才的积累

图1-3　企业流程管理的三个优势

（1）决策者的优势。公司分了三级管理架构，分别是部、科、班组队。公司年会的节目来源是以部为单位征集的，也就是说十个职能部门各出一个节目，若有余力则可以以科为单位出节目。公司的十个业务部门人数极不均衡，比如，生产部有1000多人；生产管理部、仓管部、质量检验部分别有两三百人；而业务部和客服部只有几十人，最少的是总裁办和财务部，只有不到十人。但是，每年的优秀节目奖都是由总裁办和财务部的人获得，因为这两个部门的经理总能抓住当年的流行趋势，编排的节目让大家捧腹大笑。这就完美地体现了决策者优势，一个优秀的企业，一定有一群有技术、有能力、有专业技能的管理决策层，让企业管理不断得到优化。

（2）企业的精神。从每一个管理者身上渗透出来的企业精神能让全公司跨部门配合，并取得良好的业绩和管理效果。

（3）人才的积累。从新员工的系统入职培训到清晰的晋升路径、全方位的福利制度等，用全套的内容留住人才、培养人才，为企业的未来发展做好充分准备。

经过精心的策划、排练，公司年会终于在热烈、喜庆的氛围中成功举办了。其中既有公司上上下下的开心，也有我们作为实习生深度参与年会工作功成之后的自得。

哈佛大学的罗伯特·凯根（Robert Kegan）说：改变之所以困难，是因为在人的认知层面有一套防御机制，这套系统会通过动态平衡的机制，抵消变革的努力。看起来有一点点晦涩，翻译成大白话就是：刚买的裙子套上身后发现勒出了三层“游泳圈”，于是你下定决心要减肥，但是跟同事约好了下班后聚餐，就安慰自己明天再减也一样。

前文讲到倾向于做“简单选择”，逃避“复杂过程”就是人性。

成年人的世界里没有“容易”二字。特别是在择业、辞职、跳槽、创业这种大事上，更容易纠结犹豫、裹足不前。因为舒适圈很美好，在舒适圈里我们可以得到放松、稳定的状态，并产生安全感，可以用惯性思维和下意识的动作去处理各种情况。而跳出舒适圈则需要主动发现自己的问题，挑战自己的“短板”，迎难而上。

舒适圈看似很美好，但是在这个日新月异，各行各业飞速发展迭代的时代，要想屹立不倒，就必须以攻为守，勤于进取。路是脚踏出来的，走出舒适圈的每一步都是在书写自己的故事。毕竟光景不待人，须臾发成丝。

第二节　梦想是职业生涯中前进的动力

任何人要想取得成功一定要有长远的眼光。首先需要着眼现实认清自身的状况，其次需要对未来的趋势有基本的预测，这样才能趋利避害，持续前行。法国前总统戴高乐曾说过：“眼睛所到之处，是成功到达的地方，唯有伟大的人才能成就伟大的事，他们之所以伟大，是因为他们决心要做出伟大的事。”

因此，作为一名职场人，要改变就要从头脑开始改变。如果把自己定位为一名普通人，我们终将成为一名普通的人；如果一直在为自己的失败找借口，那就永远无法从失败中吸取教训；如果连目标和方向都没有，那注定会在职业之路上迷失自我。

一、追求事业的心有多大，舞台就有多大

2007 年 6 月，我拿着一张大学毕业证回到了在惠州实习的台资企业，我内心里有一种说不出的感觉，完全不是来实习时那种对大学毕业后可以真正独立生活的热切期盼。

职业梦想是什么？它是推动我们职业发展的不竭动力，是我们在职业迷茫时的导航灯塔，让我们在工作上甘愿付出不计回报，让我们苦心孤诣锻炼技能。

就这样，日子在上班—食堂—下班—宿舍的循环中流逝，不知不觉到了 2008 年 6 月。当时的我没有智能手机，更没有爱奇艺、抖音和微信，就连跟闺蜜“煲个电话粥”都要用宿舍的 201 电话按 20 多个键才能愉快地聊一会儿。

彼时，非常幸运地，我以本厂自创办以来罕见的火箭速度，由新员工晋升为助理工程师（课长级），此过程用时仅一年。我负责的是人力资源部的员工培训、招聘、考勤、奖惩、劳动关系等工作，手下管理着三四名员工。

其中招聘是我很喜欢的工作，因为我们每年的三月、四月和十月、十一月都会到全国各大专科院校招普工。本科院校我们很少去，毕竟本科生一般不愿意到工厂流水线当普工，而且国际销售和研发部门每年需校招的相对高端和有技术含量的岗位也不多。中专院校也较少去，因为中专院

校的学生年龄太小，离职率较高。大专院校和职业技术学院是我们最喜欢去的，同学们踏实肯干，试用期后工作一年之久的可以达到60%。

当时我自己还只是一个刚毕业的大学生，就要代表公司给各院校的招生就业处打电话沟通校招细节。当时拒绝我们的学校很少，95%以上的学校都会给我们安排专场招聘会，且学生到场率都相当高。可是再高的到场率和留存率还是会有很多人离职。

记得有一次，我问一个跟我同龄刚办理完离职手续的员工：离职后是不是回老家？他用一种不可思议的眼神看了我好一会儿，说如果我老家像惠州这么发达，工资这么高，我也许会回去。

他是一个接受过中专教育的典型流水线农民工。他告诉我：每个月刚发完工资一周就会全花光，为了避免剩下的日子挨饿，每月发了工资就会把一个月的饭菜钱充到食堂的饭卡里，剩下的钱几乎都用在网吧了。至于养老，他说他每月都交了社会保险，国家会给他养老的。

专栏1-2

打工诗人郑小琼的命运赞歌

郑小琼1980年出生于四川南充的一个农民家庭，2001年中专毕业后，在家乡的乡村医院工作半年后只身到东莞的一个家具厂打工。第一个月只领到了284元工资，由于工资微薄，她先后辗转于中山、深圳等地，后进入东莞的一家五金厂打工。和大多数工厂一样，这家五金厂人员的流动性极高，所以工人都以工号互称，她被工友们叫了一年的“245”。

在广东打工期间，郑小琼几乎每天工作12个小时。一段时间下来，郑小琼下班后根本不与人联系，直接将自己封闭起来，趴在工人集体宿舍的铁架床上用文字记录自己的心情。

诗歌是她主要的文学创作形式。郑小琼没有把诗歌创作单纯地当成一种自娱自乐的方式，也会向一些报刊投稿。当郑小琼的作品发表在《打工诗人》后，许多读者都折服于她的才华，粉丝纷至沓来。

2007年，郑小琼获得了人民文学奖“新浪潮”散文奖。由于她的作品不只是浅层次地诉说打工生活，完全超越了“打工文学”的局限性，东莞作协邀请她驻会创作。但是，郑小琼以不能离开打工现场为由拒绝了这个邀请。

2018年，郑小琼获得了女性诗歌奖——优秀青年女诗人奖；2020年，获得了第九届紫蓬诗歌节“银紫蓬诗歌奖”；2021年，获得了陈子昂诗歌奖“青年诗人奖”。

目前，郑小琼已经出版了多部诗集，获得了多项文学奖励，并参加了柏林诗歌节、鹿特丹国际诗歌节、法国“诗歌之春”等，其作品多次被国内外艺术家以音乐、戏剧等形式搬上艺术舞台。

在广东打工期间，郑小琼创作了大量的以打工生活为背景的诗歌，引起了业内的广泛关注，《在电子厂》便是其中一首。

在电子厂

郑小琼

（1）

在桥沥（高速公路与一级公路交叉处，
盆景中的常绿植物，大雨积水洼地）
黝黑的园艺工人尘土似的生活
高速巴士，货车，它们驮着时代快速
转动，黑色的沥青道，白色斑马线
冬青低矮似流水线工人，低头忧郁地
走过，暴雨冲刷着生活的尘埃与不幸
他们谈论着数年未涨的工资，他们谈论
跳槽，双休日，加班费，她们谈论着
欲望，喜悦，悲伤，但他们决不会
像我一样，沉浸在莫名的自卑
谈论着人生的虚无，细小而无用的忧郁

（2）

被剪裁的草木，整齐地站在电子厂间
白色工衣裹着她们的青春，姓名，美貌
被流水剪裁过的动作，神态，眼神
这是她们留给我的形象，在白炽灯的
阴影间忍受年轻的冲撞，螺丝，塑胶片
金属片是她们的配音演员，为整齐的动作
注上现实的词句，肉体无法宽恕欲望
藏在杂乱的零件间，这细小的元件
被赋予了庞大的意义，经济，资本
品牌，订单，危机，还得加上争吵的
爱情，可以肯定在电子厂，时代在变小
无限的小……小成一块合格的二极管

（3）

钻孔机在铁上钻着未来，美梦从细小的
孔间投影，红色的极管，绿色的线路
金黄色的磁头间，它们的小，微小
我们在每一件小事或者庸常中活着
啊，活着，小人物，弱小者，我们
活着的，不远处来来往往的人群
他们活在我的诗句，纸间，他们
庞大却孱弱，这些句子中细小的声音
这颗颗脆弱的心，无法触及庞大的事物
啊，对于这些在无声中活着的人
我们保持着古老的悲悯，却无法改变
时代对他们无声的冷漠与嘲讽

从她的诗歌里既能读出来自社会底层的艰辛、灰暗与疼痛，更能读出她不甘命运、渴望改变和高层次的精神追求。郑小琼的诗一直在追求外在形式与内心情绪、批判与歌颂、时代的剖析与精神放逐之间的多层次平衡。

（笔者根据多方资料整理而成）

资料来源：

①许泽平．80后诗歌研究[D]．广西：南宁师范大学，2012．

②亓雪莹，邬小福．郑小琼诗歌中的生态意识——以长诗《变异的村庄》为例[J]．北方文学，2018（24）：17-19．

我来深圳多年后偶然间看到了这首诗，脑海中一下子就涌现出了当时惠阳电子厂里的众生相，也再次庆幸自己没有因为厂里的单调工作而被磨去追求职业梦想的冲劲。当时的我已经明确认识到必须要换一条职业道路了，然而，从哪里突破呢？

不行，必须要突破！

但是，突破口在哪里？

二、兴趣、人岗匹配和胜任力如何匹配

说到突破口，我的第一反应就是要找到自己擅长的方向和新的可能性。

如果说在电子厂工作不是我的职业理想，那我的职业理想又是什么？我的兴趣是什么？我能不能根据自己的兴趣去选择新的职业方向？除了兴趣之外，我还有什么需要考虑的问题？

如果对自己的兴趣、性格、优劣势认识不足，那么职业选择就一定会存在盲目性。而且一旦兴趣、性格和人岗匹配失衡，不仅无法给企业带来业绩，也会阻碍个人的职业发展。

一个人的性格与他的职业是否匹配会直接影响工作效率和职业稳定性。对于个人来说，如果性格和职业匹配，那么工作起来会事半功倍，将

会有源源不断的工作动力；反之，如果性格和职业不匹配，那么就会事倍功半。对于企业来说，人岗匹配将有利于让员工稳定在合适的岗位上，从而提高工作效率。

职业心理学家约翰·霍兰德（John Holland）把性格与职业匹配分为六类：实际型、研究型、艺术型、社会型、企业型、传统型，大家可以对照表 1-2，看看自己属于哪一类，又与哪类职业比较匹配。

表 1-2　性格特征与职业匹配类型

性格类型	性格特征	职业匹配类型
实际型	务实，坦率，喜欢有规则的具体劳动和需要基本操作技能的工作，缺乏社交能力	简单的工作
研究型	善于分析、头脑灵活、具备科学精神，在做决定前一般喜欢收集大量信息	研发、研究
艺术型	具有想象、直觉、冲动、无秩序、情绪化、理想化、有创意、不重实际的人格特征	艺术、创意、创作
社会型	具有合作、善良、助人为乐、责任心强、圆滑、善于社交言谈、洞察力强等人格特征	社交、销售、服务
企业型	竞争力强，精力充沛，性格外向，喜欢领导他人，独断、自信、善于社交	管理、销售、经营
传统型	具有顺从、谨慎、保守、实际、稳重、有效率等人格特征。喜欢系统性的工作任务	财务、行政、工程

那么，如何在兴趣、性格和优劣势之间达到平衡，理智分析，做出最佳职业选择呢？可以参考如图 1-4 所示的三个步骤。

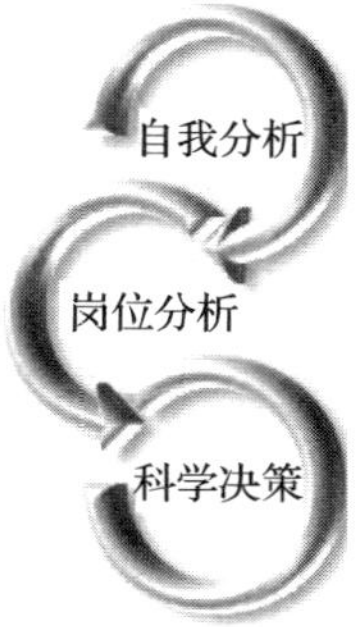

图 1-4　职业选择的三个步骤

（1）自我分析。对照表1-2，分析自己的性格和职业优劣势，初步找到适合自己的职业类型。接着再参考自己的兴趣，甚至是生活和人生目标，在适合自己的类型里找到合适的岗位类型。假如不能在适合的岗位类型里找到目标，也尽可能地不要在完全不适合的岗位里进行选择。

（2）岗位分析。找到目标岗位后，就要对行业和目标公司进行分析，哪些是属于有发展前景的行业，而我们的自身条件、经验和能力能否匹配到朝阳行业的龙头企业需要重点考虑。

（3）科学决策。自我分析和岗位分析是职业定位“准”的前提。虽然不工作可能没办法生活，但是工作也不是生活的全部。除了行业和单位外，还需要考虑能否接受通勤时间、加班文化、同事关系、企业文化。

世界上不存在完美的职业，也不存在一个永远人岗匹配的状态。结合自我分析和岗位分析做出科学决策也只是在一个时间段的“科学决策”。要想在职场长久立足，还需要时刻关注大局，审时度势调整自己的发展方向，尊重和发展兴趣，发挥自己的优势，锲而不舍地进行自我超越，做到专业性和全面性统一发展。

三、选择在哪个城市发展至关重要

很多人想到一线城市发展，因为一线城市有更多的工作机会，还有丰富的市政资源。人往高处走，水往低处流，在我刚刚有了新的职业期待的时候，就迎来了一次机会。

2008年6月的某天，父亲给我打来电话说我有一个亲戚是张妃董事长。她欢迎我到她在深圳的公司去看看。

我接到父亲电话的第二天就请假去了一趟深圳。很多年以后，我觉得来深圳真是一个明智的选择。

张妃董事长虽然是我表姑，可是我从来没见过这位被家族中人传颂的大人物。我只记得爷爷和父亲说她在三十多岁时毅然放下深圳公务员的

"金饭碗"，下海经商，开歌舞厅、红酒庄、做工程，现在在做文化产业。

文化产业是什么？我的脑海里只能想到电影、电视剧、唱歌、跳舞和美术。除了这些还有什么？网吧、KTV，我认为可能这些也是文化产业吧？但是，很明显我当时的思考重点并不在文化产业是什么这个问题上。你们看，虽然我刚刚做完自我分析和岗位分析，但是这个突如其来的机会显然已经超过了我的认知边界。可见，不断提升自己的认知水平是一件多么重要的事情。

当我第一次下了城际大巴，看到罗湖汽车站如梭的车流和衣着时尚行色匆匆的人流时，有一种轻微头晕目眩的感觉。一抬头，6月深圳的骄阳刺得我伸出手来遮住眼睛，来不及发愣，马上走到出租车站台坐上车就往设计之都创意产业园奔去。

出租车到达设计之都创意产业园，我付了车费，关上车门后抬头看见一排灰色的五层至七层的小楼，离我最近的这栋墙体上四个红色的艺术变形字体"设计之都"赫然展现在眼前，墙面左上角有一个同样是红色的阿拉伯数字"6"。

当时的我做梦也没有想到，一个月之后我就开始每天带着来自全国各地的代表团走过这里，并向他们介绍设计之都创意产业园和深圳设计的情况了。

我走到二楼前台，映入眼帘的是与建筑外立面颜色一致的灰色内墙，墙面上有两个银色繁体立体字：银豹。

通过前台小姐姐的带领，我顺利地走进了张妃董事长的办公室。从第一眼见到这位熟悉的陌生人，到听她神采飞扬地讲了两个小时的创业史，再到她让我尽快来上班，直到最后走出她办公室，我一共说了不到五句话。

坐在回惠州的城际大巴上，我激动不已，三个小时前我还只是怀着第一次到深圳的兴奋，没想到短短三个小时的时间，我与深圳就真的要结缘了！

2008年6月，我离开惠州来到了深圳。

虽然我刚做完自我分析和岗位分析，但是当时要做决策的时候好像完全没用上。尽管我马上要到深圳工作了，但我还完全不知道我能在公司做什么。看看，我作为一名人力资源从业者，有时候在绝对的命运面前，也没有任何的专业可言。

在惠州电子厂工作一年多了，我从来没有来过深圳，学生时代就更没有机会了。在我的印象里，深圳应该是绿树成荫，街道宽敞，走在这个城市里的人应该都是朝气蓬勃的。第一次与深圳的照面与我想象中的并无二样。

我与在深圳工作的两位大学同学——牛牛夫妇正式开始了合租岁月，开启了我在深圳的新生活。对了，我在银豹公司的岗位是张妃董事长的秘书。

2008 年的深圳只有两条地铁，印象中一号线从深圳东边的罗湖火车站到西边的南山或者宝安，记不太清楚了。谁能想到 14 年后的 2022 年年底，深圳共建成了 16 条地铁，总里程数超过了 500 千米。

欧美国家的超级城市大多是在 20 世纪初开始建设地铁系统的。比如：伦敦于 1890 年开通地铁，巴黎于 1900 年开通地铁，纽约于 1904 年开通地铁，东京于 1927 年开通地铁。

虽然我们起步比这些国家晚，但我国经济社会发展飞速，城市化进程加快，地铁的建设后劲十足。

1979 年，宝安县改设为深圳市。而“深圳”这个地名最早记载于 1410 年（明永乐八年）的史籍，于清朝初年建墟。当地方言称田野间的水沟为“圳”或“涌”，当时的村子旁边有一条深水沟，故得名“深圳”。得名之时，深圳就是这样一个直接、不拐弯抹角的城市，600 多年了仍葆有初心。无数像我一样的年轻人来到深圳，前赴后继地争为“新深圳人”。既然都排除万难到了深圳，绝大多数人都会想在最繁华的地方扎下根。

深圳最繁华的地方在哪里呢？这个问题随着经济不断地发展，答案也在不断地发生变化。银豹公司的一位资深同事说她是 1990 年来深圳的，当时住的是深圳的城乡接合部——上步路。那时候深南大道从上海宾馆往西到蛇口都是泥路，全是乡下。20 世纪八九十年代，深圳城市中心是在罗湖，巴掌大的深圳仅局限于罗湖区，罗湖火车站就是当时最繁华的城市中心。

到了 20 世纪 90 年代，特别是 2000 年前后，随着华强北电子市场闻名全球，逐步形成了以福田区上海宾馆和华强北为核心的商贸物流城市中心。直到现在，深圳的中心城区仍然是福田区。深圳没有所谓的一环、二环，因为临海而多山，所以形成了独特的东西走向发展的城市格局。深圳 CBD 是指福田区由滨河大道、莲花路、彩田路和新洲路围合起来的区域。其中南山区是商务中心，包括福田会展中心以及一大片高档写字楼，这里面还有目前深圳的第一高楼——平安大厦。北面是行政、文化中心，包括市民中心、城市规划馆和当代艺术馆、图书馆、少年宫、莲花山公园等。

近十年来，南山区和宝安区发展后劲十足，其中南山区虽然只占全市面积的 1/10，但聚集了全市 70% 以上的高科技企业，创造了全市超过 1/5 的 GDP。特别是从南山区和宝安区规划出来的部分面积打造的前海自由贸易区，更是上升到了国家战略，是想象空间巨大的未来空间。

40 年来，随着深圳的城市中心一路往西，深圳以举世瞩目的速度发展，被称为“深圳速度”。

记得我来深圳的第一天，出租车师傅指着地王大厦说三天一层楼是当时的深圳速度，那到 2020 年时的深圳速度又是什么呢？

每一分钟，就有 1.18 人成为新深圳人；

每一分钟，就有 1.1 家企业在深圳诞生；

每一分钟，就有 87 人从深圳机场起飞……

这就是新深圳速度。深圳用 40 年从零发展为一线城市，我相信深圳速度会让我的职业生涯提速。

第三节 “相信”的力量

月薪3000元，与大学同学合租，房租水电1600元，吃穿住行要靠刷信用卡。怎么办？我当机立断，向爸妈借了3000元交了租房押金，刷信用卡办理最长12个月的分期买了一台康柏电脑。

来深圳前我在惠州的电子厂从实习到正式工作共18个月。而从管培生到助理工程师再到课长这样一条晋升之路，在这家以严谨到近乎苛刻著称的台资工厂，大多数人需要3～5年。

虽然当时我在这家工厂的工资是2500元，但是我的自信心爆棚。如果问我是哪里来的勇气，那就是因为工厂包吃包住，我每个月还可以给父母寄1000元；因为我在人力资源部做课长，管着3000多人的考勤打卡；因为我突破了该厂最快的晋升速度，俨然职场的明星……

当我拖着行李箱到了深圳，看到深南大道上疾驰而过的车流，再抬头仰望两旁高耸的摩天大楼时，我才真正体会到理想和现实之间的鸿沟。

一、抓住机遇，强势开局

经过了一系列的准备工作，我已经通过职业选择来到了深圳。作为一名职场新人，如何快速抓住机遇，强势开局呢？这是我当时作为职场小白想的问题，不知道你们是否对这个问题感兴趣？如果感兴趣的话，我想罗辑思维CEO脱不花的职场故事会对你有所启发。

专栏1-3

罗辑思维CEO脱不花的职场打怪升级之路

脱不花本名李天田，著名知识服务平台“得到”App、罗辑思维联合创始人兼 CEO，2014 年加入罗辑思维，2016 年与罗振宇、快刀青衣联合创立了“得到”App，担任公司 CEO。

脱不花的职业生涯开始得比很多同龄人都要早。17 岁脱不花因为准备留学突击英语来到北京，在北京的这一年里，她认为花父母的钱去深造这件事不酷，于是瞒着家人找了一份月薪 380 元的工作。就是这份接电话、打文件、订盒饭的工作，却成了脱不花事业的起点，就在这个看似低端的起点上，她却实现了强势开局，开始了一路打怪升级之路。

脱不花所在的公司是一家位于中央电视台附近，办公室面积只有 40 平方米的广告代理公司。20 世纪 90 年代末的广告行业就和现在的互联网行业一样火爆，汇集了大量年轻的从业者，创造了许多一夜成名和暴富的故事，小白们甚至有机会在工作日的晚上和奥美、电通的大佬一起在沙龙喝咖啡，讨论广告的发展趋势和业务技巧。

正是在这个时候，初出茅庐的脱不花遇到了职业生涯中的第一个贵人，而且她也抓住了这次机会实现了职场强势开局。

北京深秋的一个周末，脱不花听到了一场主题为“如何做提案”的培训，讲师正是时任北京奥美广告总经理的湛祥国。

那个时代大家都在用 DOS 系统工作，很少人知道电子邮件为何物，更别说“PPT”“提案”这些新名词了。在听完湛祥国的授课后，这个甚至还没有资格拥有名片的脱不花鼓起勇气向湛祥国索要了一张名片。

一个月后，脱不花所在的公司接到了一个“潜力股”公司的邀请，对该公司的某个项目进行提案。这对于一家小型广告公司来说是一个重大的机遇，于是公司上下忙到起飞。而高中毕业的脱不花虽然跟着其他同事一起兴奋异常，却因为不懂业务也帮不上什么忙。

如果这个时候，脱不花只是当一名行动力为零的旁观者，那她就成不了得到 App 和罗辑思维联合创始人兼 CEO。经过了一番激烈但短暂的心理斗争后，脱不花拿出湛祥国的名片，拨通了湛祥国的电话。电话是湛祥国的秘书接的，脱不花告诉秘书：自己是在一个活动上听过他讲课的一名学生，有些问题想请教，能否请他回个电话。

出乎意料的，湛祥国不一会儿工夫后就给脱不花回了电话。虽然湛祥国压根儿不记得脱不花是谁，当湛祥国了解了脱不花的来意后主动提出可以见面聊一下。

两人见面后，时任北京奥美广告总经理的湛祥国看过脱不花带来的材料后，对她进行了一次扫盲，从如何制作幻灯片、用投影仪、现场讲话如何与幻灯片衔接，甚至什么叫作PPT、标题正文应该用什么字体、在哪里可以买胶片都事无巨细一一道来。

因为脱不花的勇气和行动力，更因为有湛祥国的点拨助力，脱不花获得了跟老板一起出差以及现场向客户讲解提案后半部分的机会。

这个故事的结局是脱不花所在的公司没有争取到这个客户。

但是因为当天公司和脱不花的表现，客户公司把一个小项目交给了脱不花所在的公司，而且之后两家公司一共合作了七个项目。这个客户也成为脱不花所在公司的第一个重点客户。脱不花也因为这次的表现，成为公司新项目的培训师，开始了业务人员—组建团队—媒体合作—撰写方案—培训学员等一系列职场晋升之路。

接下来，“脱不花”进入培训行业。在培训行业，脱不花又因缘际会与时任中国惠普公司助理总裁、首席知识官的高建华合作。在与高建华合作的四年里，脱不花负责拉客户、组织培训，高建华负责将他在惠普沉淀下来的工作方法和管理经验倾囊相授；在此期间，脱不花还获得了牛根生这个重要客户。

后来，脱不花又从培训行业进入管理咨询业，再后来就是大家熟知的与罗振宇联合创业，打造罗辑思维和“得到”App的故事了。

脱不花的职业门槛不可谓不低，但她一直都善于和精英打交道，在与这些精英相处的过程中，脱不花努力学习他们身上的职业素养、专业技能和自律能力，就好像是把这些精英的精气神进行复制，然后粘贴到自己身上，实现了职业生涯的强势开局。这些精英有的短暂相授，有的是长期同行，但始终像是一盏盏明灯照亮了她的职场前行之路。

（笔者根据多方资料整理而成）

资料来源：

①樊婷."脱不花"李天田：认真跟年轻人做朋友[J].时代邮刊，2022（4）：34-35.

②粥左罗.逻辑思维CEO脱不花：那些莽撞的人反而更容易赢[J].中国商人，2019（5）：92-97.

职业生涯的起点并不是从我们踏入职场的第一天算起，而是从实习，甚至是从大学时就已经开始了。所以，职业生涯不是一场百米冲刺，而是一场持续数十年的马拉松，虽然开局很重要，但是如何蓄力、如何坚持也极其重要。

二、只有登上山顶才能看到另一边的风光

有人说很多或来自农村或小地方的人在职场中之所以能坚持下来，主要是迫于生活的压力。

在设计之都产业园里有一家"张记粿条汤粉店"，据说这里还不是设计之都，而是田面工业区的时候这家店就在了。因为这家店的味道正宗、童叟无欺，最重要的是快——点单快、出品快、吃得也快，所以我和同事每周都会光顾这家"张记粿条汤粉店"，几年下来跟店主老张夫妇也就混熟了。原来，老张夫妇是潮州人，20世纪90年代从潮州来到深圳。都说潮州人不仅会做生意还会做美食，为了保证粿条汤新鲜味正，老张夫妇每天4点多起床熬牛骨汤。二十多年来，除了春节和清明扫墓外，从不停业。

千万别认为老张夫妇的职场之路是一帆风顺的，他们经历过的至暗时刻也许比我们更黑暗。好在老张夫妇牵手熬过了那段至暗时刻，过上了有儿子、有房子、有票子的生活。

而我们正在经历的至暗时刻不一定和老张夫妇一样，有可能这样的至

暗时刻是单调重复的，甚至觉得还不如经历老张夫妇那样的挑战呢。但是，有可能正是这样的单调重复正在磨炼你的耐心和意志力，只要再坚持那么一下，就会柳暗花明又一村了。

说到坚持二字，就不得不让人联想到华为创始人任正非的“坚持只做一件事”。

专栏 1-4

任正非：坚持只做一件事

任正非的忧患意识可以说是妇孺皆知的，在“黑天鹅”事件没有出现之前，大家都认为是任正非过于谨慎和悲观，而在经历了“制裁”“贸易战”等一系列事件之后，众人才醒悟任正非的先见之明。

新华社曾用三个字来概括华为的成功之因。

第一个字：痴。30 余年坚持只做一件事，那就是对准“信息通信”这个领域强攻。创立之初是如此，如今庞大的商业帝国亦是如此。

第二个字：傻。房地产黄金年代拿地就是挣钱，华为更是各地方政府的座上宾，邀约纷至沓来，拿地轻而易举，但华为不为所动；资本市场如火如荼，各大企业都跑步上市，华为也无动于衷。虽然拿地、上市可以赚快钱，但是资本的逐利性会使企业被迫横向发展，华为就守不住“信息通信”这座上甘岭，更进不了科技研发的“无人区”。

第三个字：憨。华为提前布局，不惜重金引进先进管理系统，每年花费上亿美元聘请 IBM 团队帮助华为优化管理，华为的生产和管理流程因此走上了一个新的台阶。

任正非 43 岁创业，这个年龄不要说在 1987 年，就是放在今天也属于高龄创业了。当年，任正非集资 2.1 万元，两台万用表和一台示波器正式创立华为。创立 30 余年，华为的“坚持只做一件事”到底坚持的是什么？又是如何坚持的？

深圳 1987 年 18 号文明晰了民营企业产权，正是由于改革开放的春风和这个决定性文件的出台，使任正非敏锐地洞察到了我国政治大环境和深圳经济小环境正在迎来一场深刻的变化，也坚定了任正非的创业决心。正在此时，华为创立了。

在卖设备时，任正非既看到了中国电信对程控交换机的需求，又看到了当时整个市场都被外国公司把持的情况，国内的需求全部要靠进口，美国、德国、法国、日本等国家的企业和产品使中国公司无用武之地。任正非意识到：外国人绝不会把核心技术给中国，与市场相比，技术才是真正的核心竞争力。任正非是军人出身，血液里流淌的爱国基因让他立志摆脱"代理商"身份，向研发进军。

华为几十人规模的时候坚持只做"信息通信"，几百人、几千人、几万人、十几万人的时候依然坚持只做"信息通信"。2021 年华为研发投入达 1427 亿元，在 2022 年 3 月第三方通信业务统计公司 Dell'Oro Group 发布的 2021 年全球通信设备市场份额中，华为再次以 29% 的市场份额遥遥领先于竞争对手，稳坐第一。

与此同时，华为多年坚持变革，深入学习西方管理模式。丰田的董事长、德国的工程研究团队都带队在华为工作十年以上，华为每年花费在此的顾问费用就高达数亿美元。正是这种认真学习、持续变革的决心才使华为逐步走向管理规范化。

新华社记者曾在对话任正非时问：美国硅谷是世界高科技的高地，中国创新的希望何在？

对于这个问题任正非有自己的思考。华为从事的是高科技领域，这个领域最需要"沉得下心"，企业家如此，从业者也如此。想要在这个行业里做大一定是需要创新理论基础的，而要做到理论基础创新是要有"坐冷板凳"的决心的。在这个方面仅企业家有决心还不够，因为科研都是人搞出来的，企业家有决心可以投资买设备，但人比设备更重要，如果人没有决心，用再先进的设备科研也搞不成功。

一个基础理论要变为大产业，可能要历经几十年的时间，需要企业家的战略定力和从业者的持之以恒。华为在全球范围内的资源和科技中心建立了几十个能力中心，正是这些能力中心里的科学家不断地进行理论突破才有了华为今天的技术领先优势。

比如在日本，一个做螺丝钉的企业几十年只研究怎样做好螺丝钉，全球的高铁几乎都在用它家的产品。还有德国，很多工厂都是几十年上百年只做一个产品，这些企业在介绍自己的时候很少说销售额是多少，都在说占全球的份额。

任正非脚踏实地坚持做好一件事的态度，使华为30余年从一家卖路由器的小企业成长为全球领先的信息与通信技术企业，这是他的人生经历，也是华为的发展历程。现在年逾古稀的任正非仍然奋战在一线，而华为的科学家、科研人员和其他员工都在坚持为华为乃至为中国的科技发展默默地耕耘着。

（笔者根据多方资料整理而成）

资料来源：

①谭长春．任正非治企的“军事战略”[J]．企业家，2022（3）：57-60．

②佚名．任正非：不仅要在5G引领世界，更要在一个“扇形面”上引领世界[J]．中国经济周刊，2021（18）：97-99．

任正非说：我们不能在非战略机会点上消耗公司的战略竞争力量，只有持续聚焦主航道，有所为，有所不为，才能不断地提升公司的核心竞争力。

这是华为作为一家企业的坚持，那么我们作为个人，在职场中又应该如何坚持呢？我认为在以下四个方面的坚持（见图1-5），方能渐渐地形成自己的特点，树立自身优势，做出工作成绩，得到升职加薪的机会。

（1）坚持和气生财。无论是对客户、对供应商，还是对领导、下属、同事都应该坚持和气生财。有人会说，职场人就没有一点血性吗？难道客户、供应商、领导、下属全是对的，只有自己永远是错的吗？职场中没有永远的朋友，只有永远的利益，职场并不是一个交朋友的场所，朋友之间以诚相待，但职场却需要方法和技巧。所谓和气生财，不是说对任何人、任何事都听之任之，而是要懂得求同存异，团结可以团结的一切力量，达到工作目标。

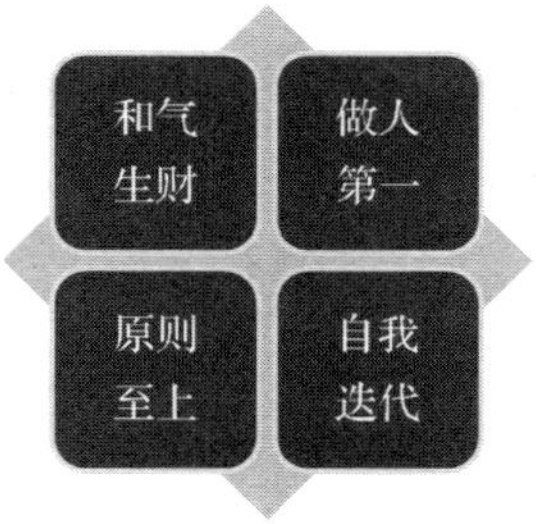

图 1-5　职场四个方面的坚持

（2）坚持做人第一。以诚为贵，做一个靠谱的人。无论是领导交办的任务，还是本岗位的职责，抑或是跨部门协调的工作，都要积极主动完成。不仅要完成，还要尽可能完美地完成，并且在整个工作过程中要经常反馈工作进度，及时处理各种状况。

（3）坚持原则至上。无规矩不成方圆，虽然现在的年轻人强调自由和创意，但也是在法律、公司规章之下做创新。要知道自己认为的经验和专业很多时候会成为我们犯错的催化剂，“我认为”和“我觉得”是最不靠谱的职场思维。无论是职场中流砥柱还是菜鸟小白都不能任性妄为，要坚持原则，谋定而后动。

（4）坚持自我迭代。职场上的每个人都不是独立的个体，而是分布在一张盘根错节的网上的一个节点，往往牵一发而动全身，所以我们在团队中需要团结协作，为集体力量助力。但我们是活生生的人，没有人可以像计算机那样，有电就可以使用。所以，在职场中我们也要适当地慢下来休息一下，对身体、心理、工作技能、人际关系进行复盘，发现问题，及时改进，不断实现自我迭代。

职场就像一座非常具有挑战性的山峰，许多人在攀登的过程中注定只能半途而废，原路返回，能坚持到最后成功登顶的人，才能看到另一边的风光。

三、百岁人生的 40 年职业生涯

坚持是需要时间来沉淀的，任何一个坚持都需要以时间为度量衡。那么，时间能带给我们什么呢？

假如你能活到 100 岁，你会认为这是上天给你的馈赠还是惩罚呢？

如果你坚持在职场中按计划前行，有足够的钱、健康的身体、良好的人际关系，这也许就是上天给你的馈赠；反之，如果贫穷、病痛、孤单，这也许就是上天给你的惩罚。

当我在思考我的职场时间到底是有益变量还是潜在风险时，我读到了由伦敦商学院的经济学家安德鲁·斯科特（Andrew Scott）和心理学家琳达·格拉顿（Lynda Gratton）合著的《百岁人生》这本书。书中提到：21 世纪初出生的人有 50% 的概率活到 100 岁，其实这在很多发达国家已经成为现实，而发展中国家也正在迎头赶上。

维持了数百年的求学—工作—退休，三阶段人生的时代已经一去不复返了。现在的我们，在整个职业或者创业生涯中 90% 的概率会更换一次甚至若干次赛道。物联网、人工智能、生物工程和碳替代会成为超大型产业群，而这些会导致人力资源市场中的贫富差距进一步加大，与此同时，将出现更复杂的家庭结构。

人们更追求工作的灵活性和多样性，那些传统的企业模式和商业模式面临着颠覆性的变革，时代就是如此，那么在这个时代中的我们面对着“超长等待时间”将如何积蓄自己的能量呢？

目前，我国的退休年龄为男性 60 岁，女性 55 岁，根据延迟退休的规定，80 后和 90 后的退休年龄应该是男性 65 岁，女性 60 岁。一个大学本科毕业生 20 多岁开始就业，到退休时差不多就是 40 年的职业生涯。

如果我们这一代人大概率能活到 100 岁，那么你希望自己的人生是什么样的呢？我想首先应该要有健康的身体，生活能够自理；如果能够有三五好友结伴出行，喝喝茶、聊聊天、看看书、赏赏花，那就更惬意了；假如退休之后还能继续创造社会价值，为年轻的后辈讲讲自己的工作和生活体悟，参与或启发他们的工作思路那就不白活一回了。

而这一切如果从退休的那天开始准备，那就太晚了。要想拥有这样理想的退休生活，需要从财富、健康、事业等多个维度从步入职场的第一天就着手准备。

有句话是说：不要用你的兴趣去挑战别人的饭碗。哪个方向是你最擅长的，就从哪个方向去发力。本章主要是从职业规划这个角度展开的。我们的职业规划应该以终为始，并不是说具体的工作、技能和赛道不能换，而是说要一直明白自己的百岁人生中想要的到底是什么，在纸上写下自己梦寐以求的生活的关键词，这实际上就是在描绘你理想生活的蓝图，然后才会围绕这个确定的目标去努力奋斗。

在百岁人生的职业生涯中最怕的就是给自己设限，只要是我们想做的，如果愿意付诸行动，并时刻保持自我成长和迭代，就一定可以积跬步终至千里。虽然百岁人生变数巨大，但如果我们一直在储备开启新赛道的能力、资源和人脉，挖掘自己的斜杠能力，就能够有充分的自信和能力去应对这些不确定性。

人会不会被机器人所取代？说实话，现在绝大多数的工作都会在可见的未来被机器人所取代，但未来也会有许多机器人做不了的新工作，只是具体到我们每一个个体，能否胜任这些新工作是一件不确定性极高的事。希望正在看此书的你能做好职业规划，成为一个不被机器替代的人，一个拥有幸福百岁人生的人。

第二章

打工人成长路

我曾经在一个人力资源专业活动上问过一名世界 500 强企业的资深 HR ：“新人如何在职场快速成长?”听完这个问题，这名资深 HR 扑哧一声笑了出来，一点儿也不给面子地说：“‘快速’两个字说明你已经误解了职场。职场从来就没有快速成长，就像人生不会有暴富一样，假如有，也绝对落不到你我这样的普通人头上。所以，只有脚踏实地一步一个脚印才能实现职场的成长。记住：慢就是快。”

第一节　职场初体验

作为一名新深圳人，我当然想在深圳这个车水马龙的大城市站稳脚跟。听说深圳有一些人曾经在北上广拼搏了很多年，但最后还是回到了深圳。我希望退休之后可以回到故乡，因为镇上有亲人、朋友，还有乡音和家乡的味道。但是在退休之前，我希望能一直留在大城市，因为大城市会有更公平的竞争环境、更多的发展机会。

我从小就有一个大城市梦——梦里的大城市灯红酒绿但不纸醉金迷，梦里的大城市妖娆婀娜但不见声色犬马，梦里的大城市高楼林立但不冰冷疏离。城市很大，小镇很小。我想任何一个想在大城市立足的人，都会心怀虔诚，寻找自己的立足点。

一、纸上得来终觉浅，职场不易须躬亲

我刚入职银豹公司的职务是董事长秘书，而十年后离职时的职位是集团总裁，期间先后经历了人力行政经理、品牌总监、副总经理、园区总经理、集团常务副总经理。也许年轻的你正在经历跟我相似的故事。

我从初中开始看言情小说、武侠小说，其实它们和现在的偶像剧有异曲同工之妙，那就是无限玛丽苏模式：尽管女主角低级错误一箩筐，但挡不住霸道总裁的金手指。比如和领导一起应酬居然先于领导喝得烂醉如泥，还暧昧不清；初入职场不老老实实工作，居然我行我素，还有各路神仙出手相助。类似的剧情还真是害人不浅，让那些职场新人误认为当朵白莲花自然会引来王子采撷。

我毕业于三流大学，没背景、没特长、长相一般，虽然爱看小说，但

如果这样的条件还认为现实世界会有高富帅和高薪光鲜的工作掉到头上来，那么天真的我应该也活不过电视剧的头三集。所以，我依旧保持着清醒的头脑，告诉自己工作必须努力才会有好结果。

可是，让我没有想到的是：生活是这样现实，即便已经十分努力了，也未必会得到相应的回报。

我刚进公司的时候，完全照着教科书来决定我的行为，每天是最早一个到公司，最晚一个下班的。早上提前半小时到公司，给张妃董事长的办公桌上放当天的报纸，整理好待阅待批的文件，泡好茶后，如果其他同事还没有到，我会帮他们擦桌子、整理台面。每天等其他同事都下班了，我会确认所有的电脑、电灯、空调、打印机都关闭后再下班。

当我还沉浸在助人为乐当中时，现实就马上冲上来啪啪一顿打脸。

我们每天的工作时间是早上 9 点到下午 6 点，中午 12 点到 1 点半是吃饭和午休时间。下午 6 点 10 分左右公司的人就走了 80%，剩下的基本都是领导和招商部做业务的同事。下午 6 点 30 分，其他同事也基本走光了，只是在大型活动及筹备期间，会出现长时间加班的情况。

一天，下午 6 点半，我们三楼（银豹公司的办公室是二楼整层和三楼整层，整栋楼一共三层，没有安装电梯）的同事都走了，我也收拾东西准备下班，下到二楼时发现灯还开着，于是我准备进去把灯关闭。我正往办公室里面走的时候，听到一个女声正在讲着电话，仔细一听这个声音好像是我们公司行政的苏莲经理。正当我犹豫走进去打招呼会不会打扰她讲电话时，她说了一句再见，并结束通话。所以我走向苏莲经理的隔间，问了一句："苏莲经理，还没下班呀？"

苏莲经理一边回应我，一边向我展现出一个和善的微笑，接着又略微皱眉地抱怨着自己孩子在学校里的淘气表现。年轻的我，既没有教育孩子的理念可以分享，也没有安慰别人的经验，故无言以对。我们相互沉默了十秒后，我终于以想了解公司的情况为由打开了话匣子。

苏莲经理让我在她办公桌对面的双人沙发坐下。然后她告诉我，她来公司的时间才两个月。从苏莲经理略带迟疑的语气中，我感觉她好像有一点不自信。

为了打消她的小尴尬，我虚心地问她银豹公司是否有员工手册之类的文件，如公司简介、业务构成、组织架构、各部门职责、企业文化等。

说到这里，苏莲经理更尴尬了，她说，本来人力行政部应该对所有新入职的员工做一个入职培训的，但是由于我是董事长特招的，事前她没有得到通知，所以准备不充分，还没有来得及安排我的入职培训。她从我的简历上得知之前我也是做人力资源的，想必我对这些入职流程和管理规范都很了解。最后，她表示明天把公司的制度文件都拿给我。

苏莲经理这边话音刚落，从隔间外突然传来了一个女声："苏莲经理，你是人力行政经理，应该很清楚公司的规章制度，什么该说什么不该说一定要想清楚呀。刚进公司的新人，能不能过试用期都还不知道呢，你就急着把公司机密都告诉人家，这样合适吗？"

这句话乍一响起，我先是被吓了一跳，我刚刚下到二楼的时候以为一个人都没有了，跟苏莲经理聊这半道没想到还有另一个人。刚缓过神来，我就被这句话背后隐隐的敌意给激怒了。以我当时的道行，我认为要回击一个人最好的方法就是对其置之不理。所以我就当什么都没有听到，继续对苏莲经理表示：明天早上上班来找她拿相关制度。

这句话果然有效地回击了那位不知是何方神圣的人物。只听见隔间外沉沉一记摔鼠标的声音，然后办公椅被重重推开，接着高跟鞋敲击着地板，三步并作两步地冲进苏莲经理的隔间，站在我坐的沙发旁边，面对着苏莲经理气势汹汹地说："我说的话你没听懂吗？对外人要保守公司的秘密，你一个做人力行政的不懂吗？"

刚刚隔着墙壁，我就权当指桑骂槐了，现在这是站在我面前赤裸裸地挑衅啊！我一时气血上头，噌地一下站起来，不自觉地扬起头来面向冲进来的年轻女人说："每一个入职的新员工都有了解公司基本情况的权利，而公司简介、业务构成、组织架构、各部门职责、企业文化这些都属于公司的基本情况，没有一条属于机密，所以我现在只是在要求行使我的权利。”

如果说对她的置若罔闻只是点燃了导火索，那么这句反驳就直接引爆了炸药。对面这个女人气得伸出手来一拍苏莲经理的办公桌，然后一手叉腰，一手指着我的鼻子说：“嘿，没想到你一个小丫头片子还挺伶牙俐齿。你叫什么名字，是哪个部门的？”

这女的身高应该有168厘米，还踩着一双7厘米高跟鞋，站在身高163厘米的我面前气势高了一大截。她刚刚一抬手，我第一反应是她要伸手打人，没想到她只是拍拍桌子而已。我伸手扒开她指着我的手说：“这位美女你激动什么呢？我说的都是事实，我以前也是做人力资源的，公司何谓机密我清楚。我是刚入职的董事长秘书，我叫唐英。请多指教。”

这位美女眼睛瞪得溜圆，双手叉腰，好像憋了一肚子脏话又顾及美女形象不好脱口而出，真是一副憋出内伤的表情。只是“你，你……”了两个字，就一甩黑长直发转身气冲冲地走出了苏莲经理的办公室隔间。边走边放话：“行，唐英是吧，我记住了！”

接着我听到她拿起包包的声音，踩着高跟鞋冲出了办公室，走出二楼大门的时候还不忘重重摔一下门以示气愤。

这时我像泄了气的皮球一样坐在沙发上，其实我并没有像表现出来的那样无所谓。我一个刚入职的新人，公司的业务、人事关系门儿都还没摸清，连一个“同盟军”都还没有，就已经开始树敌了，而且还不知道得罪的是哪路神仙。一方面我担心给张妃董事长丢脸，怕别人说老板招了个什么人来公司啊？另一方面我都辞职来到深圳了，万一被辞退，我该怎么在深圳生活下去啊？

正担心着，苏莲经理从办公桌对面走出来，也在我这张双人沙发上坐下。她轻声告诉我刚才的美女叫郝芯，是公司的招商经理，同时也是董事长秘书。其实她不可能不认识我，只是为了给我下马威装作不认识。因为我以董事长秘书的身份进入公司，她非常有危机感，担心被我比下去。虽然她刚刚叫我小丫头，但是其实她比我还小一岁。

真是出乎我的意料，这个郝芯看着的确不像能叫我“小丫头”的阿姨年纪，但也确实看不出来比我还小一岁。她看起来很成熟，职场通勤装，黑长直发，7 厘米高跟鞋，像是三十来岁的白领丽人，虽然我们第一次见面就是剑拔弩张，但还是得承认她是个美女。

我好奇而忐忑地问苏莲经理我初来乍到并没有得罪郝芯呀，她为什么这么仇视我？苏莲经理告诉我郝芯这个人对谁都并不和善，也因为突然又多了一个董事长秘书，所以她才这样，跟我并没有关系，换一个人她也是这个态度。最后她劝我别多想了，早点回家吃饭。

虽然我并不能接受苏莲经理的这个说法，但是时间确实也比较晚了，应该要回家了。于是，我并没有再纠缠这个问题，而是跟苏莲经理一起走出了公司的大门。

职场不易，就像人生不可能一直一帆风顺一样，所谓人无百日好，花无百日红，毕竟人生不如意者十之八九。职场是一个只注重结果，不讲究过程的地方，所以需要我们有一颗强大的心。职场的黄金法则是：可以不聪明，但不可以不小心。面对复杂的办公室环境，不论在什么时间，都要保持注意力在线。且行且珍惜吧！

二、从四线到一线，从生产线到改革开放的前线

深圳是一个非常重视人才的城市，我是一名普通的大学毕业生，但是在来深圳的第二年就通过积分落了户。本科生现在来深圳基本按照程序都能顺利入户，专科生也可以通过做社会服务、学历提升、职业资格证考试、社保缴纳等项目加分顺利落户。应届本科毕业生，硕士、博士毕业生到深圳就业可以享受租房补贴等优惠政策。

除了这些吸引初级人才的政策之外，还有很多扶持力度更大的吸引高层次人才的政策，比如“孔雀计划”“海外高层人才奖励计划”“留学人员

创业补贴”“博士后工作站资助计划”……

只要你是人才，深圳总有一款人才政策适合你。

一切都已经准备就绪，我马上就要开始深圳的新生活了。我期待着尽快进入新的工作角色，收入增加，工作经验增加，人脉增加，电视剧当中职场女精英的形象不由自主地浮现在我的脑海中。我，俨然就要成为一名众人艳羡的深圳女白领了。

但是，真是没想到深圳女白领的职场生活会这样艰难地展开。

回到家，我还沉浸在刚刚紧张的气氛中。我的合租室友牛嫂也许是看出了我的闷闷不乐，于是问：“是公司还是家里发生了什么事？”我也干脆像竹筐倒豆子一样，一股脑儿把刚刚在公司发生的事情都说了出来，并表达了怕被炒鱿鱼的强烈担忧。

听完我的话，牛嫂“扑哧”一声笑了出来。这一笑让我有点莫名其妙。我心里想：大姐，我这刚来公司不到一周就遇到了这种奇葩同事，你作为同学不应该感同身受，然后再安慰我一下吗？

牛嫂也看出了我的疑惑，忙解释让我不要误会，她只是疑惑那个曾经在大学里自信心爆棚，走到哪里都是鼻孔看人的唐英，现在怎么会这样外强中干？

“鼻孔看人、外强中干”，这是对我的评价吗？我一直都时刻提醒自己要脚踏实地做人，扎扎实实做事，没想到在同窗四年的朋友眼里竟是这样的形象。原本我以为在公司受的打击已经够多了，看来老天还是觉得这些打击不算什么。想到这里我收起了对牛嫂疑惑的眼神，低下头来，无意识地玩着自己的手指。

牛嫂表示其实像我碰到的情况在职场中很普遍，她也遇到过类似的情况。如果用不友善的划分方式，这个郝芯就是职场中普遍存在的“非友人”。虽然她遇到的具体的事跟我不一样，但归根结底这种类型的人就应该被统一归为“非友人”。

“非友人”？我在惠州一年多的时间里所处的环境还真是相对比较单

纯的。公司3000人当中有2500人是工人，平时除了帮他们办理入职、离职和培训之外，工作时间其实很少接触，只有剩下的500个办公室人员每天低头不见抬头见。由于我在惠州工作的时间不长，且真正走上管理岗位的时间更短，所以接触的人还真是相对比较单纯的。我从来没想到过，原来职场中的“非友人”是这样的。看看身边的牛嫂，虽然我们一起毕业，但她好像对于职场中这些在我看来很棘手的问题处理得游刃有余。我们现在毕业才一年啊，区别就已经这么大了吗？于是，我不由自主地问牛嫂我到底应该怎么办？

牛嫂没有立即回答我的问题，而是站起身来走到饭桌前端起我的水杯，从凉水壶里倒了一杯水。我接过她递过来的杯子。她没有坐回我的身边，而是搬过来一张椅子坐在对面，看着我的眼睛真诚地说：“深圳是一个移民城市，80%都是来自全国各地的人。我们常说一样米养百样人，每个人的个性真的很不一样。人多的地方，是非就多，这一点在职场上尤其突出。我把职场中遇到的人分为四类：客户、领导、好同事、‘非友人’。客户和领导一个是上帝，一个是衣食父母，都不能得罪。好同事是可以相互信任，互帮互助的。而对待‘非友人’，我的态度则是人不犯我，我不犯人；人若犯我，我必回击。”我一脸惊讶地看着牛嫂，没想到表面看上去温柔软妹子一枚的她，在职场上不仅不是软柿子，反而如此有主见。我继续问牛嫂，职场中的“非友人”都是什么样？

牛嫂说：“我相信每个人因为三观不同、工作风格不同对职场中的‘非友人’都会有不同的定义。但是在我这里，爱打小报告、恶意制造八卦、挑拨离间、损人利己的人就一定是‘非友人’。郝芯今天的这种行为明显就是损人利己，因为你有可能对她构成潜在的威胁，就直接不分青红皂白地不让同事给你帮助，不论这种威胁是真实存在的还是她假想出来的！”说到这里，牛嫂的语速比一开始的时候快了很多，我听得出她语气里的气愤。

就这样三五句话，我已经把郝芯从“同事”这一角色当中拎出来扔进了“非友人”堆里，心情立马轻松了很多。是啊，我完全没有必要对一个“非友人”的行为和话语如此上心，如果我沉浸其中，岂不是自己为难自己吗？但是如果这个问题我只是逃避而不解决，那我永远都会止步不前吧？于是我请教牛嫂有没有什么独门秘诀专治“非友人”。

牛嫂神秘一笑说：“我总结了四招：心态要稳、招呼要正、小恩小惠、抓住机会。”

真是没想到，毕业分开才一年时间，牛嫂不仅在深圳混得门儿清，居然连职场心得都已经上升到方法论层面了。我在这样的牛嫂面前实在就像没毕业的小学生一样。牛嫂没有卖关子，毫无保留地解释：“首先，最基础也是最关键的一步是心态要稳。这些‘非友人’既不是领导也不是客户，那么说到底他们在短时间内并不直接影响我们的业绩和在职场中的地位，顶多只是讨嫌而已，所以不必太过于担心。但是讨嫌这种事情如果长期存在，确实影响心情，进而影响到工作业绩和职场升迁，因此应对他们要在战略上轻视他们，在战术上重视他们。”

经她解释，我大概能想到四招中的第一招心态要稳是战略，而后面三招就是具体战术了。正如我的猜测，牛嫂说：“在战术上则要用上打招呼、施小恩、抓住机会，快狠准了。首先，不论他们是哪种类型，我们都要对他们笑脸相迎。俗话说‘伸手不打笑脸人’，笑脸向他们打招呼既可以松懈他们的防备，又可以在同事当中占据舆论上风。接着，我们就可以在适当的时候请他们喝杯奶茶或送一点小礼物，让他们尽量少‘作妖’。最后，永远不要奢望他们突然会变成一个好队友，因此，如果有合适的时机一定要揭露他们的真面目。我们不是正义的审判官，但我们要把受到的委屈和不公找一个最恰当的时机公之于众。”

当牛嫂一口气说完后，我陷入了深深的思考。牛嫂在学生时代就是目标和思路都非常清晰的人。在我们读大三的时候，我还继续专注于学生会活动和社会实践，牛嫂就已经在备考研究生了，而且目标是北京大学。牛嫂最后并没有考上北京大学，被调剂到湖南省内一所高校的她并没有向命运屈服，不接受调剂是她的选择。当时我问她调剂的这个学校至少比我们母校强，为什么不接受呢？她回答：其实在她看来这两个学校都是一个档次，不值得她再花三年时间。

就是这样一位女同学，真不知道在深圳的这一年里都经历了些什么？难道深圳是这样一个充满了魑魅魍魉的地方吗？她得遇到了多少职场坎坷才能总结出这样一套体系完备的大法心经呀！

可是，难道我真的要用牛嫂教我的方法来开始在深圳的职场生涯吗？

当天晚上我躺在床上辗转反侧。我是一个刚来公司的新人，如果我刚来一星期就碰上了“非友人”，那么未来还会不会有接二连三的“非友人”出现呢？如果我把这些不太友好的人都当成敌人而向他们开战，我还有可能完成更多的工作、接受更多的任务、获得更好的发展机会吗？那么，除了正面反击之外，是否有更好的解决方式呢？我有没有可能化敌为友呢？如果要化敌为友我又应该怎么做呢？

这些问题我想到凌晨迷迷糊糊睡着也没有想出个答案来。

第二天在上班的公交车上我还在想，如果今天到公司遇到郝芯该是一件多么尴尬的事啊。我应该用什么表情面对她，打招呼还是不打招呼呢？如果我向她打了招呼，她当作没看见，那我该多无地自容啊……想着想着公交车到站了。

“墨菲定律”在这一刻神奇地出现了，越是害怕遇见谁，越是遇见谁。当我走到公司所在的写字楼一楼大堂门口时，郝芯迎面走过来。那一刻我恨不得立刻消失。令我惊讶的是郝芯从容自若地看着我，然后面带微笑地跟我说了一声：早！我条件反射，但语带迟疑地回了一句：早……

我和郝芯一前一后地上楼梯，接下来相对无言。好在她要去的是二楼，我要去的是三楼，虽然尴尬，但好在路程不长。

走到自己的办公桌前坐下后，我产生了自我怀疑，难道昨天下午的那一出戏郝芯是选择性遗忘了吗？不然的话，她是如何做到前一天还激动得跳脚，后一天就若无其事地跟我面带微笑地打招呼了呢？

一天的工作就这样开始了，整理资料、陪同张妃董事长开会做记录、参加接待、传达具体工作。工作接踵而至让我没有时间和精力再去思考这看似复杂的人事关系。

时间一眨眼就来到下午 5 点半左右，再有半个小时就下班了，但那时的我还埋头在当天的会议记录当中。突然我办公桌上的内线电话响起来了，801，是张妃董事长的分机号。我在铃声响起第二声时接起来。

挂完电话后，我拿着本子和笔快步走向张妃董事长的办公室。在我敲门走进董事长办公室后，张妃董事长从文件当中抬起头，看了一眼她办公桌对面的椅子示意我坐下。

看我坐下后，张妃董事长把正在审阅的文件往旁边推了推，然后问我来公司一周了感觉怎么样。

这个问题挺出乎我的意料，因为在这一周的接触中，张妃董事长都是就事论事地向我交代工作任务，而且交代的工作都是很基础的工作。这样一个明显带有关心的问题比我预想的时间来得早。我回答："我感觉很好，在银豹公司接触到的人和工作对我来说都是全新的，感觉每天都能学到新的知识和技能，每天都在进步。"

张妃董事长会心一笑，说："那就好。你以前是在制造业工作，工作内容偏流程化和规范化。我们是一个文化公司，创新方式为园区企业提供服务需要用心和创意，面对这样的工作转变刚开始感觉压力大一点很正常。"

听到这里，我感觉自己的确是压力比较大，主要原因是：第一，我还根本没有机会接触到张妃董事长所说的需要用心和创意的工作，而每天都是些事务性、基础性的琐碎工作，让我有一种有力使不出来的感觉；第二，这里的人事关系相对于以前确实复杂了不少，特别是昨天与郝芯的冲突，我现在想想都心有余悸。

张妃董事长看到我点头，就接着说："我看你今天黑眼圈有点重，昨天晚上没睡好吧？所以你刚刚说感觉很好，我还是有些疑问的。说说吧，是遇到了什么难题吗？"

我下意识地伸手揉了揉眼睛。没想到张妃董事长每天这么多事情要处理，居然还留意到了我的黑眼圈。我回答道："我不知道这算不算打小报告，但您既是我的老板，又是我的长辈，我说得不对的，您一定要批评。"

看着张妃董事长肯定的眼神，我把昨天发生的事情从头至尾讲了一遍，甚至连牛嫂给我的建议都原原本本说了出来。

耐心听完我的讲述后，张妃董事长背靠着大班椅，手肘支撑在椅臂上轻托着下巴略带思考地看着我，继而问是否有按照同学给我的分析和建议去做了。

"没有，我还没有想好到底要怎么做。"我如实回答道，"但是今天上班的时候，我在楼下碰到了郝芯。原本我以为碰到她会很尴尬，但是郝芯很自然地跟我打招呼，好像昨天的事情根本没有发生过一样。当然，我也跟她打了招呼。张妃董事长，您说是不是因为郝芯大度，不在乎昨天发生的事情呢？"

听到这里，张妃董事长身体向前，双手放到大班台上说："郝芯跟你打招呼不一定是因为她大度，也许这就是她在职场当中应对人际关系危机的化解方法。但是不论郝芯是否大度，有一点是可以肯定的：职场和商场都一样，没有永远的敌人也没有永远的朋友，只有永恒的利益。你和郝芯都是我的员工，还恰好都是我的秘书，如果站在董事长的角度，我应该要劝你们不要闹矛盾，相互配合做好工作。但是我想跟你说的是树敌不算本事，能化敌为友，让别人真心待你才是能力的体现。"

"我非常同意您说的。"我用力地点点头。仅凭一次不愉快的交流就把郝芯定义为"非友人"，进而采取防范和对抗的方式相处的确会影响到我们的工作交流；而且我本性并非好斗之人，不想与人保持敌对的关系。如果能化敌为友当然很好。于是我继续问张妃董事长，用什么方法可以跟郝芯化敌为友？

张妃董事长笑了笑，说："首先，郝芯并不一定把你当敌人了，我们对于一个人是敌是友不要轻易下结论。我要说的这个方法并不是一个化敌为友的'靶向药'，但适用于所有需要巩固、加强的职场关系。方法很简单，只有两步：第一步是建立情感与信任。如果你内心深处对一个人的情感是消极的，比如害怕、排斥，那么根本不可能建立信任。所以你应该先试着去发现这个人的优点，或者是去找找你们共同的兴趣爱好和生活工作方式，试着把那些消极的情感用积极的情感所代替。你调整了情感就能做出有益于关系的行动，而这些行动可能影响到对方的情绪，你们之间的磁场就能从消极慢慢转为积极。这样你们之间就建立起了信任的基础。”

说到这里张妃董事长端起茶杯，揭开杯盖喝了一口茶。我站起身，从她手里接过茶杯，走到饮水机旁边加满开水，再放回到她的手边。张妃董事长继续说：“第二步是互惠互利。中国有句古话——要想取之，必先予之。先想想对方需要什么，他的需要你能不能满足？你可以先创造一个利他的机会。做到这里还不算完，你还要帮他想想，什么是他可以毫不费力就能帮到你的事情，也就是说帮他制造一个帮助你的机会。这样他对于受惠于你这件事情就不会感觉到有压力，自然而然你们之间的第一次互惠互利就完成了。接着不断开始你来我往的帮忙，你们之间不是朋友也是朋友了。”

听到这里，我一脸茫然地看着张妃董事长，心想：为什么帮完了别人，还要制造别人帮我的机会呢？让人家欠我一个人情不是更有利于关系的发展吗？

这时张妃董事长把刚刚推开的文件拉回面前，一边开始埋头于文件当中，一边说：“我知道你平时下班走得晚，昨天没休息好，今天就早点下班吧。我刚说的你现在不一定能完全理解，不要着急，慢慢从工作和生活中找感觉找答案，然后不妨照着我说的试试看效果怎么样。”

我走出张妃董事长的办公室并带上门。在回家的公交车上，我一直在对比牛嫂和张妃董事长对于同一件事情的不同分析。两个在我看来不同年龄、不同成长背景，但是都很有主见和思考的女性，她们对于发生在我身上的同一件事居然会有两个完全不同的理解和解决方案。到底哪个更正确呢？哪种方法才最适合我的工作风格呢？说实话，在当时的我心中并没有一个明确的答案。

我想随着时间的推移，答案应该会慢慢浮现。

没想到，工作当中遇到的人际关系危机还没有化解，生活的困难也在同一时间给我来了一顿迎头痛击——财务危机！

三、职场新人的财务危机

据说有些人的离开是人性和城市的双赢。

现在我跟一对大学同学夫妻合租一套50多平方米的房子，他们住大间，我住小间，这小间放下一张1米2的床、一个小衣柜和一张小梳妆台之后就没有转身的空间了；每天来回上班坐2小时公交车，上下车根本不是主动前行，而是被人潮裹挟着被动向前；周末时间倒是有，可是想想每月的房租水电、交通、伙食和信用卡分期付款的账单，消费欲望瞬间就被兜头一盆冷水浇灭得干干净净。

张妃董事长的公司每年都会在春节法定假日时提前一周放假作为员工福利，所以每年我们的返乡潮基本都会与农民工返乡潮重叠。我突然发现：来深圳当一名白领原来与当年我在惠州当农民工是一回事儿。也许不是每个人都适合北上广深。

一、二线城市与三、四线城市的区别在哪里呢？一、二线城市开放，机会多，更公平，高素质的人才多，竞争更激烈；三、四线城市相对更封闭，节奏更慢，其实竞争也很激烈。有人说，一、二线城市容不下肉体，累在做事；三、四线城市放不下灵魂，累在做人。

2008年我刚来深圳的时候，深圳福田区的房价大约是1万元/平方米。现在看来似乎就是白菜价，可是当时正在试用期的我工资3000元/月，除去每月的房租水电、交通、伙食后，不但剩不下钱，每月还需要伸手向父母借钱。即便是1万元/平方米的房价，估计我一年也存不下1平方米的购房款。

三个月试用期之后，我的工资由3000元/月上涨到5000元/月。虽然每个月到手的钱多了 2000 元，但是因为信用卡分期买了笔记本电脑和手机，增加的收入几乎都要用来还信用卡。

记得大二的时候，同宿舍六个女生一起穷游去了趟桂林，交通工具是绿皮火车和公交车，住的是青年公寓。就是这样一趟最省钱的出游，也使我们宿舍集体吃了半个月的泡面和馒头。我在湖南一个四、五线城市上大学，当时作为大学生想要找兼职的机会，通常只有家教、发传单、当服务员、卖雅芳或电话卡等为数不多的几种选择。很多年以后我才知道，在同一时间，北上广深的大学生都已经开始在创业、路演、拉投资了。真是恍若两个时代。

大学时总是想着毕业之后就能自己挣钱了，花钱就能自由了，万万没有想到，别说自由，竟然比上大学时的财务状况更差了。

信用卡分期后，我每天疲于应付信用卡账单，只看得到眼下的生活和支出，既没有对当时的债务、支出进行反思，也没有对摆脱这种状况的短期和中长期计划。我好像陷入了一种“穷人思维”——只看得到眼前的利益，节约眼前的钱，不愿意花钱对自己做一种长期投资。现在想想真是后怕。还好刚来深圳那会儿，作为一个普通白领的我只能接触到信用卡分期这种方式。如果在那个时候我能接触到现在的花呗、借呗、白条、小额贷款、网贷等渠道，不知道会变成什么样子。

正当我苦闷不已的时候，偶然一个周末，在深圳图书馆的三楼随手翻到了一本《巴比伦富翁的理财课》，马上就被吸引住了。书里讲到了增加财富的七大方法，如图 2-1 所示。

太对了，摆脱月光的第一步就是四个字：开源节流。

如何节流呢？房租水电、交通、伙食和信用卡分期付款的账单这些不能省，但是逛街、衣服、化妆品这些可以省。一个大道至简的逆向思维公式是：支出 = 收入 - 节余，这就意味着定下来一个每月存钱的目标，然后再落实下来，用剩下的钱去花。这个新公式对比传统的公式：节余 = 收入 - 支出而言，是一种思维方式的转变，更是一种全新的生活方式。

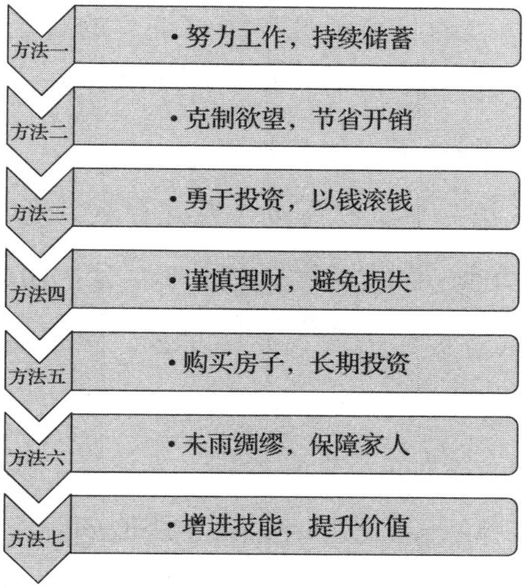

图 2-1　增加财富的七大方法

自从有了这个思路之后，我就给自己定下了目标：从每月 5000 元的工资当中，拿出 1000 元做零存整取，剩下的 4000 元再来计划花销。2008 年时的我并没有比现在刚毕业的你更好吧？当时我已经工作了一年多，可是刚来深圳也只有 5000 元的月薪。所以，起点低并不可怕，可怕的是没有改变现状的勇气和决心。

每月存 1000 元，花 4000 元。花费的 4000 元里我需要支付 1600 元的房租水电，还购买笔记本电脑、手机的信用卡分期账单 1300（700+600）元，公交费用 150 元，电话费 80 元，除以上这些每月必需的固定开支外，能用来吃饭、买衣服和化妆品的钱只剩下不到 1000 元了。当时，我买衣服和包包基本都是去东门批发市场。

那个时候的我，面对如此现实，连在深圳买一间厕所都没有想过，怎么样也想象不到短短十年后，我能通过工作和储蓄在深圳买下七套房，在全国共计十二套房，同时还配置了基金、一级市场股权等资产。

人们往往会高估两三个月的变化，但是往往会低估两三年的变化。

虽然前几个月真是捉襟见肘，但是好在拿了 3 个月 5000 元月薪之后，我的工资涨到了 7000 元 / 月。但是，此时我并没有因为收入增长了，而相应增加开支，因为我已经习惯了这种精打细算的日子。增加的 2000 元收入，我没有放到“支出 = 收入 - 节余”这个公式左边，而是放在了右边，因此我每月的存款由 1000 元，增长到了 3000 元。

就这样，工作的第一年，我有了 3 万元存款。现在，细细想一想，从试用期的月薪 3000 元到 7000 元我只用了 6 个月。而此后我在银豹公司工作的十年里，我从董事长秘书做到集团总裁，从最初的月薪 3000 元，到离职时年薪百万元。

年薪百万元对于一线城市的职业经理人来说真不算什么，比我收入高的大有人在。毕竟在深圳，一个刚毕业的大学生假如能入职华为、腾讯这样的大企业，起步年薪都有 30 万元，年薪百万元也就是一个人工作三五年的收入水平。但是对于我这个普通的大学毕业生来说，却是费了九牛二虎之力达到的。

工作真是人生当中相对比较公平的一个场景，一个普通人这一辈子大概率能赚到最多的钱都是来源于工作。在银豹公司工作的十年里，我并不是没有过二心，我也想过副业，也想过创业。

2009 年时，如果在百度输入“副业”二字，出来的搜索结果在前几页大多都是直销代理、餐饮连锁店加盟；现在搜索的结果大多是淘宝刷单、代购、微商、跑腿、滴滴。其实不论是十年前还是今天，副业 90% 都是出卖业余时间获取不可持续的微薄收入。最后，要么是体力或脑力不支被迫放弃，要么就是与主业发生冲突二选其一。

当时在兼职方面我也想过做家教，在创业方面也尝试过开奶茶店。副业不赚钱，而创业不但不赚钱还容易亏钱。

《巴比伦富翁的理财课》中有这样一段话：“任何财富的积累都是从辛勤工作开始的，你越努力工作，就越容易更快更多地赚取金钱，也就容易成为财富自由的人……辛勤工作是创造运气和财富的真正秘诀，这个秘诀对任何人都简单有效，无一例外。坚持这一信念既能解救自己于苦难之中，更能成就自己精彩而富足的人生。”

把时间、精力以及连带的思考、努力都花在本职工作上，才能越来越容易地赚取“正财”，才有可能在将来拥有财富自由。后来发生在我身边的故事也证明了这一点。

第二节　职场人际关系的艺术

我们在职场中，每天都在与人交往，人际交往可以给人带来正能量和幸福感。心理学家认为：一个人的成功85%来自社交。但是，在职场经常会发生因为不能与他人和谐共处而烦恼丛生的情况。现在很多人都说自己是“社恐”，也就是所谓的社交恐惧。因为与同事、领导、下属、客户、供应商、合作伙伴处不好关系，经常发生矛盾，所以每天负能量满满。你认为人际关系不好到底是“别人的问题”还是“自己的问题”？打开人际关系这把锁的钥匙其实就掌握在自己手里。

一、第一印象定律

2009年是我的24岁本命年，春节过后的第一个工作日，我穿着一件大红色的棉衣到公司上班。我一走进三楼的办公室，就看到一位身高180厘米的男士，身穿红色棉袄，坐在前台旁边的访客沙发上。

看到我走进来，他站起身来跟我说了一句：你好。

我回了一句：新年好。接着我开始仔细打量着这位男士，高高的鼻子上架着一副黑框眼镜，恰到好处地遮住了大到有点夸张的双眼皮。薄薄的嘴唇略微上扬，显得很有亲和力。这张脸有两个美中不足的地方：第一是咬肌肥大，很有可能是长期吃槟榔的结果，结合他刚刚说的“你好”二字的尾音，我判断他是湖南人；第二是这么年轻居然就有发际线后移的趋势了。

趁我打量这位男士的工夫，他打开沙发上的包包，拿出一沓红包，把其中一个递给我，还说了一句：大吉大利，恭喜发财。

就这样收陌生人的红包吗？我看着他递过来的红包没有伸手去接。

就这样，尴尬的氛围萦绕在我们之间，公司的前台安娜走到我旁边接过男士手里的红包，还喜笑颜开地说了一句：恭喜发财。并从自己斜挎的包包里拿出一个红包回送给帅哥。

男士自然而然地接过来，略带羞涩地说了声“谢谢”。

我还没有从尴尬中回过神来，安娜又从包里拿出另一个红包递给我，还告诉我这是广东的习俗，过春节结了婚的要给没结婚的派“利是”。就像在广东只要没结婚，不论是几岁，都得叫姐姐，而不能叫阿姨。

接着她拉过我的手，把红包塞在我手上，把嘴凑到我耳边轻声告诉我别有压力，这跟湖南确实有点不大一样，每个红包里面就十元八元的，就为了图个好彩头，大家都会收的。

这时，这位男士也趁此机会递了一个红包给我，虽然还有犹豫，但我还是接过来，对他说：新年好，恭喜发财。

新年第一天上班，让我感受到了广东的这种特殊的风土人情，前前后后收了二十多个红包。最大的一个红包里是 108 元，而最小的一个红包里是 2 元。收着收着我也不知道哪个红包是谁给的了，我也真是挺好奇在红包里放 2 元的是哪位仁兄。

但是，我记住了早上给我红包的男士的模样，由于多看了他两眼，就记住了他给的红包是什么样子。打开红包——20 元，不多，但也不是最少的。最关键的是，听人力行政部的苏莲经理说，他是来实习的，名叫陶醉，要今年 6 月才本科毕业，正常来说他应该还没有结婚。

广东的风俗不是结过婚的给单身的发新年红包吗？他是一个单身青年为什么要给大家发红包呢？

这个问题后来我问过陶醉，陶醉说他在湖南老家的时候就在网上看到过广东的风土人情。因为他正好是新年第一个工作日过来实习，不想白白接受别人的红包，并且想给公司的同事留下一个好印象，所以就提前准备了。

听到陶醉这样说，我特别汗颜。我比他早两年毕业，按理说社会经验比他丰富，但是他在还没有毕业的时候就有这样周全的考虑，而且不占别人便宜，愿意先给予，真是特别值得我学习。

而且他的这个行动确实给公司的同事留下了良好的第一印象。若干年后我在中国科学院心理所在职学习心理学课程的时候知道了它的学术名词——首因效应。心理学研究发现，当我们与陌生人第一次见面时，45 秒就可以产生第一印象。而这种第一印象一旦产生，就会自然而然地带有一种先入为主的主观判断，并影响到对此人后续行为的判断。但是，第一印象也不是一成不变的，随着与此人的深入交往，我们会不断地修正对他的第一印象。第一印象的影响因素及其比重如图 2-2 所示。

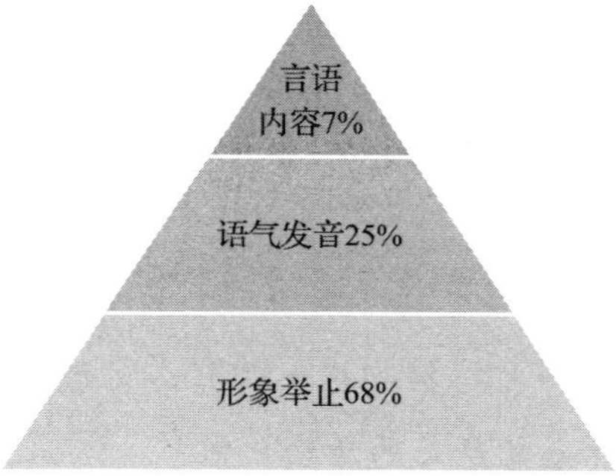

图 2-2　第一印象的影响因素及其比重

专栏 2-1

人脉女王：第一印象就是一切

2018 年 5 月，睿问 She Power 创始人兼 CEO 邱玉梅在杭州云栖小镇举办的“女人、男人和机器人”论坛结束后走到会场的角落里，轻声问候每一位嘉宾和工作人员，并向大家致谢。

睿问 She Power 是一家为职业女性搭建成长平台的公司，自成立以来，组织了大大小小的峰会、沙龙、研学、参访和培训活动，活动线上线下观看人数达数亿人次。

作为睿问 She Power 创始人兼 CEO，邱玉梅会关心每一位付费会员，为她们对接资源，她常笑称自己是拥有最多“女朋友”的女人，可谓是当之无愧的“人脉女王”。

说起人脉这个词，可能一直被大众误读了，比如走在街口和熟人的闲聊、在家电卖场口若悬河的销售、在旅游时结识陌生人等。其实人脉的本质是在遇到某人并且与他们互动的过程中，建立的互惠互利的关系。

那么，人脉到底有什么作用呢？首先，人脉可以提升自己的知名度，让自己在一群人中更容易被识别；其次，人脉可以为我们制造机会，尤其是工作机会或销售机会；再次，人脉可以帮助我们与家人和朋友更好地沟通；最后，人脉是我们处理问题时的一个有力的工具。总之，人脉就是为了让我们获得更多的机会，无论是工作还是生活。

有一个机会公式：机会＝信誉 ×（个人品牌＋知名度＋社会资本）

商务人士会经常出席活动，在活动上通常会结识一些新朋友，遇到第一次相见的人，千万不能一开口就问：你是做什么的？这个问题一说出口，别人就或多或少会产生一些戒备心理，认为你是不是想做他的生意。比较好的做法是，表现出对这位初次见面的人很感兴趣，关心他的心情和姿态。比如可以问：你感觉今天的活动如何？

因为我们是要建立人脉，而不是一上来就想做生意。

我们在结交新朋友的时候，只有一次机会给他人建立一个好的第一印象，如果我们不能在第一印象中树立起讲信誉、有资源、有社会资本的形象，那么根本就没有机会与对方进行后续的沟通。

所以，第一印象就是一切。因为人们总喜欢快速下结论，面对刚刚认识的人，我们下意识地给出定论，比如根据他们的外形、样貌、语气、声调、行为和气质等。而一旦形成了不好的第一印象，要想在后续交往过程中扭转过来就是一件很难的事情了。

那么，让人对我们拥有良好的第一印象就能使后续的沟通变得更容易。我们在认识新朋友的时候不能张嘴就问“你是做什么的”，与之相反，我们在回答他人问题或与人对话的时候则尽可能要把话题自然地引到“我是做什么的”上面来。但不能只是呆板和枯燥地进行职业描述，而应该强调我们可以为客户带来怎样的价值。

第一印象往往来源于你的自我介绍。很多人的自我介绍不但千篇一律，而且完全听不出来你的特点，这都是没有做好充分准备的原因。因此，务必要准备好简短、能突出自己的特点而且让人耳目一新的自我介绍，并针对不同的应用场合准备多个版本。自我介绍的目的就是以此来建立自己的信誉，让人印象深刻并产生与我们合作的动机。

在准备好了一个出色的自我介绍后，接下来应该怎么做才能给他们留下一个良好而深刻的第一印象？

第一，建立信誉。那些看起来微不足道的小事，比如认识新朋友后立刻给他们发邮件、加到一个新朋友的微信后马上做备注和简单自我介绍，等等，这些可以帮助证明你的信誉。

第二，打造个人品牌。明确自己的个人优势，做好个人品牌的定位是基础。利用各种线上和线下的渠道正面展现个人品牌，如在博客、朋友圈、抖音、小红书上原创或分享与自己个人品牌相关联的文章和信息。

第三，扩大知名度。互联网的发展出现了“去中心化”的机会，再微小的个体都可以拥有个人品牌，相比以前也更容易增加知名度。在网上定期发布信息、不定期参加线下活动都是扩大知名度的方法。

第四，提升社会资本。你可以把社会资本看成是自己的一个虚拟财富账户，回忆一下以往你为他人提供了哪些帮助，这些就是在社会资本虚拟财富账户中的存入行为，会直接影响你人脉圈的深度、广度和强度。可以通过定期发信息问候、朋友圈点赞、业务推荐、赠送小礼物等方法有意识地增加自己的社会资本。

邱玉梅认为自己并不是身怀绝技的人，因此自己和绝大多数普通人一样，要想成功就很需要人脉。如果说一个人的自身价值是 1，那么人脉就是后面的 0，人脉越广 0 越多，能量就能呈十倍百倍地放大。

总之，第一印象极其重要，建立良好的第一印象的方法也有迹可循，按照这些方法，你也能成为一个善于人际交往的人，还能把它发展成为专业能力，有序建立自己的人脉圈，并以此进行商业价值变现。

（笔者根据多方资料整理而成）

资料来源：刘广灵．“第一印象”的信息机制及其激励效应分析 [J]．中国软科学，2008（12）：105-113+145．

在 2009 年春节假期结束开工后的第三天，陶醉入职了，他所在的部门是招商运营部，职位是招商专员。招商专员就是负责寻找入驻设计之都创意产业园的企业客户。

银豹公司是一家文化公司，主营业务是文化产业园区的建设和运营。而设计之都创意产业园就是银豹公司运营的第一个文化产业园区。这个园区位于深圳福田中心区，与 CBD 中央商务区仅隔着一个中心公园，地理位置十分优越。设计之都产业园是以创意设计为主导产业园的园区，诞生了国内著名的设计公司洛可可、浪尖、嘉兰图等，在业内的知名度相当高。

2009 年，文化产业园在深圳还属于一个新生事物，在其他内地城市更是少见。当时，很多老家的同学、朋友、亲戚问我是做什么行业的，我回答文化产业园时，他们都表示没听说过。银豹公司负责管理设计之都产业园的员工就有近 50 名，公司组织架构中除财务、物业、人力行政、工程等后勤部门外，还有招商、运营、品牌、设计中心、快速成型五个服务于园区企业的部门。所以，银豹公司无论是在引入企业的质量还是在园区品牌打造方面的成绩都相当亮眼。

不但深圳本地的政府、媒体关注度较高，每年有几百批全国各地的党、政、企代表团慕名前来参观交流，其中也孕育了一波发展机会。各地政企参观后，纷纷抛出橄榄枝，邀请银豹公司到当地回访，并探讨合作模式。张妃董事长也是一位极具眼光的企业家，抓住契机在短短几年内就在全国拓展了十二个产业园区，其中不乏颇具商业价值的项目，使银豹公司一举成为国内第一家以跨域跨界复制文化产业园为发展模式的民营企业，成为业内明星企业。

在这个快速发展的过程中，我作为董事长秘书每天要陪同张妃董事长参加重要商务接待，与此同时，很多二级（银豹公司内部以考察团领队的重要性将接待任务划分为一、二、三级，一级为最高级）以下任务就由我个人独立完成。这既是一个让我备感压力的工作，也是一个让我飞速成长的机会。

当时因为每天的接待很多，为了提高团队的商务礼仪能力，张妃董事长邀请了一位专家——盛开女士——来给全体员工上了一次商务礼仪培训课。

盛开女士也是一位企业家，其公司的主营业务是包装设计。由于盛开女士特别注重职场礼仪，通过多年的细心观察和刻意学习，再将之灵活运用于工作当中，日积月累就总结了一套自己的商务礼仪心得。

在时长 90 分钟的课程里，盛开女士从礼仪的重要性及电话、电梯、会议、用餐、乘车礼仪都进行了详细讲解。特别是讲到在工作当中由于不注重礼仪闹出的笑话和注重礼仪得到的尊重的真实案例，让大家听得十分过瘾。

在听到其中一个案例时，我惊出一身冷汗，因为这件事情在不久前就发生在我身上。

盛开女士说她前段时间新招了一名助理，是一位名牌大学毕业的女生，颜值高工作也很勤奋，因此对她寄予了厚望。有一天盛开女士从自己的办公室往公司会议室走去，经过助理的办公桌边时，正好听到她在打电话。电话礼仪是商务礼仪中很重要的一个组成部分，盛开女士当然也想听听她的电话礼仪是否到位。不听不打紧，一听就发现了大问题。盛开女士听到助理对电话那端的人说："如果不出意外的话，我们会在 3 点到达贵公司。"

接着盛开女士问我们这句话是否听出来什么问题。

听到这里的时候我一愣，这不是我经常会说的话吗？跟其他公司的对接人确认行程的时候，这就是我的标准用语呀。难道有什么问题吗？

看着大家你看我、我看你的茫然神情，盛开女士也不卖关子了，说这短短一句话，里面至少有两处错误：第一，意外这个词本身是个中性词，但是在商务交往中却常常让人联想到不好的事情。做生意的人都希望一帆风顺，不喜欢有意外，特别讲究吉利。所以，我们可以用"如果没有特殊情况"来代替"如果不出意外"。"如果不出意外"这句话怎么听都有点像盼着出点意外似的。第二，"会在 3 点到达贵公司"这句话中贵公司这个说法太书面用语了，在商务场合中要尊重对方并没有错，但是在口语交际的过程中使用书面用语会让人觉得太生分了，没有亲切感。如果要体现对对方的尊重，可以说"会在 3 点到达您公司"。这样听起来既不失礼节，又不生分。

短短一句话中却大有乾坤。在职场中，我们与很多人的交往都是以电话、微信、电子邮件等非见面方式开始的。而在这些非见面方式中如何表现到位，给对方留下一个良好的第一印象至关重要而又有规律可循。所以，系统地学习商务礼仪应该是每一个职场人的必修课。

网上曾流行过一个段子：

70 后：要绝对听老板的话。

80 后：老板说得对的，我就听。

90 后：为什么一定要听老板的话？

00 后：老板不听我的话，我就辞职！

虽然是段子，但是在一定程度上反映了不同年代职场人的不同心态。我是 80 后，我认为商务礼仪很重要，也许年轻的 90 后和 00 后并不认同。

但中国是礼仪之邦，即使是不为五斗米折腰的年轻人，也应该理解一个有礼有节的人无论走到哪里都会是一个有魅力的人。这不单纯是为了职务的上升和财富的积累。

而且，在职场当中我也认识很多年轻人，对中国的文化自信和制度自信是溢于言表的，是从很小就习得的，是内化到骨髓里的。

今天学习商务礼仪只是一个开头，也让我意识到自己是初生牛犊，不懂的东西实在太多。所以，看到任何东西都不能凭感觉来，而应该系统地学习。也是从这时开始，我不仅通过看书来学习职场所需的知识和技能，也开始通过听课和考试来进行自我提升。

2009 年，线上培训还没有现在这么发达，职业技能教育和学历提升教育基本都是通过线下课堂来完成的。从 2009 年开始至今，我考过的职业资格证有人力资源管理师、茶艺师、心理咨询师、证券基金从业资格证，当然还有机动车驾驶证。在这十年间，我还完成了管理学硕士、心理学硕士、管理学博士的学习。

身边很多同事和朋友都问我，是怎么管理自己的时间，使自己的职务晋升、学历提升、财务管理、家庭建设方方面面都不耽误的？做了这么多事情，还有没有娱乐休闲的时间？实话说，我除了不打游戏，其他年轻人的娱乐活动我是一样都不会少，唱歌、逛街、密室、狼人杀我都很喜欢，也喜欢抖音、B 站、小红书、微博、爱奇艺。当然，我喜欢这些，但都不会很沉迷，这些所有的娱乐活动加在一起，每天也基本不会超过 30 分钟，最多也不会超过 1 小时。

有一句话说：拉开人与人之间差距的往往是工作八小时以外的时间。时间是最公平的，你把时间花在哪里，时间就会在哪里给你回馈。

二、主动出击，真诚破冰

2009 年 2 月，春节假期结束后刚开工不久，为了培养后备人才，同时筹备将在5月举办的重要文化盛典——中国文化产业博览交易会分会场活动，在重大项目中锻炼新人，公司决定开展一次内部竞聘。竞聘的岗位有文博会设计之都分会场项目总监、设计之都产业园二期招商总监、业务拓展部总监三个岗位。

这三个岗位各有侧重。文博会设计之都分会场项目总监偏向活动策划、统筹和执行；设计之都产业园二期招商总监偏向招商；业务拓展部总监则偏向于商务谈判和政企资源对接。

2009年，我担任董事长秘书时的工资大约是7000元/月，而这三个总监岗位的月工资是底薪1万元+项目提成。如果能成功竞聘，相当于底薪增加了42%，而且还有额外的提成。这对于当时手头并不宽裕的我来说诱惑简直是太大了。

于是，我几乎没怎么犹豫就决定竞聘。竞聘就需要准备述职材料以及竞聘演讲，而公司给大家准备的时间只有一周。所以，我立即就开始做竞聘的准备工作。

我的目标是业务拓展部总监。首先我完成了文字版的董事长秘书岗位的述职报告，接着开始着手分析业务拓展部的岗位要求。

业务拓展部，公司领导应该是想在目前公司业务之外找到新的业务模式，为公司未来增长做探索和储备。目前，公司的业务主要是房租收入、物业收入、活动收入三部分，其中房租收入主要是靠提高出租率和降低空置率来达成的；物业收入在园区面积恒定的情况下，除了提高物业管理费之外，几乎不太可能有显著增加；活动收入应该是唯一的突破口。如果我想竞争业务拓展部总监的岗位，就应该提高活动收入。目前，公司主要的活动就是每年的文博会分会场，我们团队应该举办更多的活动来增加收入。

想到这里，我认为自己已经找到了竞聘制胜的关键，因而感到十分兴奋，于是我开始着手做竞聘演讲的PPT。PPT分为四个部分：①董事长秘书岗位的工作述职。②业务拓展部的核心工作内容。③该部门总监需要具备的核心能力。④竞聘成功后的工作计划。

我虽然学习成绩不是很突出，但是我对自己的语言表达能力和演讲能力还是很自信的。小学五年级的时候我就参加学校的演讲比赛获得年级第二，但是由于我们小学几十年才出的一个演讲高手碰巧就在我们年级，受到她的压制，屈居第二的我从来都没有机会代表学校去参加市里的比赛。更不幸的是，我们厂矿学校从小学到初中，再到高中都是同一批同学，所以这种压制一直持续到高三毕业才宣告结束。

自从脱离了厂矿学校里那位万年老大的压制，到了大学的我简直就在表达方面开了挂。大学四年里我数次代表学校去参加演讲比赛、辩论赛，学校各大活动的主持人也都有我的身影。

说这么多只是为了说明，我并非一无是处，至少对于竞聘演讲这件事，我还是很有自信的。不仅如此，还相信自己有一定的工作思路和能力。

竞聘演讲如期而至。竞聘是在公司一楼接待会议室进行的，一共有三名评委：张妃董事长、秋波总经理和财务总监许多。公司一共有 6 名年轻人参加了竞聘，但是只有我一个人竞聘业务拓展部总监一职。

我是第四个上台的。我花了十分钟阐述完自己的 PPT 后，秋波总经理向我提了第一个问题：公司为什么要设立业务拓展部？

这个问题我在家里做预演的时候想过，于是听完问题后几乎没有太过考虑，我就回答：每个公司都想寻求业务的增长来支撑公司的发展，我们公司新设立业务拓展部就是想寻求业务的增长。

接着，秋波总经理马上抛出了第二个问题：在刚刚的竞聘演讲中提到设想的业务拓展部工作内容是通过举办更多的活动来增加公司的收入，除了这一点之外，还有没有考虑其他的方法和途径？

这个问题把我问倒了，我在准备的过程中仅仅想到了这一个办法和途径，除此之外，我并没有想到其他的办法。那么，秋波总经理问这个问题他是怎么考虑的呢？我如实回答我并没有想到其他的办法，但非常想请教对于这个问题他是否有更好的办法。

从秋波总经理的表情可以看出他对于我的反问是有一定的心理准备的，他淡淡一笑说："看看张妃董事长和许多有什么其他问题，你问我的这个问题需要公司开一个全体员工会议系统地跟大家说明。"

接着财务总监许多问我认为通过增加活动的举办来提高收入这个办法，需要多少钱的预算，预计会有多少收入，公司需要多长时间能收回投入，产生净利润。

这个问题明显也在我的意料之外，但我不能又像刚刚那个问题一样反问许多总监吧？好在这个问题我思考过，于是马上回答："增加活动的成本来自两方面：第一，控制人员的固定成本；第二，增加活动的可变成本。为了降低风险和成本，我想前期不必招聘新人，可以从公司内部抽调两名同事由我负责统筹，一名负责活动策划，另一名负责活动执行。而增加活动的可变成本，我的计划是在活动策划过程中先测算出投入和产出，如果单个项目不能盈利就不做，只做那些可以赚钱的活动。但是，活动举办中会需要有部分垫资，我想全年的活动垫资预计在50万元以内吧。"

许多总监听完了我的回答面无表情地看向张妃董事长表示她没有问题了，然后请张妃董事长做总结。

张妃董事长则表示她没有问题，然后请下一位竞聘者上台。

这就结束了？难道我的表现这么差强人意？在等候过程中我很紧张，前面三位的竞聘我完全没有关注讲了什么，讲得如何；在我讲完之后我又沉浸于三位老总的评价以及对竞聘结果的猜测，也没听之后两位讲得如何。总之，整场竞聘演讲，我光顾着自我反思了，完全没有关注其他人的表现，更谈不上学习和对比了。

民营企业的工作节奏就是这样快，竞聘结果第二天上午10点就公布了。10点的时候公司的QQ群里弹出了人力行政部苏莲经理发的一张红头带红章的通知，苏莲经理还附上了一句话：祝贺严冬荣升设计之都产业园二期招商总监，试用期三个月，恭喜严冬总监。

我点开那张红头红章通知的大图，详细内容如下：

关于严冬的任命通知

经过公司内部公开竞聘，公司管理层会议本着公平、公正的原则，决定任命严冬为设计之都产业园二期招商总监，协助总经理完成设计之都产业园二期招商任务。试用期三个月。

以上任命决定自发布之日起即开始执行。

人力资源部

2009 年 2 月 26 日

看完这个任命通知，我就在疑惑怎么会只有一个岗位的任命呢？那剩下的文博会设计之都分会场项目总监和业务拓展部总监两个岗位呢？

就在这时，人力行政部苏莲经理又在 QQ 群里发了一条信息：文博会设计之都分会场项目总监和业务拓展部总监暂未任命，请未竞聘成功的同事和其他同事都再接再厉，争取在未来的工作中全面提升能力，堪当重任。

这是什么意思？这就是说张妃董事长和秋波总经理认为文博会设计之都的分会场项目总监和业务拓展部总监的竞聘人都不合适？

说真的，自从进入大学以来，但凡站在舞台上，无论是竞聘还是比赛我从来都没有失利过。演讲、辩论、舞蹈比赛都拿奖，班委、学生会、党支部竞聘都成功。这次的竞聘失利是我遭遇的第一次滑铁卢。十年过去了，我到现在都还记得当时沮丧到极致的心情。

这时，苏莲经理拿着纸质的通知从二楼走上来，推开玻璃门把通知插在了亚克力的通知栏里。我的工位正对着通知栏，苏莲经理走后我呆呆地看着通知栏。也不知道过了多久，一阵电话铃把我的注意力拉回到现实中来。

内线来电显示 801，张妃董事长找我。在电话铃响第二声时我接起电话，张妃董事长说让我去她办公室。

挂掉电话后，我拿起本子和笔敲门走进张妃董事长的办公室。张妃董事长没有像往常一样看电脑屏幕或者桌面上的文件，而是背靠在大班椅上像是专门在等我进来。看到我走进来后，张妃董事长让我坐下，然后笑着问我是否看到了人事部发的通知。

我轻轻回答道："是"，然后低下了头。

张妃董事长说："怎么？不好意思了？"

我抬起头来看着张妃董事长，没有说话，只是轻轻摇了摇头，随后又低下了头。我以为张妃董事长会告诉我为什么落选了，没想到张妃董事长却问我是否知道为什么会选严冬来做设计之都产业园二期招商总监。

其实这个问题在我刚刚看到任命通知的时候就想到了，为什么只有一个严冬被任命了？我想到了两个原因：严冬是海归，而且他是区里领导介绍过来的。所以我就脱口而出了。

张妃董事长又笑了。我感觉今天张妃董事长笑容比平时多。其实我此时的心情是非常沮丧的，因为第一次落选。我是张妃董事长的秘书，又是亲戚，而且这次竞聘我是精心准备的。虽然表现并不十分完美，但是我自认也没什么大的纰漏。为什么严冬可以竞聘成功，而我不可以呢？除了他是海归，而且是领导介绍的关系户这两点原因外，我再也找不到其他的理由了。而现在张妃董事长心情还这么好，笑得这么开心。说实话，这真是非常刺激我。

张妃董事长开始揭晓谜底了："其实严冬这次的竞聘演讲准备得没有你充分，而且表现也没有你好。"

听到这里我更加认定严冬能竞聘成功的原因就是海归和关系户了。我忍住了即将脱口而出的冷哼，但没有忍住一个白眼和一个扭头。我只忍住了用声音表达不屑，而没有忍住微表情和下意识的动作表达的不屑。

"但是……"张妃董事长当然明白我的白眼和扭头表达的是什么意思，所以她紧接着说，"职场和舞台并不完全一样。舞台上讲究的是表现力，但是职场用人是要从表现后面发现潜在的能力。"

听到这里我把头扭回来看向张妃董事长，彼时我的眼睛里应该是闪烁着探究的眼神。

张妃董事长也没有卖关子，继续说："我说严冬准备没有你充分，是说他的 PPT 没有准备得很好。但是，并不代表他对这个岗位以及职责没有思考。他非常清醒地知道设计之都产业园二期招商总监这个岗位的关键是需要在最短的时间内打开招商的局面，用最快的速度把二期的办公室都租出去。而且他对需要多少人、需要什么样的人、从哪里招聘、需要多少钱、怎么开展招商宣传和地推都有具体的计划。"

听到这里，我想到了昨天竞聘时秋波总经理和财务总监许多问我的问题。他们也问了我需要多少预算，需要多长时间才能为公司赚钱。原来这些昨天我没有想到的问题，严冬都想到了，而且都在竞聘演讲里做了具体的说明。

"虽然严冬的计划并不都是科学的，但是他考虑到了关键点。严冬是海归，但是其实他也只是本科学历，学校也一般。虽然他是领导推荐过来的，但我们银豹公司的用人原则是任人唯贤，而不是任人唯亲，更不是关系至上。你是我的亲戚，这一次没有任用你，就是最好的证明。"张妃董事长这样说，其实我听了挺难过的。因为要向公司表明用人唯贤，那我这个沾亲带故的人就一定要成为反面例子吗？那还有句话叫作内举不避亲呢，您听说过吗？我不禁腹诽。

张妃董事长真不愧是阅人无数，就像是一台心电图仪器，非常明白对方没有讲出口的内心情绪。张妃董事长继续说："但是你的落选并不是为了证明我任人唯贤，而是因为你的表现暂时没有达到业务拓展部总监的岗位要求。"

听到这句话，我不禁问：她是怎么判断我达不到岗位要求的？

张妃董事长用一种"果然如我所料"的眼神看着我，坦率地说："第一，许多问你项目预算和团队成员的时候，你的回答表明你并没有提前想过这个问题。在企业做任何事情，钱从哪里来是首先要考虑的问题，企业只有在盈利的情况下才可能带动更多就业，承担更多社会责任。当然企业也可以做公益，但是商业归商业，公益归公益。第二，秋波总经理问你业务拓展部除了做活动之外，还有没有其他的方法和途径，你也没有考虑。年轻人在考虑问题的时候不要受太多的限制，应该先发散，再聚合。职场当中任何方案都应该要有一个 Plan B，何况对新业务的方向应该有更大的想象空间。我现在随便给你举几个例子，比如：对园区内外企业进行项目投资，建设具有商业性的产业公共服务平台，工商法务、税务、知识产权服务，给园区客户提供政策服务，给企业提供办公用品集采等，太多了。对于这个问题你只有一个答案，这说明你并没有去做调研，只是单凭自己的经验在思考问题。现在是互联网时代，任何时候我们都要先看看我们的同行或者相关企业是怎么做的，有什么经验可以借鉴，有哪些错误可以避免。"

听到这里我还挺不服气，表示：我的工作经验不多，所以我并不是只凭自己的经验在想问题。在做这个方案的时候我上网搜了北京 798，上海 8 号桥、田子坊的相关资料，也做了借鉴。

张妃董事长听了我的辩解没有生气，继续说："如果你是借鉴了其他园区的做法，仍然只想到一个方案，那么你应该反思一下你解决问题的方法。我们做的是文化创意产业，这个行业和你以前工作的制造业有很大的差别，文创行业要求我们一定要有创新和创意，如果所有事情只是按照既定的轨道来思考问题，那么就很难有创新。"

说到创新，我小声嘟囔了一句：创新哪有这么容易。

张妃董事长听到了这句嘟囔，沿着这个话题往下说："创新的确不容易，但是创新是有方法的。所有的创新都是量变产生质变的，以后的工作中你可以试着从微创新开始。微创新就是在继承前人优秀做法的基础上，进行局部的创新。这样会容易很多。"

听到这里，我一开始那种生气、不解、冲动、委屈的激动情绪渐渐平静下来了。与此同时，我也在思考张妃董事长的话。于是，我就刚刚的冲动、语气和态度进行了真诚的道歉，并表示下班后会仔细思考她的话。

听到我的道歉张妃董事长反而收起了刚刚一直挂在脸上的微笑，稍带严肃地说："你刚刚的确很冲动。你是一个职场人，职场人的情绪控制能力一定要到位。对上对领导，将来对下对员工，对平级，对外对客户、合作伙伴和供应商，能控制情绪都是一项基本的职业素养。如果你不能驾驭情绪，就会成为情绪的奴隶，将来会误大事的。你现在是我的秘书，很多人会认为你的情绪在一定程度上代表着我的情绪，因此你更要谨言慎行。"

在我的印象中，我进银豹公司以来，张妃董事长几乎没有用这样严肃的语气跟我说过话。现在的我已经彻底冷静下来，回想起刚刚的言语和行为，感到十分汗颜。我刚刚都做了什么？跟自己的老板讲话时一直在辩解和质问，不仅如此，还夹杂着白眼。我不由地站起身来，低下头再次表达了歉意。

张妃董事长敛了敛严肃的神情，抬起右手往下摆了两手，说："坐下吧。你是我的秘书，我一直都想好好培养你。你入职以来，我看得到你的努力，也有一些进步，但是进步得还不够快。现在正是国家文化产业大发展之际，深圳又提出来文化立市的发展理念，我们的机会很多。但是，发展需要人才，我看到公司像你一样的年轻人进步得太慢，暂时还不能够独当一面真是着急。一方面我担心公司因为没有人才错过发展的最佳时机；另一方面我也担心你们年轻人抓不住发展的机会，不能在职位和待遇上得到提升。"

我不好意思坐下，因为张妃董事长这席话说中了我的痛点。入职银豹公司以来我压力其实特别大，但是张妃董事长从来没有说过我工作进步慢，其实我知道自己的真实水平。她越是不说，我越是觉得压力大。今天她说出来后，我反而觉得有一丝丝释然的感觉。

张妃董事长见我没有坐下，站起身走到我旁边拍拍我的肩膀示意我坐下。我心怀忐忑地坐下来，双手放在膝盖上，显得十分拘谨。

张妃董事长坐回到自己的大班椅上，仰身把头靠在椅背上，双手轻轻搭在扶手，闭上眼睛轻轻地说："关于你的竞聘演讲，今天我还有最后一点要提醒的。其实除了你们6个竞聘的同事，人事部门给其他同事都发了投票表，无记名的。根据苏经理的统计，你的得票数是最低的。这说明一个问题，你平常没有重视同事关系的维护。你是董事长秘书，按理来说同事们都会给个面子投你一票，但结果并没有。虽然这个无记名投票在本次选拔中所占权重不高，但我是把它当成一次民意测评，还真的反映出来了一些问题。接下来你应该认真找找跟同事相处的问题到底出在哪里。”

我今天受到的打击已经够多的了，张妃董事长最后说到的同事关系是我最没有心理准备的，也是压垮我的最后一根稻草。一想到我一个人来到深圳，每天努力工作还总是担心自己跟不上公司的节奏，达不到张妃董事长的要求，想使劲却找不到方法，想找人倾诉又找不到对象，每次跟爸妈打电话都是报喜不报忧。下班后的时间我几乎娱乐也不多，时间都是花在看书、学习、上课和考试上边。深圳工作节奏这么快，我好像完全跟不上这个城市前行的脚步。在这个初春的深圳，我觉得很冷，发自内心的冷。第一次我有了打退堂鼓的念头，我真的一定要留在深圳吗？想到这里我眼睛里升腾起一层雾气，于是我快速地眨巴着眼睛想让这层雾气尽快散去。

张妃董事长也许是看出了我的情绪，把左手边的抽纸盒递到我的面前。我并没有伸手去抽纸巾，而是倔强地抬起头不让眼泪掉下来。

张妃董事长说：“唐英啊，你进公司以来我很少这样说你，今天一股脑儿说了你好些问题，也许你一时间难以接受。但是，说你是因为关心你，希望你能尽快成长。如果哪天我不说你了，有可能并不是因为你没有问题了，而是因为你已经不值得我去提醒了。好了，先说到这里，你先回自己的座位去吧。今天才刚刚开始，收拾好心情，尽快投入到工作中去。以我的经验来看，忘我工作是治疗自我怀疑的一剂良药。”

我走出来，轻轻带上董事长办公室的门。出来之后我并没有直接回到办公室我的座位上，而是走进了洗手间。关上洗手间门的那一刻，我再也忍不住眼泪啪哒啪哒地往下掉。想想我在深圳每天努力工作，但是总是找不到明确的方向，能力没有提升，晋升也毫无希望。以前在学校我从来都没觉得自己的人际关系很差，没想到在职场上同事关系不佳还毫不自知。都每天吭哧吭哧地工作，下了班还辛苦地学习，不敢有分毫懈怠；每月工资到手，交完房租水电，还完信用卡，每月存上3000元，能花的钱就几乎没有了。一年下来，我存款也寥寥无几，已经退休的爸妈还到省城去打一份工，一副完全停不下来的节奏。中学、大学的闺蜜都不在身边，我的委屈和疑问没有半个人可以倾诉。为什么我这么失败呢？我在深圳苦苦坚持，到底想得到什么，又到底能得到什么？也许我应该找个时间好好地想一想了。

我扯了一长条卷纸，擦干眼泪，走到洗手台前洗了把脸，走回自己的办公桌前。坐下来后我看到隐身状态的QQ有一个女生的头像在闪烁，于是我用鼠标双击头像，跳出来大学同学刘雯的对话框："爱爱（我和刘雯对彼此的昵称），在吗？"

我："在。"

刘雯："忙吗？"

我："刚从老板办公室出来，现在还行。有什么事吗？"

刘雯："也没什么具体的事。就是你不忙的话，就想跟你聊聊。"

我："好啊。你最近怎么样？"

刘雯："哎，最近感觉有些迷惘，我都毕业快两年了，从最开始的选调生现在到了乡镇，每月工资2000多元，完全不够花。我从小在市里长大，现在毕业之后反而到乡镇工作了。真不知道当初选择考选调生到底是不是正确的选择。"

我："爱爱，跟我比起来你幸福多了。我每个月也只挣几千元，而且我还远在他乡自己一个人奋斗。你呢？至少爸爸在身边，也在自己的家乡，亲戚朋友都在身边，周末可以跟大家一起聚聚，多幸福啊！真羡慕你！"

刘雯："我的亲戚很多都在衡阳，但是朋友就不多了。中学时的好朋友只有一个跟我一样留在衡阳，大学的好朋友你都知道啦，你和牛嫂都在深圳，小妖在上海，狗狗在东莞，猪头妹在浙江，只有一个头儿在衡阳。其实说来朋友也不多。”

我：“你们务工人员应该竞争不那么激烈，关系都比较融洽吧？现在工作快两年了，应该也有不少新朋友呀。”

刘雯：“确实是关系融洽，但是我们单位的同事年纪都比我大很多，叔叔阿姨辈的比较多，他们倒是都很关心我，不过说起娱乐活动是真的玩不到一块儿。他们周末都喜欢爬山、郊游、农家乐，每次我跟着他们一起都像被迫营业。”

我：“我真是觉得你处处都比我幸福呢。你知道吗？我们公司刚刚进行了一次内部竞聘，我也参与了。其中有一个环节是公司全体同事投票，你能想到吗？我的得票是这次参加竞聘的所有人当中最低的。我从来都没有想到自己的同事关系这么差。”

刘雯：“不可能吧，你以前在学校的时候人际关系挺好的呀！老师、院领导、同学都挺喜欢你的呀！”

我：“所以我才说完全没有想到呀！这次竞聘我也没有被选聘上，刚刚在老板办公室，她毫不客气地指出了我一大堆问题。现在我的自信心跌到了谷底，都不想待在深圳了，想回湖南。”

刘雯：“爱爱，你在我的心中一直是非常抗压的呢。工作当中出了问题我们就认真找出问题，解决问题。办法总比问题多呀。你不是跟牛牛他们住在一起吗？我想牛嫂比我更能帮助你，你回去跟她好好聊聊，请她给你一些建议。”

我：“嗯，你说得对，的确应该跟她好好聊聊。谢谢你爱爱。我先忙了，下次再聊。”

分别跟张妃董事长和刘雯的一席对话，虽然没能完全走出低落的心境，但是毕竟工作还是要做的，不能再兀自伤感了。当天刚好张妃董事长有应酬，下午 5 点就从办公室离开了，而且不需要我参加，于是我 6 点准时下班往家里赶。

回到家牛嫂正在厨房做菜，看到我回来，像往常一样对我说了句：回来啦。我放下包包就径直走向厨房。看到我进厨房，牛嫂侧过头，停下手边翻炒的动作，朝我看了一眼，诧异于我今天下班够早。

我急忙表示我有问题想请教她。

看到我着急的神色，并且还说有问题，牛嫂伸手就准备去关燃气灶。

我连忙制止，并表示不是什么大事儿，她完全可以边炒菜边回答我的问题。

听到这里，牛嫂又开始翻炒起锅里的莴笋炒腊肉，边炒边说：“刚刚看你的样子，我还以为发生了什么大事呢。有什么问题就问吧。”

我问牛嫂：我人际关系怎么样？

牛嫂一边在持续翻炒着那道湖南人挚爱的地道家乡菜，一边看着锅里翻腾得热闹的红的辣椒、绿的莴笋，以及肥瘦相间的腊肉，若有所思。也不知道她是在思考我的问题，还是在思考她的腊肉。就这样等了将近一分钟，牛嫂仍是只字未答，我更着急了，又追问牛嫂，让她快回答我的问题。

辣椒的辛辣、莴笋的清爽和腊肉的烟火味充满了整个厨房，到火候了。于是，牛嫂左手端炒锅，右手持锅铲熟练地将炒好的菜装盘，随即端着炒好的菜走向饭厅，我也跟着走了出来。放下盘子后牛嫂走到沙发边坐下，然后平视我，说：“唐英，你知道这个月你一共跟我说了多少句话吗？”

这个问题问得我一愣，我心里想：你这不是答非所问吗？我问你我的人际关系，你问我这个月跟你说了几句话，这两者之间有什么相关性吗？

牛嫂很明显知道我的意思，但当时我却没能明白她的意思。于是她解释道：“唐英，我们是大学同学，而且是属于关系比较好的那种，现在又同住一个屋檐下，按理来说我们应该是很交心的朋友。自从我们搬到一起合租之后，一开始还好，每天我们在一起吃晚饭，周末一起找朋友玩。可是现在呢？你每天晚上不是在公司吃外卖就是在自己房间吃点水果，然后就是在自己的房间里看书、上网。刚开始的时候，我还叫你一起到客厅看电视、吃水果，叫了几次你不来，我也就不想叫了。”

听到牛嫂这样说，我一回想，她说得真是一点儿都没错。

牛嫂停顿了两秒钟，像是在给我思考和回忆的时间，接着继续说道：“我没有跟你共过事，但是我想你对我这个同学和朋友尚且如此，那么你对其他同事会好到哪里呢？你想想，你跟同事们下班后聚过几次餐，唱过几次 KTV，中午是待在自己的工位上吃外卖还是在茶水间跟同事一起边吃边聊呢？”

她的问题还真犀利。入职大半年以来，除了商务应酬，我几乎没有跟同事一起私下聚过餐、唱过歌。刚入职那会儿中午吃饭，我也端着饭盒跟大家凑在一起，后来发现融入不了他们的话题，就开始在自己的工位上吃自己的了。后来跟大家虽然也有工作上的共同话题聊了，但这个自己一个人吃饭的习惯也渐渐养成，也就没想过改了。

牛嫂看出了我对自己过往行为的反思，接着说：“唐英，总体来说我觉得你自从来到深圳之后好像压力挺大。其实压力大很正常，我想大多数在深圳奋斗和生活的人都会有压力吧？我们要学会给自己调整压力，压力太小没有奋斗动力的时候，我们要给自己加加压；压力太大的时候，我们要给自己减减压。就像一根橡皮筋一样，绷得太紧了容易断，人的压力太大了身体和精神都容易出问题。也许也不全是压力的原因吧，总之我认为你现在有点把自己封闭起来了。比起大学时候喜欢跟大家打成一片的你，现在的你确实有点不近人情。当然了，我说的只是我们俩相处时给我的感受，也许在工作中的你并不是这样的。”

我当然知道牛嫂最后那句话是为了给我台阶下。她一定能够从我与她相处的变化推测出我跟同事之间的相处模式。是啊，我平时都不注意跟同事的交流和沟通，人际关系差是可想而知的。在竞聘时大家不给我投票实在是太正常不过了，更何况我本身的工作能力以及竞聘时的表现都不怎么样。

想到这里我拿起钥匙和钱包，就往门外走。我去小区外的“百果园”

水果店买了一盒草莓和一盒橙子，回到家后我厚着脸皮蹭了牛嫂和牛牛一顿饭。饭后洗干净草莓，又切了几个橙子，跟他俩边吃水果，边看电视，边聊明星八卦，度过了一小段轻松而愉快的时光，直到9点我才走进自己的房间。

接着我打开电脑，进入天涯社区，在职场的子论坛里开始闲逛。在这个论坛里很多网友都在述说自己职场发生的故事，还有很多网友把自己遇到的职场问题和困惑发上来，后面就有许多跟帖的网友提出自己的建议。当然也有冷嘲热讽，会看热闹，但整体看下来还是有不少热心的网友给出了许多中肯的建议。

其中有一个帖子吸引了我的眼球。楼主问："我的下属真是特别奇怪，每当我布置了工作任务给她，她从来不会主动汇报工作进展。每次都需要我主动问她工作进展，而她经常一脸迷茫地看着我，还反问我：领导，你什么时候布置过这项工作啊？请问，这样的下属该留用吗？"

这个帖子比较火，底下跟帖有1000多条，各种回复、评论五花八门。

一楼：抢个沙发。

二楼：我有同款下属，同楼主问，坐等各路大神赐招。

三楼：现在的80后都这样，习惯了就好了。

四楼：不同意楼上的说法，什么叫80后都这样啊？ 80后得罪你了吗？你也不能一竿子打翻一船人吧。现在80后都是职场的生力军，作为领导和人力资源部门应该要了解80后、理解80后，激发80后的工作热情。如果作为60后、70后管不了80后，将来就会被80后管！

五楼：管理是一个特别复杂和系统的事情，也很考验管理者的水平。从一线员工被提升为基层管理、中层管理，你本身就要进行管理技能的提升。没有管不好的员工，只有不会管的领导。

六楼：一枚80后飘过。

…………

十七楼：楼主补充一下，并不是所有的下属都像这位一样，而且我说的这个下属也不是 80 后，她是 1979 年出生的。一个有若干年工作经验的职场人士，这样摸不清楚状况，是正常的吗？

十八楼：我的领导就是像楼主这样的。他每天大概会从他的工位跑到我的工位二十次以上，有时候一句话，有时候讲十分钟，有时候是提问，有时候是提要求，有时候是对我工作的评论。以上这些，我都可以理解，经常让我不能理解的是：其他同事有什么想法，大老板有什么动向……请问这些关你什么事啊？我的工作是需要思考的好吗？思考是需要连续性的好吗？我进入思考状态还没有三分钟，就让我出圈，我怎么能有好的工作结果呢？

看到这里我并没有继续往下翻，而是停下来思考一个问题——职场的沟通问题。做领导的觉得自己下达了清晰的工作指令，而下属并没有接收到；做下属的觉得领导的管理方式有问题，但是没有向领导进行反馈；跨部门没有顺畅的沟通机制，没有有效的反馈机制……在大公司往往会有一个相对规范的管理体系，每一个管理单项都会有一个标准作业程序，工作日报、周报、月报，内外部的邮件管理系统，相对来说沟通效率不一定最高，但是失误率相对可控。但是，类似于银豹公司的中型企业，管理制度尚未完全规范，内训外训也未成体系，管理还有很大的规范空间。更多的是依靠同事之间面对面高效的沟通，但是如果沟通出现了问题，往往一时难以发现。

比如，我在银豹公司人际关系有问题这个事情我是在张妃董事长和牛嫂的直接提示下才意识到的。意识到之后又应该如何改进呢？实际上我心里并没有好方法，所以我才会在网上来找答案。

就像天涯论坛里网友提的问题一样，人们都以自己的角色来看待同一个问题，会对这个问题有完全不一样的理解，并对问题的发生有完全不一样的归因。但是，网友们说的也各有道理，而我作为一名刚步入职场的普通职场人员又该怎么做呢？经过这次竞聘失利，面对人际关系糟糕、沟通低效，我应该如何来改进自己的工作，提升工作能力和效率呢？

听了领导、朋友对我的忠告，又在网上看了别人的故事，我渐渐地有了自己的想法。于是，我在笔记本电脑里新建了一个 Word 文档，写下文件名：职场新人生存法则（见图 2-3）。

图 2-3　职场新人生存法则

第一，及时沟通。我的岗位是董事长秘书，要做很多上传下达的工作，如果沟通不及时，会造成领导不能及时掌握各部门的业务情况，有什么问题、问题是否得到解决都无法全面掌握；还会造成各部门对领导的指示和意图不能及时了解，造成工作进度的贻误。所以，在未来的工作中，一定不能把事情压在自己的手里，而要及时传达到各部门或及时汇报给老板。不涉及董事长指令的工作沟通更需要及时，因为非对方本职范围的工作，如果不及时沟通和跟进很有可能得不到任何推进。所谓伸手不打笑脸人，有求于人的事情一定要低得下头，弯得下腰，请同事帮忙要真诚、虚心、主动沟通。

第二，关注绩效。企业是以盈利为目的的组织，如果企业没有利润，那么员工也很难得到发展，至少很难得到薪资和福利方面的提升。俗话说：皮之不存，毛将焉附？对于中小企业来说，业务部门关注业绩天经地义，而非业务部门的人也要时刻有绩效意识，不能只是管好自己的一亩三分地，要尽可能地服务好业务部门，或者主动寻找机会为公司做好开源节流的工作。现在商业发展如此迅速，说不定非业务部门也能创造新的业绩增长点呢。只有为公司创造正现金流的部门，才能得到领导的重用和公司的重视。

第三，控制成本。企业成立之后，每天赚不赚钱不确定，但是每天要花钱是一定的，如工资、房租、水电、差旅费、管理费用、办公费用、财务费用等。因此，有新项目计划上马时一定要高度关注因项目而产生的成本，明确告诉领导这个项目要花多少钱；只有做好项目预算，财务部门才有时间为项目做好资金准备，避免去打没有准备的仗。一个项目能不能成功，能否为项目提供源源不断的现金流是关键。一个项目再好，现金流断了，可能就是死在了黎明前的黑暗。在平时的管理中要给每一个员工灌输成本的观念，“开源”不是每个员工都可以做到的，但是“节流”是每一个员工都可以为公司做出的贡献。

第四，绝不拖延。在现实的职场中，有时候会得到明确的工作指令，这样就需要我们按照工作计划来有效推进；有时候可能是会议当中议而未决的问题，有时候可能是头脑风暴过程中参会同事发表的观点和领导的点评。这时候工作指令并不清晰，或者根本没有任何具体的工作计划，那么我们就要有意识地捋出工作思路和计划，主动汇报给领导，领导同意后按计划推进。今日事，今日毕，每天下班前进行当日工作总结和明日工作计划，克服惰性，绝不拖延。

写完这些，我双手环抱胸前，盯着电脑屏幕沉思良久。知易行难，简简单单的四条，要做起来谈何容易。再难的事情一旦开始了，哪怕每天只能进步一点点，长时间下来相信也会朝着好的方向发展。

三、领导的心思如何猜

曾经在网上看过一段文字，大意是说：

入职三天离职的原因，主要是入职后才发现公司的硬环境跟面试时的想象有偏差；

入职一个月离职的原因，主要是第一个月薪水发到手后发现与面试时描述的不符合；

入职三个月离职的原因，主要是与自己的上司相处不和谐；

入职一年离职的原因，主要是发现公司的企业文化不能接受；

入职三年离职的原因，主要是公司的晋升制度和通路与自己的职业生涯规划不一致。

还曾听说：再好的婚姻关系中也会出现100次想离婚的念头；再好的职业岗位也出现过100次想离职的想法。无论是婚姻还是职场，就好像是人生的一个片段，一个组成部分。人生不如意者十之八九，职场也是。因此，职场晋升就像是游戏打怪一样，总是打完一个之后，还有更大的一个在等着我们。我在银豹公司的这一年虽然遇到了各式各样的困难，但是除了竞聘未成继而引发一系列连锁问题的浮现，让我有打退堂鼓的想法之外，还真鲜少有过明确的想离职的念头。因为这里无论是软硬件环境、企业文化、福利待遇还是领导的风格我都很满意，很能激发我的工作热情。虽然目前自己的经济状况一般，但对未来我还是充满了希望。

后来，张妃董事长交给了我一项新的工作任务，就是帮她预审公司的借支、报销单。她让我每天将各部门放在她桌面待签批的财务单据都看一遍，如果有不明白的可以先向报销人、借支人或者财务部了解并核实情况，如果再有不明白的就让我用铅笔标记出疑问。

就在接到这项任务的第二天，我发现了问题。

招商部有两张报销单有明显的问题。其中一张的出差日期和机票行程不一致，另一张接待餐费金额居然高达1万元，而且没有附小票。

于是我把问题用铅笔在这两张报销单上标注出来，并把这两张单从专门放报销单的文件夹中拿出来，放在文件夹外面，目的是让张妃董事长能一眼看出与其他报销单的区别。

当天下午快下班的时候，张妃董事长通过内线电话告诉我文件都已经签批完毕了，让我进去拿出来分发给各部门。我拿到文件后，翻开有报销单的文件夹，发现我早上做过标记的两张“问题”报销单张妃董事长都签了名，而且我用铅笔标注的字也被擦掉了。

正当我满腹疑惑的时候，张妃董事长从电脑前抬头看着我说："招商部的报销单上你写的标注我看到了，你的细心值得表扬。"

听到张妃董事长这样说我就更疑惑了，表示：有人把标注擦掉了，而且董事长也签了这两张报销单。

张妃董事长刚刚关掉电脑，等到电脑黑屏后，她一边起身关掉电脑显示器，一边说："唐英，你认为 1 万元是笔巨款吗？"

我回答：要看对谁而言，对我而言不是小钱，对董事长而言就是九牛一毛了。但是，这 1 万元并不是针对某个人，我认为公司管理就是要规范。正常的业务招待费当然没问题，但请客吃饭附小票是财务制度的要求，而且这个开票单位一看名字就不是正规的餐饮机构，他们这个单子真是正常的业务接待吗？如果员工看到这次被默许了，以后不是会肆无忌惮地做小动作吗？而且机票行程和出差日期不一致也是显而易见的问题，这些都不应该被姑息吧！

张妃董事长绕开办公桌，然后转过身对我说："公司的每个岗位都有每个岗位的工作职责，你的工作职责是认真细致帮我把关；财务部的工作职责是管理监督好公司的每一笔进出资金的安全和合规；招商部的工作职责是搞定客户，让客户埋单，为公司创造利润；而我的工作职责是定好公司发展的大方向，管理好内外部各种关系，让每一个员工都在公司有发展。业务部门有很多支出是没办法完完全全合规的，但是我基本上对业务部门的开销是有掌握的，只要在合理范围内，只要他们有亮眼的业绩作为支撑，我是不会太为难他们的。毕竟只有公司能赚到钱，大家才能有发展。如果只是一味地要求规范，但是严重打消业务部门的工作积极性，那公司就得不偿失了。水至清则无鱼。"

说完这些，张妃董事长转过身来对还在回味刚才那番话的我说："但是你的标注是你在尽责，所以你是对的。希望你继续坚持你的细心和原则。其他的我会来把握。"说完这句话，张妃董事长走出了办公室。

对某个人无边界地刨根问底一件事肯定是不行的，但是在公司的管理范畴内，当然是要弄清楚弄明白了。虽然当时没办法理解张妃董事长的这句“水至清则无鱼”，但是我想我履行自己的工作职责是没有错的。

某天，张妃董事长应苏州市政府的邀请去考察，由于张妃董事长是直接从北京去苏州的，所以这趟公务出行我没有陪同。领导不在公司的日子我比平时轻松了不少，于是我走到财务总监许多的办公室，想跟她聊一聊。

聊了一会儿，我们说到了老板最重视公司哪个部门。说到这里许多略带不满地说：“张妃董事长其实最不重视我们财务部，她认为财务部门就是记个账，有什么难的？她太不了解我们财务部的工作了，怎样获得低利率贷款，怎样跟税务部门打交道，怎么跟房屋租赁主管部门衔接好业务，这些哪里只是记账这么简单的事呀。”

听许多这样说，弄得我有点慌，这不是在领导背后说三道四吗？我作为董事长秘书，天天跟领导在一起，许多难道不怕我传话吗？说回这件事本身，其实我认为张妃董事长并非不重视财务部的工作，于是劝许多总监：张妃董事长经常跟我说财务部非常重要，掌握着公司的机密，也掌握着公司的资金，一个公司不赚钱不会倒闭，但是没有现金流一定会倒闭。她还经常会跟我说公司有许多总监做财务总监她特别放心，因为许多总监从来都会把资金的事想在她的前面，公司从来不会缺钱，而且每一分钱都在最高效运转。

我观察许多的神色，听到我的解释，本来略带不满的脸上慢慢露出了一丝自豪的神色。我想往这个方向讲应该是对的，于是继续说道：张妃董事长说许多总监是注册会计师，还曾经做过大公司的总经理，能够到银豹公司来，真是屈才了，但这也真是张妃董事长和银豹公司的福气。

许多总监终于笑了，看得出来她的笑里既有对自己业务的自信，又有对老板识人的满意。她说：“告诉你吧，我在十年前的工资就比现在还高。我现在也是年纪大了，在银豹公司跟着张妃董事长也不图挣钱，就觉得张妃董事长是个性情中人，而我财务工作做了一辈子很保守很谨慎，我们的个性很互补，跟她在一起工作生活很好玩儿。人嘛，开心最重要。”

看到许多总监此时已经基本消气了，我赶紧不失时机地岔开话题先吹捧许多总监跟张妃董事长相处得就像两姐妹一样，实在令我太羡慕了。我平时跟张妃董事长在一起说话做事都很小心，生怕一不小心说错话，或者办错事。挨骂事小，给领导带来不好的印象、影响了自己未来的发展就不好了。说完想起这些年做张妃董事长秘书时自己的谨小慎微，还真觉得有那么一点点不容易。

许多总监伸出手来拍拍我的手臂说："你已经做得很好了，你来了以后张妃董事长都没有换过秘书，以前她的秘书通常都做不了一年时间。张妃董事长跟我说你很机灵，挺懂她，她对你挺满意的。我还想问问你一个年轻的小姑娘是怎么摸清老板的脾气和心思的呢。"

我这个人就是这样，听许多总监这样说，就真认为她在夸奖我，并且也真的想知道答案，于是几乎是不假思索地说道："除了用心听张妃董事长面对面跟我交代的工作，认真看她签批的文件之外，我有两点是非常重视的。第一是会议，张妃董事长开会的时候说了什么话，安排哪个同事说话，这些我都会重点记录下来，重点工作我都会重点跟进。第二是商务接待，张妃董事长平时带着我一起参加的商务接待和商务洽谈我都会带着小本子记录谈话重点，回来之后会把会谈的主要内容整理出来发给她，并提醒相关同事跟进具体的工作。"说完这些我突然感觉不太合适，这样说显得班门弄斧了，于是补充道，"许多总监，不好意思，我瞎说的。在您面前这些都是小儿科了，我想请教您，您是怎么做到让张妃董事长在业务上仰仗您，在感情上依赖您的呢？"

许多总监听到我的夸赞并没有露出刚才说到她业务精湛时的自信笑容，而是面带严肃地说："唐英啊，你说张妃董事长把我当姐妹是抬举我，就算我们关系再好，她如果把我当姐妹是情分，但是我绝不能真把她当姐妹。否则的话，就是属于不知道自己有几斤几两，没有上下级之分了。"

我连忙解释道我并不是那个意思。我的意思是张妃董事长对她很信任，而且把她当姐妹也是张妃董事长自己说的，不是其他人说的。

许多总监微笑地摆摆手，示意我放轻松，然后说："我知道你的意思，也知道张妃董事长的意思。我承认张妃董事长的确是信任我。同样，我对她也很感谢感激，要不然我也不会为公司默默做很多财务工作以外的事情。很多不归财务部管的工作，只要是我看到了，我就像个大姐一样都会提出来，公司的同事也给我面子，都会有所动作。"

许多总监继续往下说："刚刚说到工作方法，我认为你总结得很对。张妃董事长跟我说过不止一次，说你总能明白她的意图，你办事她放心。原来你有自己的办法，怪不得成长得这么快。我的方法就简单多了，只有一条，就是把这个公司当成自己的家一样。对待公司的钱就像是自己家的钱，该花的钱一分不省，该省的钱一分不花。银豹公司就数我年纪最大，虽然你们这帮年轻人都叫我许姐，其实我的年纪都是你们阿姨了，所以我也把你们当自己的孩子，看到问题都直接说，没有半点私心。"

我点点头表示赞同，觉得银豹公司有这样资深的管理者，真是企业幸事。我在高考完填志愿的时候很多长辈就说：女孩子应该选会计专业，会计是越老越吃香。在今天以前我隐隐还觉得许多年纪大了，知识结构的更新速度不一定能跟得上现代企业的发展。但是通过今天这次对话，我深深觉得作为一位企业高管，专业技能是让人信服的必要条件，但不是充分条件。比起专业技能，高管的人品、德行、对公司的忠诚度才是更重要的职业要素。

专栏 2-2

郁亮：凭什么是王石最放心的人

王石是开创者，郁亮是继承者，都说他们二人的组合是房地产行业的黄金搭档，他们联袂打造了一个房地产帝国。

万科企业股份有限公司（以下简称万科），成立于 1984 年 5 月，1988 年进入房地产行业，1993 年确立住宅为公司核心业务。2016 年，万科首次跻身《财富》"世界 500 强"，位列榜单第 356 位。目前，万科已成为国内领先的城乡建设与生活服务商。

2017 年 6 月，万科创始人王石正式交棒郁亮。王石表示，把接力棒交给郁亮带领下的团队是最好的时候，这是一支年轻但已充分成熟的团队，对这支团队完全放心，也充满期待。这个时代很多媒体曾评价：郁亮正式接替王石，担任万科集团董事长兼总裁，52 岁的他达到了自己职业生涯的顶峰。

早在 2015 年 12 月，王石曾在微信朋友圈和新浪微博上相继上传了自己与郁亮等五位友人的合影。合影背后王石亲笔写道："郁亮：风雨见彩虹。王石 2012 年 12 月 22 日于深圳。"

郁亮很低调，他不仅没有出过自传，即使在公开场合通常也只谈地产、万科和王石，很少会论及自己。这之后，很多人逐渐通过万科的一系列动作来认识郁亮：宝万之争、迈向万亿、安静做好农民……

不仅是在业内，由于执掌万科而成为公众人物的郁亮，被社会打上的标签是：自律、低调、隐忍、自信、理性、超强的管理能力、充沛的精力、务实的企业家精神。郁亮的职业发展道路可以为职场上许多人提供参考价值。

万科是郁亮任职的第二家企业，在第二家企业就可以做到职业经理人生涯的顶峰，可以说郁亮是极其幸运的，也可以说他是极为执着的。

郁亮于 1965 年出生于苏州，万科成立的那一年，他刚好考进北京大学国际经济学系。大学毕业后，郁亮被分配到深圳外贸集团公司。这是一家国有企业，当时他的月工资高达 298 元。6 年后因为没有被重用，郁亮便从深圳外贸集团公司辞职加入了万科。

加入万科后，郁亮便步步高升，一发不可收拾。来看看他金光闪闪的履历：

1992 年，成为第一代董事长秘书；

1993 年，任深圳万科财务顾问公司总经理；

1994 年，任万科董事；

1996 年，任万科副总经理；

1999 年，任万科常务副总兼财务负责人；

2001 年，任万科总经理；

2017 年，任万科董事长。

与郁亮个人职业生涯快速晋升相伴的是万科的发展速度。现在万科已经成为国内最大的住宅类房地产企业，也是资本市场中的宠儿。

万科外在的骄人业绩离不开郁亮在内部建立的制度体系、组织架构、人才培养制度、品牌建设系统，正是由于内部管理的紧密协同使万科对外竞争具备了绝对优势，也使万科实现跨域发展、拓宽融资渠道、培养出了一批又一批优秀的职业经理人，成为被千千万万客户追捧的国内住宅第一品牌的核心。

对外傲人的发展成果，对内紧密有序的管理，来源于郁亮对万科未来发展的清晰规划。规划后的万科以房地产开发和物业管理两项传统业务为基础，开拓优势业务，加速构建新型生态体系，将过去的单一业态上市公司的整体业务框架升级为多业态的多上市公司平台新格局。

由此，可以看到郁亮之所以可以成为王石最放心的人，靠的就是超高的职业素养和傲人的职业履历。在激烈的市场竞争中，有太多变化因素是我们不能掌控的，而我们能掌控的只有自己的努力和奋斗。天道酬勤，上天不会辜负任何一个奋斗的人。如果现在的结果还不理想，那只是时机未到，我们还未到达奋斗的终点。

（笔者根据多方资料整理而成）

资料来源：

①刘勇．郁亮：千亿职业经理人 [N]．华夏时报，2010-12-27（A11）．
②王芳洁，史小兵．郁亮：万科“守夜人”[J]．中国企业家，2016（23）：11+44-46．

张妃董事长对员工没有什么架子，经常跟员工交流，对我更是如此。由于我们之间沟通比较多，而且平时工作中我有什么问题，她通常也会第一时间指出来，所以我们之间在这一年多的时间里形成了良好的默契。我认为，想要做到对领导的意图心领神会，应该从三个方面入手，如图 2-4 所示。

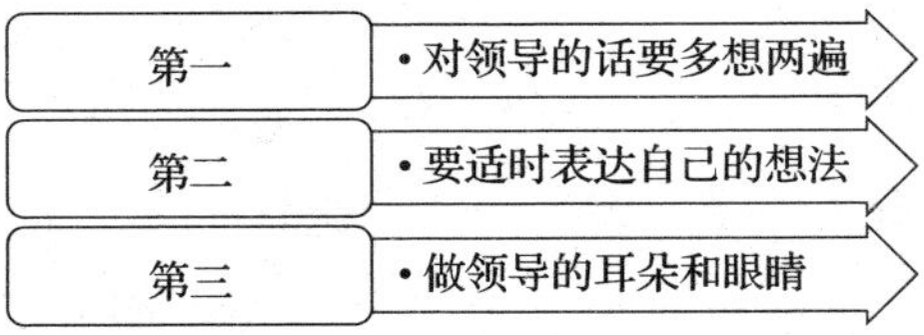

图 2-4　理解领导意图的三个方法

第一，对领导的话要多想两遍。人际交往中会存在信息失真的情况，即便是一个说话再直截了当的上司，你也不一定能 100% 理解他的意思。100 个人心中有 100 个哈姆雷特。更何况有的领导工作和说话的风格比较含蓄，往往不会很直接地表明自己的意图，这就更需要我们仔细领会。在接到领导的工作指令时，我们可以说：“我重复一下您的意思，您是说……对吗？”我们要领会领导话里的潜台词，做出自己的判断，点透领导话里话外的意思，从而确保动作不变形，最终与领导之间形成默契。

第二，要适时表达自己的想法。无论是事前、事中还是事后，一旦认为时机到了，就一定要对某件事表达自己的理解和想法。人无完人，再高明的人也会有不周全的时候；三个臭皮匠赛过诸葛亮，领导很多时候也需要团队成员给他建议，启发他的思考。适时表达自己的想法是一件“双赢”的事情，领导也许能从建议中得到灵感，下属能得到表现的机会。

第三，做领导的耳朵和眼睛。每个人都有自己的非正式沟通场合，职场中的非正式沟通往往蕴藏着很多真实的、有价值的信息。我们可以把一些非正式沟通得到的信息在合适的时机用巧妙的方式告诉领导。但是，一定要把握好尺度，不能沦为嚼舌根和打小报告。

就这样我磕磕绊绊地走过了职场新人阶段。这个时候的我仍然是一名职场新人，但是在张妃董事长的关怀下，坚持到了现在，收获还是很多的。因为张妃董事长经常会在工作不忙的时候找我聊天，她不仅传授工作经验，还谈对生活的所思所感，所以我们之间培养了高度的信任感和默契感。与此同时，我也有很多机会跟张妃董事长参加各种商务谈判和宴请，这样相比较同期进来的其他同事，我就有了更多更快地了解文化产业的机会，我和张妃董事长之间的配合也更加默契。许多年之后，张妃董事长经常对银豹公司的其他同事说：我一个眼神，唐英就能明白我的意思。

公司的领导和老员工很多都认为新人眼高手低，作为职场新人的我们也没必要觉得委屈和不公平。所谓众口铄金，如果我们想用嘴去解释，那最终只能是百口莫辩。所以，只能用行动告诉他们：你们错了，我并不是眼高手低的人。

工作态度是基础，大多数初入职场的人经验、人脉和资源都是有限的，要想在这样的条件下脱颖而出，就一定要有一个良好的工作态度。什么是良好的工作态度呢？说来说去无非就是勤勉、踏实、好学、诚恳。这些品质说起来简单，做起来其实也不难，只要我们着眼于手头的每一件小事，就能积跬步至千里。

良好的职业习惯千千万，如果只能选一条最重要的，我个人一定会选——随时带本子和笔。这是我十多年职业生涯，辗转几个行业认为最通用的一个好习惯。女生都比较喜欢凹造型，每天不同的衣服要配不同的包包，包包也大小不一，无论多小的包都至少要放得下一个本子和一支笔。好记性不如烂笔头，无论你是职场新人跟领导商务出行，还是高管中层，只要是正式的商务会议、谈判、拜访，手里有笔和本子你就是一个称职的职场人士形象。

不同的职场阶段需要的是不同的核心能力。当时还是职场新人的我，还可以为未来晋升中层管理做些什么准备呢？

第三节 在职场这所大学，到底要怎么学

庄子曰：“吾生也有涯，而知也无涯。”有很多人离开学校就彻底停止了学习，而现在大学生的考试压力比起高考来小了不止一点点，所以有人

说高考时的知识储备量就是自己人生的巅峰。

互联网时代，一方面信息和知识是海量的，只要你想学就有学不完的知识；另一方面时代和行业都在飞速发展，很多行业几个月就可以实现技术的迭代，如何持续而有效地学习需要葆有对知识的鉴别力。

具体到每一个个体，应该学什么？找到方向后应该怎么学？这些需要我们跨越迷茫，拨云见日找到适合自己的路径和方法。

一、大部分职场人都后悔在大学没有认真学习

进入职场两三年之后，我依然时常感觉诚惶诚恐，找不着门道，有劲儿使不出来。甚至从还没有毕业的同事身上都能看出自己是多么的稚嫩。

作为董事长秘书，我非常迫切地想要提高自己各方面的工作能力，但却完全没有思路该如何进行提升。所以在那个时候我买了一堆管理学的相关书籍来看。无法想象，对于一个从小只看小说和故事的人，开始看偏理论的书籍时是一件多么痛苦的事。我从初中一年级开始看国内外的经典名著小说，初二的时候我开始转战金庸、古龙、琼瑶、席娟。读小说这个习惯我一直坚持至今。作为一名资深小说阅读者，一天囫囵吞枣20万字不在话下，但是初看管理类书籍的时候，通常看到第三页就已经忘记前两页所写的内容，看到第五页的时候已经快睡着了。看这些书完全有一种文科生在看大学物理教科书的无力感。

专栏 2-3

樊登是如何阅读的

当你在图书馆面对成片成片的书架，或者在当当网、京东面对海量的图书时，你知道如何选一本适合你的书吗？换个问题，你知道自己需要什

么样的书吗？

当你选好了一本书之后，你知道怎么读这本书，才能在这本书里找到自己需要的信息吗？

说到读书，就不得不提到一个会读书的人——樊登。他创立的樊登读书（现已改名为帆书）就是专门教用户读书，带领大家一起读书的应用。樊登读书的用户有数千万，创立至今累计影响人数超过 3 亿。

关于如何选书，樊登总结，科学性是首要考虑的因素。虽然不会有绝对科学这回事，但是可证伪的就是判断是否符合科学性的标准。这样说不是简单归纳，更不是空穴来风，它是经过了科学验证的。在选书时需要关注作者和此书是不是向科学验证的方向努力。

关于如何选书，樊登给出的第二个标准是建设性。通俗地说，这本书是否能带给你一些启迪。为什么《高效能人士的七个习惯》这类型的书出版几十年仍旧畅销，就是因为它归纳和总结的东西是历久弥新的，是几十年过去仍然适用的经典。

根据科学性和建设性的原则选出了一本适合我们的“好书”后，如何高效地读书呢？樊登给出的方法是——把书读薄。

无论多么复杂的书都有自己的脉络，只要掌握了这个脉络就可以把这本书拆解，而这个拆解的过程就是把书读薄的过程。

在把任意一本书读薄之时还需要避免两件小事：阅读间隔长和注意力不集中。其实避免这两点都是为了能让阅读一气呵成。

关于如何阅读一本书，樊登给出了四个关键方法：

第一，搞清楚这本书要解决什么问题。就是作者写这本书的主旨是什么，学会从书中的关键定义中找到作者想要教大家解决的问题是什么。

第二，了解本书的写作背景。有的书会在序言或者开头交代写作背景，有的书则不会。如果在书中没有交代明确的写作背景，那我们就需要在书本以外的途径做一些“预习”。只有了解了本书的写作背景才能掌握这本书想表达主旨的前沿研究情况，也才会让我们间接地把握该书的价值。

第三，找寻此书的核心价值。核心价值是什么呢？当然是作者提出解决问题的方案，或者一个故事的起因、经过和结果。书里在给出解决问题的方案的同时通常会给出具体的结论，这也是核心价值。

第四，提炼书里的价值升华。我们都听过“半部《论语》治天下”这句话，说的就是《论语》的价值升华具有普世性。我们读书是为了给自己的生活以启发，因此读完一本书之后，需要把升华的价值结合自己的生活、工作和学习加以思考并应用。

樊登在创立樊登读书之前当过主持人，做过大学老师，也创业做过餐饮。

樊登读书的1.0版本是他把自己读过的书做成PPT出售给学生，50本一共300元。虽然也产生了销量，但是既没有反馈也没有回购。为什么会这样呢？两个月之后樊登找到了原因，原来学生购买了PPT之后压根就没有看。

为什么学生们不看呢？因为看PPT的便捷程度不高，所以这才有了樊登读书的2.0版本，就是线上课堂。

樊登创立樊登读书离不开对读书的热爱。因为热爱才使“会读书”这个优势可以蜕变为核心资源。在职场中我们如何发掘出个人优势，并持续优化和迭代这种优势，最终把它打造成自己的核心竞争力是关键。

有人担心机器人把自己的岗位取代了，有人担心35岁职场中年危机，本质都是没有与时俱进的个人核心竞争力。找到自己的核心竞争力，无论是在原有行业，还是在新的领域，你都会是进化论中物竞天择、适者生存的那个“适者”。

樊登说他在樊登读书的1.0版本卖PPT的时候收获很大，因为每一次的挫折和调试都会使自己离心中的期待更加接近。只要小步快跑，出了错误马上调整，不断精进前进的方式就能抵抗巨大不确定性带来的风险。总之，在职业生涯的任何阶段，也不论你在从事何种工作，只要找到心中的目标，掌握科学的方法，我们就会一天比一天接近成功。

（笔者根据多方资料整理而成）

资料来源：
①赵路云．樊登：让世界看见中华经典 [J]．理财周刊，2022（2）：56-57．
②朱梦克．樊登读书 App 品牌建设研究 [D]．南京：南京大学，2021．

我第一批购入的管理学书籍几乎都翻看过了，但每一本基本都只读了不到 10 页。实在看不下去。

不知道是哪一天，像往常一样，捧着书本半天也看不进去，突然我开始小声朗读起书中的文字，朗读的速度比默读的速度要慢很多。但是，当我小声朗读出来的时候，我居然能有一点点理解那些以往看起来晦涩无比的文字了。而且当我朗读完两页进入默读模式的时候，速度就提上来了，但是仍然能保持着朗读模式时的理解力。就这样，不知不觉一个小时过去了，我居然看了 23 页。这个速度虽然跟我看小说的速度相距甚远，但毕竟看小说是娱乐属性，而看管理类书籍是学习属性，两者完全不能相提并论。

真神奇，我第一次如此“高效”地看了一个多小时管理书籍。那天以后我可以每天看一个多小时的严肃读物了。三个月后，我的有效阅读时间可以达到每天两小时以上了，这也就意味着每天晚上吃完饭从 9 点到洗澡睡觉前的 11 点这个时间段里，我都可以用来学习管理的相关知识。半年之后，我可以周末早上到深圳市图书馆，直到下午 6 点回家吃饭之间的这一整天里都能有效学习了。这也就为我后来在职考研、考博、考各类资格证书打下了基础。

也许在看这本书的你，资质比我好很多，现在的年轻人大多学习能力都很强，比当年的我不知道要强多少倍。如果你学习能力不强也没有关系，像我一样从每天小声朗读 2 页书开始，坚持一个月就会让你的阅读能力有很大的提升。

人们往往会高估两三个月所带来的改变，但往往会低估两三年所带来的改变，而读书的效果则需要更长的时间才能显现出来。

正是因为开始了阅读非小说类的管理书籍，我的人生开始了一步步的改变。但我并不是说阅读小说毫无用处，相反我特别感谢我的父亲从小就鼓励我读小说。父亲的观点是开卷有益，看小说再无益也比看电视强。我也特别感谢十多年阅读小说积淀在我身上的东西。读小说对我来说至少有三点益处：第一，培养了我手捧书籍的习惯，即便在一开始我转型看管理类书籍觉得难以适应时，我依然对手捧书本的感觉很享受，所以看不懂的时候不会想一把扔开；第二，直到现在读小说依然是我的一种最快乐而有效的放松身心的方式；第三，小说里主人公勇往直前的性格和种种戏剧性的故事情节让我在现实生活中成为一个敢想敢做、越挫越勇的人。

自从开始认识到学习的重要性，并且成功找到学习的方法后，我就开始每天下班后把一部分时间有意识地花在学习上了。后来，每一年银豹公司都会通过校招、内推以及其他渠道招聘一批应届毕业生，每每在给他们做正式的入职培训或者其他非正式场合，我都会认真地说：我最后悔的事情就是上大学的时候没有好好学习，如果有重新来一次的机会，我会把 2/3 的时间用来学习，用剩下 1/3 的时间来参加学生工作和社会实践。有网络调查结果显示，有 47% 的被调查者后悔大学里没有好好学习。看来在这条后悔路上我并不孤独。

这些是我的肺腑之言。因为我在大学四年期间荒废学业，导致的结果其一是没有扎实的理论基础；其二是没有养成良好的学习习惯和方法。这两点使我在工作以后的职场中进行自我提升时觉得很吃力。我相信在大学期间好好学习的你，一定会比我更轻松地开始自我学习之路。

二、定目标和微习惯，让学习成为一种习惯

很多年之后，在职读博士期间，我在学校接受学校自媒体采访时，负

责采访的老师问我：你从基层一步步做到中层，再到高层，那么你是如何理解“管理”这个词的呢？

我当时是这样回答的：做员工的时候，管理的重点是管理好上级，因为这个时候你如何跟领导汇报工作，如何寻求领导的资源和技术支持是自己工作能否做好，能否得到晋升的关键，甚至是全部；做高层的时候，管理的重点是管理好下属，如何调动直接下属的工作积极性，如何激励下属调动其下属的工作积极性是组织能否健康运转的核心。

而中层的管理更复杂：第一，中层需要管理好自己。作为中层管理者如何对自己的岗位职责进行分析，又如何结合自身的优劣势扬长避短？一个好不容易做到中层的人有没有能开拓新业务的技能，从而确保自己的待遇和发展机会不落于人后？第二，中层需要管理下属，管理下属如何才能做到人文关怀与管理效能并重？第三，中层需要管理上级，上级的管理幅度大，你不会适当邀功、不会适当地争取公司的资源，不但自己升迁无望，整个部门的人都会觉得跟着你这样一个领导是得不到发展机会的。

专栏 2-4

罗振宇的白日梦

在创业初期，罗辑思维的创始人罗振宇在接受媒体采访时说自己有一个白日梦：假如公司足够有钱，他就雇用一个豪华团队，在全球寻找各个领域的大神，请这些大神为自己讲授各行各业最新和最顶尖的成果和经验，假如有其他朋友同样感兴趣，就可以共同来分享这些非凡的内容，只需要分担一些成本就可以。

2000 年，罗振宇博士毕业后入职了媒体人神往的“殿堂”——中央电视台，参与了多个节目的制作，并担任两档重要节目的制片人。

创业者注定有一颗不安定的心，即使是在中央电视台这样的顶尖平台，罗振宇干到第 8 个年头的时候选择了离开。2008 年，他成为《中国经营者》的主持人，加入了第一财经，正是在这档节目中，诞生了罗辑思维的前身。罗振宇在《中国经营者》的结束语中以脱口秀的方式向观众呈现。

2012 年，罗振宇抓住了互联网新媒体的第一浪，第一期题为《末日启示：向死而生》的视频脱口秀罗辑思维正式开播，至停更之日累计播放量近 5 亿次。而从电视媒体转战新媒体创业，罗振宇的创业逻辑非常明确：虽然与中国二三十年以来互联网免费的常规背道而驰，但如同听课和买书都需要花钱一样，知识付费一定会成为未来的发展趋势。

罗振宇的创业信心源于他的底层价值观：着眼未来、尊重事实、关注自身。与此同时，中国的新中产正在崛起，与老中产不同，新中产面临着巨大的不确定性。老中产们无论是在国有企业、外资企业还是民营企业，都可凭借着管理经验的积累或者技术水平的提升获得相对确定的上升机会，而新中产们无论是作为职业经理人、技术骨干还是自主创业者，都需要整合多方资源，跨界融合，因此需要成为一名终身学习者，才有能力去对抗这种强大的不确定性。

2017 年，罗振宇在创业过程中又一次“革自己的命”——电视人做视频，纸媒做公众号。这种模式不叫创业，因为创业不是“会什么干什么”，而是“市场需要什么干什么”。此时，罗振宇开始了对罗辑思维进行重要迭代，由原来的视频呈现方式改成音频；由周播改为日更，每一期节目约 5 分钟；由全网发布改为“得到”App 独播。而此举背后的逻辑正是源自罗振宇“着眼未来、尊重事实、关注自身”的底层价值观。“得到”在为人们提供知识服务的同时，还要为客户节省时间。

时间来到 2022 年，虽然罗辑思维的 IPO 之路一波三折，但我们不难看出知识付费这个赛道也是明星众多，喜马拉雅、荔枝微课、吴晓波频道等都受到了资本的青睐。

无论是自媒体知识付费平台、听书类知识付费平台、垂直资讯平台、社交平台，还是在线教育平台，大多以内容原创来吸引求知者的眼球。而这些平台的用户都有经济实力中上、职场或创业压力较大、学习求知欲强烈、付费意愿较高的特点，他们大多生活在一、二线城市。

知识付费的客户群体都在进行“碎片化学习”，这种非正式学习有不错的效果。碎片化的时间被利用起来，这既是优点，也是缺点，有可能可以被整块使用的时间也被碎片化了。虽然知识付费平台可以使我们不太费劲儿就养成学习的微习惯，但要想把学习的知识当成养家糊口的技能，甚至想成为某一个领域的专家就需要长期的积累了。

罗辑思维作为一家创新型知识服务类公司，其本质是融合了知识产权运营和教培两种模式的商业过程，它通过策划把知识进行提炼和优化，再通过音频和视频的方式进行分发，是一种知识转格式的服务模式。

媒体和资本圈有不少人依然看好罗振宇和罗辑思维未来的发展。目前，罗辑思维的客户主要瞄准的是不到 1/10 的本科学历的家庭，而中国还有 90% 的家庭不是本科家庭。中国目前的分层很清晰，知识付费是一个供给侧驱动的领域，只有更优质的供给出现，如刘润、吴军等头部大咖做大到同样规模，才有可能有颠覆罗辑思维的企业出现。随着产业数字化浪潮的迭起，数字化教育和知识服务方兴未艾，市场还未被充分开发，未来可期。

（笔者根据多方资料整理而成）

资料来源：

刘润．从罗振宇那学到的三个方法：太聪明的人需要对抗世界 [J]．中国商人，2019（8）：16.

大多数人之所以感到累，是因为想得多，做得少，主要是心累。坚持一件事之所以不容易，很可能是目标远大且笼统。试一试把目标由考上研究生和每天学习三小时，改为每天看书五分钟和一个月写一篇工作总结，这个过程就是设定微目标，形成微习惯，将一个个的小坚持积累成大作为。

三、搭建好知识框架，一年顶三年

一个人必须要知道自己想要的到底是什么。有的人整天忙忙碌碌，其实并不知道自己在为什么而忙碌。如果问他这个问题，他可能会说：为项目而忙、为老板而忙、为升职加薪而忙、为公司而忙、为家庭而忙、为兴趣而忙……

但是项目成功、升职加薪、公司发展这些是你的人生追求吗？哪怕不上升到人生的高度，这些是你自我发展的驱动力吗？

如果都不知道自己想要的是什么，又如何去抓住适合你的东西呢？古代哲学家曾经提出过灵魂三问：我是谁？我从哪里来？要到哪里去？

我并不认为自己有能力可以回答得了这三个问题，但是这三个问题是我们在做一个重要决定，或者在做一个需要投入大量的时间和精力以及大量的资本的事情时一定要问自己的问题。我们要试图从对这三个问题的思考中找到自己做不做一件事，投入多少时间、精力、金钱、资源做一件事，计划做这件事的步骤等这些问题的答案。这样才不会整天庸庸碌碌，无所事事……

但凡有成就的人，他们一定都深知自己所求的是什么、通过什么途径可以得到，而且他们很少会在意别人的评价。他们更不会被困难和苦难所打倒。他们的口头禅就是：所有事情的结果都是好的，如果不好，那只是因为时机还未到，事情还没有结束。

而我们身边有很多人却太在意别人的评价，活在别人的眼光里。所以，一些人月薪 5000 元，要背上万元的奢侈品包包，要用高档的护肤品和化妆品；有的人在朋友圈里晒豪车、豪宅；有的人一掷千金进高档饭店、夜总会……他们为什么要这么做，因为要面子，生怕别人觉得他们混得不好，生怕别人不认可自己。而且这些都是非常“物化”的炫耀，现在很多人将成功与否简化成了一条标准：是否有钱，是否足够有钱。

其实人生很长，每个年龄段都会有不同的追求。比如：

学生时代，大家比学校，比谁考分高；

工作之后，大家比单位，比谁赚得多；

退休之后，大家比健康，比谁没“三高”；

耄耋之年，大家比清醒，比谁子女孝。

如果把人生简单地分成这四个阶段，其实如果在每个阶段追求当时所求，只着眼于当下，会很辛苦，而且很有可能得不到自己想要的。

如果在工作的时候有学生时代的高分数、好学校打基础，大概率在职场上起点比其他人要相对高一点；如果退休之后才开始关注自己的健康，在前面的几十年时间里，都在为了工作主动挥霍或被动牺牲自己的身体，那年老的身体状况估计堪忧；如果年轻的时候没有跟自己的子女建立起良好的关系，那年老需要人照顾的时候恐怕只能形单影只了。

对于年轻人来说，除了考试成绩对职场还有点影响外，其他问题好像暂时还比较远，比较抽象。你可能会问：身在职场的我们到底应该怎么找到人生第二阶段的发展路径呢？我们不可能再退回到学生时代，去玩儿命学习，然后为自己的职场时代做好铺垫吧。

时间到了 2011 年，我在银豹公司工作已经整整三年了，仍然是董事长秘书，同时兼任人力行政经理。大约一年前，人力行政经理苏莲由于家里老人病危辞职了。她辞职后张妃董事长任命我兼任了人力行政经理一职，要管理一名人力行政副经理和一名前台。所以，一年前我的工资也终于由 7000 元 / 月，上涨到了 1 万元 / 月。

人力行政经理一个岗位的工资是 8000 元 / 月，由我兼任给我加了 3000 元工资，公司省了 5000 元工资外加一个人的“五险一金”和其他福利。公司省了，我也赚了。刚加工资那会儿我特别开心，因为我的支出没有增加，但是收入增加了，每个月能够节余的钱更多了。

三年前我在惠州台资工厂做人力资源主管的时候，整个人力资源部门有将近二十人，人力资源规划、招聘、培训、企业文化、考勤、绩效考核、劳动关系都有专人负责，大家分工很明确。行政又是由厂务部专门负责，厂务部又有二十多个人，管理工厂内务和车队。在银豹公司，人力资源和行政只有三个人，我是经理，还有胡大副经理，同时兼任网管，以及前台丽娜。我们三人的分工是：我把人力资源所有的事情做了；胡大把所有行政的事情做了，还要兼公司的电脑维修、网络管理，以及部分大件物资采购；丽娜负责前台的事务性工作，协助我做每月考勤，以及办公用品采购。

工作技能复合化在中小型的企业通常就是这样的情况。在若干年后掀起的全国范围的“大众创业、万众创新”浪潮中，初创型公司如雨后春笋般出现，这些公司对一专多能型人才的需求更是旺盛。

而我对于人力资源的各个模块基本都做过，而且三年前管理的规模是3000多人，现在却只有几十人，所以操作起来难度并不大。

正当我在自己的岗位上驾轻就熟的时候，突然来了一项工作，让我有点措手不及。

2011年出台了深圳市、区两级关于“三旧”改造的政策文件，按照相关规定，银豹公司在2006—2007年投入的几千万元用于设计之都基础设施改造的成本，可获得不高于49%的政府补贴。我接到了根据要求准备材料，向政府申请这笔补贴的任务。

张妃董事长对我说这项任务很重要，希望我能在三天之内放下手头的其他工作，全力以赴准备材料，有搞不定的地方，随时向她报告。

我刚接到这项任务的时候想，不就是按照材料清单准备资料，应该不会太难。于是痛快地接受了。

当我按照通知开始准备材料的时候，立刻傻眼了。材料清单上列了二十三项材料，包括项目申报表、深圳市发展和改革委员会备案书、可行性研究报告、消防验收报告、政府会议纪要等。这些材料我手头几乎一个都没有，于是我懵了。

我告诉自己冷静下来，然后开始思考谁会有这些东西。于是，我拿着这份资料清单分别向财务总监许多、法务律师刘欢、行政胡大寻求帮助。虽然他们手头都有一些资料，但是都非常零碎。比如区政府为了这个项目如期顺利推进，前后开了十三次会议，其中，既有深圳市委常委会、深圳市政府办公会，还有专题会议等。许多总监、刘欢律师、胡大手里都有一个或几个会议记录，但是把大家手里的资料放在一起却怎么都凑不齐十三个。再如，胡大手里本来就有设计之都一期消防主体验收报告，又去物业部要来了二期消防主体验收报告，但是还少了装修消防验收报告。

胡大二楼到三楼跑上跑下，整个上午忙得像个窜天猴似的，好不容易收到十几份材料，但离申报要求的二十三项材料还差了好多。我几乎是把公司所有部门的负责人办公室都找了个遍，确定再也找不出其他任何新材料了，于是我抱着这一堆材料走进了总经理秋波的办公室。

向秋波总经理汇报完这一上午忙活的情况后，他在自己的保险柜里又找出了一份盖了区“三旧”改造办公室红章的项目可行性研究报告，一份装修消防验收报告，一份与村股份公司的租赁合同、补充协议，七份政府会议纪要。好了，加上从秋波总经理保险柜里翻出来的“宝贝”，就只差一份深圳市发展和改革委员会的备案文件，再就是按要求填写项目申报表了。看到这里我也算是松了一口气。

这时已经是中午 1 点了，我把所有材料都放在文件柜里锁上柜门，到园区的“张记粿条汤”店吃了一碗粉，然后就急急忙忙地回到办公室开始填申报表。

申报表里的财务数据请财务总监许多帮忙填写，其他的内容我自己填写。刚填了不到十分钟我就被表中的一个问题给卡住了。里面有一栏是要填企业类别，我理解银豹公司当然是属于文化企业了，但是类别代码又在哪里可以查呢？我想应该可以打电话问问受理的科室。申报通知上留的联系电话，反反复复打了十多个还是没有人接，急得我满头大汗。

这时秋波总经理刚好从二楼上到三楼准备去找张妃董事长，经过我身边，看我着急拨电话，就问我在给谁打电话。

我回答给旧改办打电话想问他们申请表里的企业类别应该怎么填。

秋波总经理伸手挂断了我的电话，并告诉我政府部门下午一般都是 2 点上班，现在正是他们的午休时间，我现在打电话过去很不礼貌。

秋波总经理接着说："记住，以后不论是给政府部门还是给企业客户打电话，如果不是特别紧急的事情尽量不要在中午午餐和午休的时间打。下午的电话时间最好是在 2：15 之后，你得留点时间给别人醒醒盹儿。"说完，秋波总经理走向张妃董事长办公室。

于是我只得先放下这个问题，继续往下填。没想到一个看似简简单单的申报表，让我三步一停五步一顿。还好刚刚电话没有人接，不然我一个电话问不完所有问题。现在我就可以把所有的问题都罗列出来一次性地问了。现在能填的都已经填完了，还有大概五六个地方不会填的，于是我又拨通了电话，准备咨询。没想到，拨打了几次依然没有人接听。

这可怎么办才好呢？时间这么紧！不管了，申报通知上留了办公室的地址，我带着申报表和准备好的部分附件让公司的司机马上送我去旧改办的办公室。

旧改办的办公室是在新洲路上的一栋只有五层看起来旧旧的小楼里，走楼梯上到二楼转左的第一间办公室就是 205。我站在门外向里面看去，三张办公桌前后排开。

站在门口敲了敲开着的门，然后问王科长在不在。

最后一张办公桌后面的一位女士抬头说："我就是，请进。"

我表明来意："王科长，我是设计之都产业园的董事长秘书，我叫唐英。我们现在正在填报园区基础设施改造补贴的申报书，有些地方不会填，所以想来向您请教一下。"

听完这句话，王科长略伸脖子，稍微提高了音量，对着前面说："小辜，你帮唐小姐看一下材料，不会的教教她。"然后她转头看向我说，"唐小姐，你到前面小辜那里，让她帮你看一下材料吧。"

向王科长道过谢之后，我拿着材料走到最靠近门口的第一张桌子，把材料递给了辜小姐。辜小姐接过材料后，指着靠近门边柜子的一张双人的沙发说：“你到那边坐一下，我先看看你的材料。”

我着急地解释道：“辜小姐，我的材料现在还差几份附件，但这个申报表里有一些地方我不会填，比如企业类别这些信息。”我对着申报表格，用手指了指那些不会填的空格。

辜小姐并没有看我手指的地方，而是拿过其他的资料开始翻看。于是我又说：“辜小姐，你能不能先帮我看一下这个表格，教我……”

“你别着急呀。表格的问题好解决，重点是材料是否符合要求。你先到那边坐一下，我看完告诉你。”辜小姐打断了我的话，再次指向靠近门边的那张双人沙发，说道，“去吧。”

于是我走向沙发，慢慢冷静下来。一边远远地看着辜小姐审材料，一边想：我的确太着急了。一上来就急于表达自己的需求，而没有去仔细倾听和思考别人给我的回复。首先从态度上就很不礼貌，其次也没有找到解决问题的正确办法。

趁辜小姐在审材料的当口，我开始环顾整个办公室。三办张公桌，一排落地高文件柜，非常简单的陈列。王科长坐在最远离门边后面的位置，最靠近门边的是辜小姐，看她的年龄以及听王科长跟她说话的语气，应该是王科长的下属。在王科长和辜小姐之间的座位上是位戴眼镜的男士。

除了办公桌和文件柜之外，这个办公室里其他的办公家具就只有我坐的这张双人沙发和一张小小的四方茶几了。茶几上摆着当天的深圳特区报。办公室里的三位都在各忙各的，很安静。回想我刚刚着急忙慌地追问，应该是给这个安静带来了不少突兀的声音，真是尴尬。为了缓解这种尴尬，我拿起茶几上的报纸开始假模假式地读起来，其实心里一直挂念着辜小姐手里翻动着的材料，生怕出问题，所以我还不时偷偷地瞄一眼。

“唐小姐。”听到辜小姐叫我，我连忙抬头，答应一声，放下报纸，起身冲到辜小姐的办公桌旁边。她说道："你们这个材料缺了深圳市发展和改革委员会的备案文件……"

"是的，刚刚我说了附件材料不全……"刚刚坐在沙发上的工夫我还在总结自己太着急，可一听到关键内容我又忍不住着急打岔。

碰巧这辜小姐也是个急性子，没等我说完，辜小姐打断我说："你别老打岔呀，我还没说完呢。你不仅缺了材料，还有消防验收报告不符合规范，可行性研究报告里没有写明园区商业配套所占整体空间的比例，这两项可是大问题。"

听到辜小姐这句话，我的小心脏都快跳出来了，弱弱地问："为什么我们的消防验收报告不符合规范呢？"

辜小姐从抽屉里拿出一份红头文件递给我说："喏，这才是消防验收报告，标准的文件长这样，你得去找消防部门，给你出具符合要求的验收报告。如果你们是已经通过验收的，公司里应该会存有这份文件，但如果你们根本还没有申请验收，那就先要去申请，这个流程会比较长呢，估计今年的申报你们是赶不上了。这个还不是最难的，最难的是你们项目的可行性研究报告里居然没有写明商业配套占多少比例。真不知道是哪个不专业的公司帮你们起草的这份报告。这个报告重新起草、报批再快也得几个月，这次的申报你们够悬了。"说完还略带遗憾地摇摇头，旋即又补充道，"不过没关系，我们这个新政策是三年有效期，你们今年把材料补好，明年再申报也是可以的。"

听到这里我眼泪都要流出来了。张妃董事长要求三天之内准备好所有材料，辜小姐却说今年都赶不上了，明年继续。来都来了，那就索性把所有问题都问清楚，回公司至少也知道要解决的全部问题是什么。于是我问道："那这个申报表里的企业类别代码我应该怎么填呢？"

辜小姐说："哦，这个简单，你去国家统计局网站上根据你们公司的主营业务一查就知道了。"

我向王科长和辜小姐道过谢后抱着一堆材料坐车返回公司。从坐上车的那一刻开始一直到回到公司，我都非常沮丧，脑海中不断重复着辜小姐说的“消防验收报告不符合规范”“可行性研究报告里没有写明园区商业配套所占整体空间的比例”“这次的申报你们够悬了”“明年再申报……”。再想想张妃董事长在交代这项工作时志在必得的神情和语气，这次我真的完蛋了，肯定完不成任务了。

回到公司我坐在自己的位置上，盯着电脑屏幕发呆，对于如何修改材料半点思绪也没有。这时秋波总经理刚结束会议从会议室出来，经过我的工位，看到我的表情后问：“唐英，你在想什么呢？”

“总经理，这项工作任务我完不成了。”我毫无生气地回答道。

“哪项工作？哦，你说旧改办的补贴申报是吧？怎么了，材料不是都找齐了吗？”秋波总经理说。

我把刚刚整个去旧改办的经过说了一遍，而且还重点描述了辜小姐“这次的申报你们够悬了”“明年再申报……”的说法。听完我说的之后，换成秋波总经理表情凝重了，他似乎也觉得这件事情有点棘手。沉默萦绕在我们两人之间。

过了一会儿，突然他对我说：“唐英你带上所有的材料，跟我一起到张妃董事长办公室来，我们一起商量一下怎么办。”

于是我抱着所有材料，跟他一起走进张妃董事长办公室，又把刚刚的经过重复向张妃董事长说了一遍。张妃董事长听完首先是拿起可行性研究报告从头到尾翻看了一遍，某些重点的页面还停留了好一会儿。放下可行性研究报告后，又拿起被辜小姐指出不合格的消防验收报告看了看。然后张妃董事长没有说话，走向她的休息室，留下我的秋波总经理两个人面面相觑。

不一会儿，张妃董事长拿着另外一份一模一样封皮的可行性研究报告和一纸文件走出来递给我，说道：“这份可行性研究报告是 2006 年 12 月的，你手里那份是 2006 年 5 月的，是旧的。可行性研究报告当时有些内容不达标，所以请规划院重新又出了一份。这份 12 月的内容应该就是符合要求的了。这份消防验收报告也是第一次验收不合格之后申请第二次验收出具的。”

我接过并捧着这两份至关重要的文件，感觉沉甸甸的。上小学的时候看到课文里说沉甸甸的稻谷、沉甸甸的书本，当时的我觉得十分不解，直到此刻我终于体会到了。因为重要，因为珍贵，因为来之不易……以至于我鼻头泛酸，眼睛都有点湿润了，但为了面子，我忍了回去。

后续进展就比较顺利了，在此就不赘述了。但经过这件事情之后，我也开始认识到公司档案管理的重要性，于是开始着手制定银豹公司的档案管理制度。

首先，进行档案分类。公司所有的档案分为合同及法律文书、政府往来文件、租赁合同及客户档案、申报文件、商函五大类。

其次，根据密级及使用部门把所有档案划分保管部门。银豹公司档案责任部门归属如图 2-5 所示。

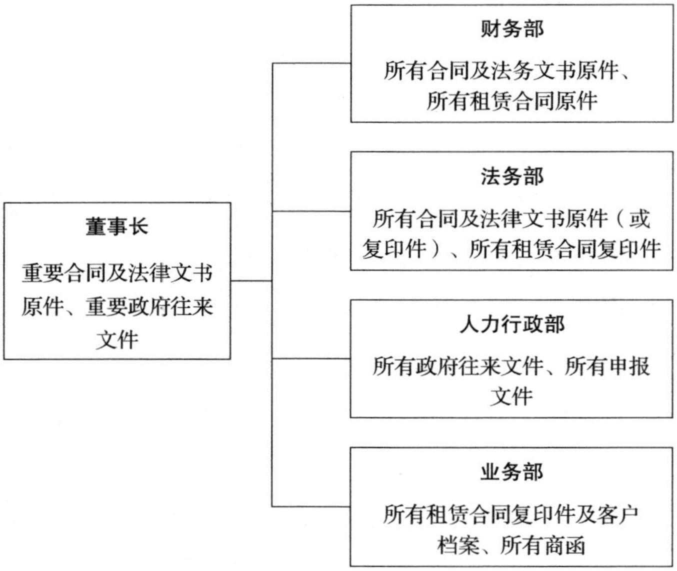

图 2-5　银豹公司档案责任部门归属

最后，各部门整理部门内的所有档案，并建立电子档案管理系统。制定档案管理制度的步骤如图 2-6 所示。

图 2-6　制定档案管理制度的步骤

梳理和建立这一套档案管理系统是一项挺费事的工作，如果放在平时要推行起来很有可能会遭到各部门的联合抵制。各部门抵制的理由可以是最近工作多腾不出来人手、平时管得很好这样一改反而找不到文件了、我们部门的资料很机密不能对无关人员开放等。但是，由于这次项目申报暴露出档案管理不规范、不到位将会影响到重要工作，才有机会进行梳理和重建。这样明确了各部门的保管职责，才不会出现相互推诿扯皮的现象。从这时到我离开银豹公司，这套档案管理系统一直在使用。

工作也好，管理也罢，都没有一成不变的模式，我们在工作当中会遇到各种复杂的问题，也许这些问题涉及范围广，就需要管理者根据工作实际来设计工作流程以实现管理目标。职场人的学习不仅是掌握更多知识，还包括通过工作实践搭建好知识框架、建立起自己的思维模型，优化行为准则，一年顶三年。

一年顶三年的背后是十年磨一剑，在别人看不到的地方努力才有可能看起来毫不费力。但是，很多人却在“因”上不努力，“果”上去贪婪。希望我们不要陷入这个陷阱，努力做到“因”上努力，“果”上随缘。

第三章

大转折时代

近几年刮起了一股“怀旧风”，各行各业都是如此，如娱乐圈各类综艺纷纷致敬经典、家居业重现 Vintage 风尚，再如商业的各类“老字号”咖啡店、主题餐厅盛行。

为什么怀旧？每个人的原因都不一样，但其中一个很重要的原因就是我们对未来的不确定。你觉得我们现在正处在什么时代呢？如果我们只会一味地“怀旧”，就代表着我们还在以传统的视角和思维在观察我们正在生活的世界。通信方式、婚育观、就业方式、商业模式、创业思维、信息渠道都在发生深刻的变化，一个全新时代——大转折时代——到来了。而作为职场人唯一不变的就是自我提升和自我发展。

第一节　构建一支和谐的团队

诚如本章开篇所说，一个全新时代——大转折时代——到来了。在这个快速变化的时代里，作为一名职场人，每天都要受到庞杂信息的轰炸，很多人会陷入焦虑，担心自己会被时代所淘汰。

要想迅速地融入这个变化的时代，就需要我们建立起有效的输入系统，这在本书第二章中已经进行了重点说明。与此同时，自我提升和自我发展是职场人永恒不变的目标，特别是晋升到管理岗位后，如何管理团队、创新模式、提升公司业绩，以及如何推动行业发展是核心主题。

一、团队里不能只有一种个性和一个声音

无论是基层员工，还是中层、高层管理者，团队的成员都希望企业高效多产，蓬勃发展。当时的我认为，如果不按照老板和其他高管的要求去工作，那么他们一定就不会喜欢我，并且会认定我是一名不称职的员工。

某天我正准备去吃午饭时，公司内部通信软件里跳出一条消息："唐秘，昨天只有你跟老板一起到客户那里去谈判了，这个合同是根据你的会议记录以及老板的交代起草的，我现在需要你帮我找出这份合同里的错误。老板说了她下午就要，你现在帮我看一下。谢谢！"是公司法务，信息还附带了一个合同。

我的办公桌上堆满了待办的文件，有人力行政部的，还有很多各部门呈报张妃董事长需要我先预审的文件。当时的我又累又饿，很想吃完午餐在自己的办公桌上趴一会儿，以确保下午有足够的精力处理接下来的工作。

但是我担心说了“不”之后，刘律师会不高兴，我回复：“收到。我尽快。”

于是我花了三十分钟把刘律师发来的合同捋了一遍，找出两处错误进行了标注，并给出了相应的建议。将合同发回给刘律师之后，我才急急忙忙去吃饭。当然，午休的时间没有了，回到办公室我就开始和胡大、丽娜开人力行政部的小会。

小会的第二项议题是公司的团建，丽娜做的方案是江沪浙五日游。当看到这个方案的标题时我就皱起眉头。要是平时兴许我还能委婉地表达，但是由于又忙又累，所以我直接表达：怎么又是江沪浙，我记得我刚来公司的第一年去的就是江沪浙，祖国大好河山没其他地方了吗？

丽娜看了看胡大，转头回答我：“江沪浙是去过，但是黄山、西安、长沙这些地方也都去过了呀。公司预算只有 2000 元 / 人，去不了太远的地方。而且上次去江沪浙在上海待了三天，苏、杭只各待了一天，这次我们可以重点去杭州。”

我不耐烦地说：“重点去杭州不也还是江沪浙嘛，换个地方吧，同事们肯定都不想去相同的地方。”

胡大提议道：“唐秘，国内游要么就是受预算限制，要么就是去过，我们能不能考虑去国外？”

我当时应该是翻了个白眼，然后说：“胡大，2000 元的预算连国内的很多地方都去不了，怎么可能去得了国外？”

“预算不够，我们正好趁这次机会多争取一点预算呀，2000 元国内游，增加 1000 元就可以升级成国外游，员工的满足感会大大提升呢！”丽娜接话倒是接得挺快。

听丽娜说完，我想都没想就说：“真不知道你们脑子里是怎么想的，我们是后勤服务部门，在银豹公司这个企业发展阶段，所有人都应该想如何开源节流，而不是想着法子多花公司的钱。增加预算不可能，再去想想别的路线吧。”

胡大疑惑地看着我三秒钟，然后说道："唐秘，我觉得你好像一点都听不进别人的意见。不仅是公司目前阶段需要开源节流，企业任何时间都应该这样。但是提高员工福利，增加员工幸福感和满意度也是有利于提高工作绩效的，这不就是我们后勤部门的作用吗？我和丽娜只是在表达对这件事的看法，并且说出我们的建议，你有必要这么激动吗？还有，我觉得你为人处世太过敏感，这样不利于团队团结的。"

有吗？难道我真的是那种听不进别人意见的人吗？

胡大的这番话才让我开始回想自己的工作风格。的确，我好像特别怕团队里有不同的声音，只要听到有不同的声音，我就特别紧张。虽然面对张妃董事长的时候，她要是指出我的问题，我不会当场反驳，却也经常会在心里默默辩解。但是，在面对其他同事的时候我好像确实听不进别人的意见。以往我总是用两年专业人力资源管理的经验来做人力行政的工作，胡大和丽娜也总是觉得我有经验，通常是我怎么说就怎么做。

回想起来前段时间，丽娜因为把公司小仓库的钥匙弄丢了。好巧不巧张妃董事长当时有位客人临时来访，聊得很尽兴，张妃董事长在客人临走的时候要他一份伴手礼，由于小仓库的钥匙弄丢了，礼品拿不出来，让张妃董事长现场很尴尬。因为这件事丽娜挨了批评也受了处分。事后我又狠狠地批评了丽娜，甚至我一度认为也许是我平时对丽娜太严厉，这是不是她在间接报复我。

还有，去年胡大找我请假的时候，我第一反应是胡大不会是想通过请假让整个部门都不能得到全勤奖吧？后来才知道的确是因为胡大的爱人进医院生孩子才请假的。

于是我说："今天先讨论到这里吧，我回家再好好想想还有没有别的办法。"

这天下班回家吃完饭之后，我像往常一样回到自己的房间开始看书——《取悦症：不懂拒绝的老好人》。在前言部分，作者布莱克写道：

> 1999年6月，我以嘉宾身份参加了一场讨论“不懂拒绝的老好人”的“奥普拉脱口秀”。奥普拉向观众介绍说，她本人也长期受到这种行为的困扰，尽管她付出了巨大的努力，但这种“毛病”却很难克服。而且，她和我一样相信，还有非常多的人被这种自我强加的压力折磨，牺牲了自己的健康和快乐来换取别人的满意。

这说的不就是我吗？于是快速地往下阅读。越往后面读越觉得自己就是典型的“取悦症”患者。

我经常说，自己就是一个典型的知识改变命运的人。我常常在看到某本书的时候就觉得书里写的就是我自己的人生。包括遇到的问题、解决问题的方法、当时的心情、身上的毛病，在书里都有描述。而且我也是“尽信书”类型的人，基本上我在书上看到的解决问题的方法，都会直接用到自己的工作和生活当中来。有句老话说“尽信书不如无书”，有可能那是对读书非常多、已经构建了一套自己的知识和逻辑体系的人来说的。书中提到的解决问题的方法常常都是作者翻阅了大量资料并结合自己丰富的实践给出的建议，我就直接“拿来主义”，因为以自己目前的水平还远达不到辩证看问题的程度。

再说回这本书，从晚上9点到12点，我一口气看了三个小时，大约看了书的1/3，惊觉自己真是“病”得不轻。

书里有大量的科学的心理测试，对取悦症的类型、成因、程度等维度进行了评分。我认真地按照自己的实际情况做完了每一个测试，得出的结论是：我是重度取悦症患者。取悦症患者的两个特征如图3-1所示。

图3-1 取悦症患者的两个特征

首先，取悦症患者通常都十分敏感。敏感不是一种病，但太敏感则是病。面对的人一挑眉，我经常就会觉得对方是看不起自己；同事们在说悄悄话时，我就怀疑自己是他们正在谈论的对象。所以，我常常处于一种高度紧张的状态。不仅如此，我还喜欢凭自己的主观理解和好恶去理解这个世界，把人际关系想象得极其复杂。有时候张妃董事长随口的一句话，我都会琢磨好半天，猜测她是不是在批评我。

其次，取悦症患者都十分重视别人对自己的评价。其实重视别人，特别是重视那些自己喜欢和尊重的人并没有什么不好。但是，我对这种被喜欢和认可的偏爱已经到了强迫症的程度，而且我认为一旦不被认可，后果就会非常严重，简直就是一场灾难。显然，这已经跨越了安全的心理界线，进入了极其危险的地带。

与此同时，我还夸大了批评的严重性，因而受到批评会让我非常不安。今天在公司，由于胡大提出的不同意见，让我马上有了强烈的情绪反应。我把他的这种“对某件具体事情的不同意见”等同为“他是针对我，反对我个人”，好像我作为人的价值都被贬低和否定了。而在平时的工作中，张妃董事长、秋波总经理、胡大、丽娜还有其他同事，如果他们认可我的工作思路、工作成绩我就会非常高兴。

既然知道自己有这样的问题，就要想办法调整和改进，进一步地完善自我。在书的最后一部分，作者布莱克给出了21天行动计划使用指南，并指出这个计划将帮助人们开始治愈取悦症。

于是，我把自己想象成一个“心理”运动员，开始跟教练密切配合进行训练。这个21天行动计划并不是要让我变成一个冷酷、无情、自私或者以自我为中心的人，而是要让自己成为一个有主见、有选择的人——选择在什么时候、以什么方式把有限的时间和资源奉献给什么人，要正确地排列人生、职场中所有事项的优先级。

21天，养成一个新习惯的最短周期，我就按布莱克的方法边学边用，收到了很好的效果。其中，当我意识自己的“取悦症”又犯了的时候，我就会拿出当年的读书笔记，对照着又以 21 天为循环开始一个周期的巩固练习。如果正在看这本书的你也深受“取悦症”的困扰，不妨仔细学习一下《取悦症：不懂拒绝的老好人》这本书，试试这套 21 天心理运动训练。

简单来说，这 21 天是由图 3-2 所示的六个阶段组成的。

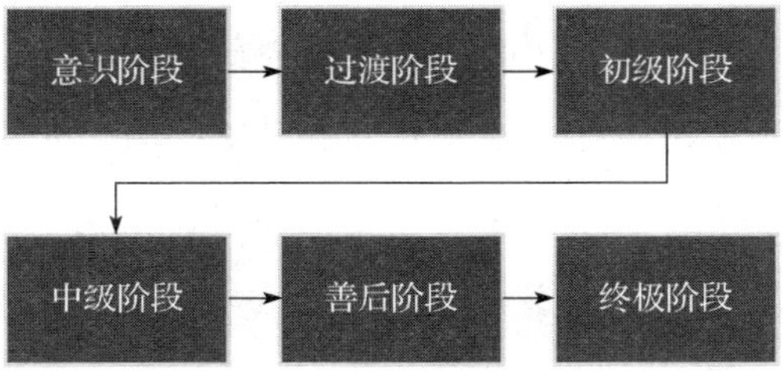

图 3-2　克服“取悦症”21 天心理运动训练的六个阶段

意识阶段：要认识到自己应该对哪些行为和哪些人说“不”。

过渡阶段：从以前绝不说“不”转变为拖延，至少说一句——让我考虑考虑。

初级阶段：学会一个拒绝句式——谢谢你的信任，但是这事我真帮不上忙，感谢你能想到我。

中级阶段：说服自己刚刚的拒绝太棒了，千万不能回过头再去答应帮忙。

善后阶段：认识愤怒、失望、伤心、被侮辱等情绪的区别。

终极阶段：和家人、朋友一起解决问题，而不是替他们解决问题。

要改变多年养成的习惯其实是一件挺难的事情。这么多年来我一直是一个坚定的难以自拔的取悦症患者。从认识到自己的问题，到试图改变，再到行动，最难的不是行动，而是承认自己的问题。承认自己真的有这个问题，接受这个现实才有可能迈出改变的第一步。在改变和康复的道路上，如果我是一个完美主义者，那么应该失败 100 次了。允许不完美，在实施的过程中经常出现倒退，这种情况非常普遍。我们往往会高估一两年所能发生的变化，又往往会低估三五年带来的改变。

在开始 21 天行动之时，我给自己写了一封信，大意是：再次打开这封信的时候，我应该是“取悦症”又复发了。不要惊慌，虽然比起 21 天计划刚结束之时，现在的我的确是倒退了，但比计划开始之前还是好太多了。我不想重蹈覆辙，再次进入取悦模式，返回那个不快乐、不安全、不自信、筋疲力尽的生活模式。所以，从今天开始，让我们开始第二轮、第三轮、第 N 轮的 21 天计划。

就这样，我通过一次次地重复 21 天行动计划，增强了力量和信心，开始逐渐掌握自己的行为、健康习惯、人际关系，甚至是思维和价值观。我可以在照顾好自己的同时，有选择地响应他人的需要，用正确的选择来代替取悦症。

在职场当中，我也不再对团队内部和外部不同的声音表现得风声鹤唳，而是耐心听、用心想、求同存异、形成合力，以便把公司战略发展目标下的子目标一一实现，在推动公司发展的同时实现个人的成长。

最后，当年公司的团建还是按照丽娜和胡大的建议去了泰国。这也是银豹公司第一次组织全体员工出国团建，团建的标准也由人均 2000 元提高到了人均 3000 元。其实突破并没有那么困难，如果当时的人力行政团队里只有一个声音，那么出国游这件事情可能永远都无法实现。

一说到团队建设很多人会不约而同地想到“和谐”二字，但很多时候走着走着就变成了“给面子、你好我好大家好”的局面，表面上一派和气，实际上犯了错误就相互推诿，甚至在企业内部造成“劣币驱逐良币”的局面。

那么，到底怎样的和谐才是组织内应有的和谐呢？至少要达到如图 3-3 所示的三点才是和谐团队的基础。

第一，明确、统一的团队目标，个人目标要能在团队目标达成后有所体现。

第二，个人目标与团队目标要统一。

第三，明确的责权利机制。

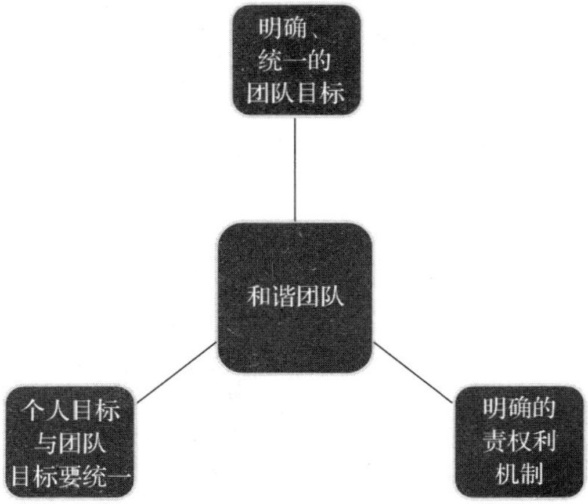

图 3-3　和谐团队的特点

建设和谐的组织环境不能仅仅是企业文化，更不能是表面和气，而要形成科学的组织管理机制，制定明确而合理的工作目标，最大可能地激发出团队的战斗力，提升业绩，才是最后的落脚点。

二、重新认识那个熟悉的陌生人

2012 年，银豹公司的直营园区在不断增加，也围绕产业园区运营的上下游开始多元化经营，公司规模在不断扩大。于是，校园招聘作为一项例行工作开始固定下来，每年的三四月份会参加各大高校，特别是本地校园的招聘会，选一批应届生到公司，经过几个月的实习后，会留下几名优秀的年轻人进行培养。

这项工作是由我们人力行政部负责的。那时候，在绝大多数的商务场合，我都觉得自己太年轻，压不住场。所以经常盼望着自己的三十岁快点到来，希望自己能在职场上表现得更沉稳一点。

但是，当我开始面试 90 后，并跟 90 后共事时，我才发现不能用管理工人的方式来管理这一群新生代的员工。对待新生代的员工，要用情景领导的方式，对待不同的工作内容和工作场景，要用不同的管理方法。管理者就像医生一样，面对不同的患者，要开不同的药方。也就是说，不仅要用物质激励，也要重视精神激励。

黄尚是第一批在银豹公司实习的90后之一，这一批共有四名同学。黄尚就读于深圳大学，学的是市场营销专业，进入银豹公司后在招商部实习。

一天，黄尚问我现在是否有空，想找我聊两句。

我看了下电脑右下方的时间，距离开会还有半小时，于是我回复："可以。"

看到黄尚从二楼走上来之后，我和他一起走到前台的沙发上坐下来。不等我发问，黄尚就直接说："唐经理，昨天快下班的时候严冬总监把我和李方（另外一位同时进入公司的实习生）一起叫到他办公室。首先严冬总监问了一下我们进入公司实习以来的感受，我俩都分别讲了。接着他又问我们未来的打算，等我们讲完之后，严冬总监说我们对银豹公司还是很认可的，特别是李方，进入角色很快，将来大有前途。唐经理，你说严冬总监是什么意思啊？"

什么意思？这个问题问得我有点丈二和尚摸不着头脑。

黄尚有点着急了，他解释："严冬总监这句话的意思是不是李方比我表现得更好，比我更优秀，他更欣赏李方，实习期结束后如果只能留下一个人，就会留李方不会留我呢？"

我明白黄尚的意思了。人都是在看其他人时可以作为旁观者相对比较客观，而在面对自身的事情和问题时就会失去理智。我对黄尚说："我曾经也跟你一样很敏感。但是在同事们的帮助下，我认识到了自己过于敏感这个问题。"

我说："要克服敏感做好两点就可以了。第一，告诉自己要从多个角度看问题。每个人由于学习、生活、工作经历不同，原生家庭不一样，会形成风格迥异的性格，因此每个人都受自己思维定式的影响来考虑问题。所以，需要从自己以外的角度来看问题，让我们的眼界更开阔。第二，要经常审视自己是不是正在钻牛角尖，如果答案是肯定的，那就要马上提醒自己：我正在钻牛角尖，快出来。然后转移注意力，去做一些让自己开心的事情。你可以试试。”

黄尚若有所思地点点头，然后突然问：“唐经理，我还有个问题想问你。其实我每次玩游戏的时候都觉得时间过得很快，下班后只玩了几把就到 12 点了，每天都是这样。我也知道这样不对，所以就强迫自己花 1500 元办了一张健身房的年卡。效果还挺好的，每天下班后去健身房撸撸铁回到家就 9 点多了，冲冲凉、洗洗衣服就可以休息了，无意识地做到了早睡早起。可没想到刚锻炼了两周，韧带就拉伤了，医生看过之后，说得好好养着，至少半年不能做剧烈运动。然后我就绝望了，又回到了每天下班后游戏到死的生活。你说我该怎么办呢？”

我看着这个思维跳跃的小伙子真是有点哭笑不得——我刚在跟他说如何克服敏感，他就马上问我怎么抵制游戏。也许跟年轻人讲话就需要跟得上他们的思维，于是我回答道：“其实你说的这种情况在我们的生活当中经常发生，经济学家把这种情形总结为——沉没成本。比如我花高价买了一双鞋子，结果穿上第一天就发现这双鞋子看着好看，但是走起路来相当硌脚。扔掉吧，太可惜；穿上吧，太难受。其实人在遭遇沉没成本时，经常会用将错就错的方法让情况变得更糟。”

听到这里，黄尚激动地从沙发上站起来，连说了三声对对对，表示他就是这样的。

我仰头看着站起来的黄尚，摆摆手让他坐下来。看他坐下来之后，我说：“别激动，其实无论是我们刚刚说的过于敏感，还是现在说的沉没成本，归根结底都是无法掌握情绪的表现。当然要完全掌控得了自己的情绪，那应该就是位圣人了。我们做不到完全掌控，但是我们可以做到尽量排除自己的负能量。”

其实我挺担心跟一位90后交流的，如果方法不得当，会让他觉得我们之间有代沟。我观察着黄尚的表情，发现他并没有不耐烦的神情，所以就继续道："一件事情，就拿刚刚你说的健身的事情来说，如果它通过努力就可以完成，那么我们必须坚持，但是如果这件事是我们无论如何都完成不了的，就不要纠结于自己已经投入的时间、精力和金钱了。显然这件事我们必须听从医生的建议，半年不做剧烈运动。我们可以找其他方法来填充每天下班后的时间呀，重要的是找到目标。"

黄尚迟疑地表示他好像并没有什么目标。

"这很正常，虽然你马上就要毕业了，但你现在的身份还是学生。学生时代是目标最清晰的阶段，你知道要中考、高考，知道每一次期末考和小考要考好，每天的作业要完成，每一道难题都要攻克。但是从学生变成一个职场人的时候，一下子就找不到目标了。不仅是你，很多毕业生都这样，有的人工作两三年也未必能找到目标，更有甚者工作了一辈子，都没有找到目标。"

看得出来，黄尚虽然兴致不是特别高，但还是由着我的话头提出了他应该如何找到目标这个问题。

其实我并不想替黄尚回答这样一个事关重大的问题，因为自己认为重要的东西未必其他人也认为重要。于是我说："其实说起来也挺简单的，在你喜欢的事物里找目标。用几天下班后的休息时间好好想想，你到底喜欢什么，这份喜欢你是否愿意为之付出代价，愿意付出多少代价？"

黄尚从头到尾都呈现出一种懵懂的感觉，似乎对我说的从喜欢的事物里找目标很不理解，皱起小眉头似乎在说他不太明白。

我抬起左手看了看手表，3:45，张妃董事长召集公司中高层4点开会，我马上就要去会议室提前做准备了。于是我说："比如说工作，你在我们银豹公司实习的这段时间有没有哪项工作是你最喜欢的？是招商、活动策划，还是品牌宣传？你未来正式找其他工作或者留在银豹公司都可以尽量选择做你喜欢的，这样工作起来才有动力。再比如说生活，我一直主张工作不是生活的全部，那么除了工作之外，你还有什么爱好呢？是运动健身还是游戏，找一两个发自内心的爱好，把时间和精力放在上面，用一万小时天才理论，把这项爱好培养成真正能拿得出手的一技之长，甚至将来把爱好发展成职业也并非不可能的事。你瞧，这不就是在爱好里面找目标吗？一旦有了大目标就要把它们分解成小目标，比如你爱好品牌宣传，那么你一年要看多少本品牌专业书籍、要做多少个品牌提案、要组织或参加多少次品宣活动，这些就是一个个的小目标，然后从小目标开始实现。我现在就要去实现我的小目标了，把每一次的大会小会做好，做一名称职甚至优秀的秘书。我去忙了，希望我说的对你有用。最后，我想告诉你，我跟严冬总监共事四年了，以我对他的了解，他对待下属不会指桑骂槐，让下属猜谜题。要是他对下属不满意，一定会直截了当说出来，所以，别想太多！”

说完我拿起会议用的材料和自己的笔记本电脑走进了会议室。

会议持续了两个多小时，结束之后已过了下班的时间。我从二楼会议室回到三楼的时候，看到李方坐在前台旁边的沙发上。李方看到我走进办公室，马上站起身来走到我面前说她下了班就在这里等我，如果我现在不着急下班，她想跟我聊两句。

听到李方这样说，我笑道：“今天是什么好日子啊，你和黄尚都来找我当你们的‘知心姐姐’。”

李方露出惊讶的神情问黄尚来找我说了什么。

我示意李方回到沙发上坐下，我也跟她一起走到沙发边坐下，但我并没有直接回答李方所提出的问题，而是问道：“来吧，让我听听你想跟我聊什么？”

李方倒也没有在黄尚到底跟我说了什么这个问题上过于纠缠，回答我说：“我们几个实习生到银豹公司实习也有一段时间了，我挺喜欢这个公司的。团队很年轻、老板很大气和善、工作内容也很有趣，可是……”

听到李方一副欲言又止的语气，我当然知道她要说重点了。但我并没有如她所愿问她“可是”什么，而是双手微抱在胸前笑着看她。

李方看我没有接话，她稍微有点失望，但毕竟是她主动来找我的，所以不得不接着说道：“可是，我跟黄尚同在业务部门，我压力很大。”

说完这句话，李方又停下来看着我。其实我有预感李方想跟我交流的重点就是黄尚。因为这一批来的四名实习生中其他两名分别在不同的部门，但是李方和黄尚两个人在同一个部门，而且刚刚当我说到黄尚也来找过我的时候李方的反应稍微有点大。我仍然采取以不变应万变的态度，保持着抱胸微笑的动作看着她。

看我仍然没有接她的话茬，这个聪明的小姑娘通过这两次的试探也基本知道了我的风格，至少是本次对话的风格，所以接下来她没有再卖关子，说道：“黄尚是深圳大学的，而我是深圳职业技术学院的；他是市场营销科班出身，而我学的是电子商务；他一岁就到深圳来了，而我从小是个留守儿童，初二爸妈才把我接到深圳；他每天打车上下班，我每天只能挤 2 小时公交从龙岗到公司；他用的是最新款的手机，每天穿的是限量款的鞋子……”

“这些跟工作有关系吗？”我不知道如果继续让李方说下去，她还会对比出来怎样的一个天壤之别，于是我打断她，提了这样一个问题。

李方好像是被我这个问题打断了思路，看了我几秒钟。但这个小姑娘反应真的很快，于是马上回答道：“当然有关系了，他这种高调的炫富行为让我们同一批进来的实习生都觉得很受打击，我们私下都讨论过，黄尚是老深圳，他一副呆呆的样子都能进公司，一定是通过他父母的关系进来的，我们这些人不论如何努力都不可能超过他，最后如果只有一名实习生能够留下来，那一定是黄尚。而我们，都注定只是陪跑的。”

我听得出来，李方的话里有羡慕和嫉妒，但是更有对自己不自信以及对前途的担忧。我挺理解她的，因为我也是从小地方出来的，刚走出校门时的我也没有半点自信，每天工作都诚惶诚恐、小心翼翼。于是我说：

“其实我不知道别人是怎么看‘攀比’这回事儿的，但是我认为攀比分为正向攀比和负向攀比。如果是在理性意识的驱动下的正当竞争，经常能够引发我们的积极的竞争欲望，产生勇攀高峰的动力。因为有比较才会有进步，有目标才会更努力。但是负向的攀比就不一样了，它是为了比较而比较，是为了给自己的失败找借口，它会使我们钻进思维的死胡同，产生巨大的精神压力和自我否定。”

李方脸被我说得明显有点红，她解释道：“唐经理，我不是在跟黄尚攀比。他是属于赢在起跑线上的那一类人，我拿什么跟他比呢？”

虽然李方不承认自己是在与黄尚攀比，但她的脸红表示她对自己的思想和行为是有认识的，只是一方面觉得自己的起点比黄尚差很多，另一方面又想在工作中超越他。既然她对自己有认识，我也不急于点破，于是我换了个方向，道：“我给你讲个故事吧。有一个女人幸运地见到了上帝，上帝说：‘我可以满足你一个愿望，不仅如此，我还可以让你的女邻居获得你相同愿望的两倍。来吧，你许个愿吧！’你知道这个幸运的女人许了个什么愿望吗？”

李方猜测：“一辆宝马汽车？一栋别墅？”

我说的是一个经典的故事，虽然李方并没有听过，但是事实证明无论是在哪个年代，女人的愿望都如此相似。于是我笑着说：“这个幸运的女人起初跟你的想法一样，但她转念一想，如果我有一辆宝马汽车，女邻居就会有两辆；如果我有一栋别墅，她就有两栋；如果我有一个帅男友，她的男友就会比我的帅两倍！这绝对不行，她绝不能比我强。所以这个女人对上帝说：‘仁慈的上帝啊，请你挖掉我的一只眼睛吧！’”

李方一脸惊讶地看着我，不由自主地问：“真的吗？”

我的目的达到了，李方也认为这很不可思议。但是其实嫉妒就是这样让人疯狂。我回答：“莎士比亚说过：‘嫉妒让天使变成了魔鬼。’嫉妒是攀比的升级版，当想超越别人的欲望得不到满足的时候，如果不能从自身的情况出发正确地分析是正向攀比还是负向攀比，就会产生被剥夺感，就会产生嫉妒心理。这个幸运的女人的心理就是：希望别人永远不如自己。为了让别人不如自己，甚至不惜以牺牲自我的利益和幸福为代价。”

听到这里，李方不再像刚才一样急于澄清自己，而是低下头默默不语。李方很聪慧，只要有一个人稍微一点拨，她就能明白自己的问题。但是如果方法不得当，那她不仅不会听，而且还会被她辩驳得哑口无言。

我看时机也差不多了，于是开始回复她一开始说的问题：“李方，黄尚的学历和家庭条件是比你好，但是你跟他一起进来了银豹公司就说明了公司认为你和他都是优秀的，从某种程度上来说你们这时候是在同一起跑线上。你的优势很明显，你勤奋、聪明、有悟性，做事的时候办法多，而且还不惜力，这些都是严冬总监跟我交流的时候对你的评价。但是凡事太敏感，有时不够自信，太注重结果，得失心太重是你的缺点。其实你根本没必要针对黄尚，也没必要针对任何人，我们在这个世界上没有对手，只有想出来的假想敌，我们唯一要战胜的人是自己。”

李方仍然没有说话，此刻的她明显是在思考自身的情况。看李方不说话，于是我继续说道：“很多人说职场如战场。我挺不认同这句话的，女性天生就比男性敏感、虚荣、爱攀比。女性走进职场已经说明了她的主动性和成就动机，整天把心思和精力都放在这些方面，不如有时间多学习、看书、培养兴趣爱好，这样更容易打开心胸，不计得失，更从容。最后反而更容易获得职业发展机会，生活也会更幸福。”

我想李方应该多多少少听进去了我的这一席话，就站起身来说：“李方，挺晚的了，下班吧。开心工作，多交朋友，少在自己的心里树假想敌，我相信你会是一名相当优秀的实习生。”

李方也站起身来，对我说：“谢谢你，唐经理，我回去好好思考你的话，我会加油的。放心。”我听得出来她的真诚。

我们一起走出了办公室的大门。

在回家的路上，回想起今天与黄尚和李方两位90后交流的内容，让我想起曾经看过由日本学者岸见一郎和古贺史健合著的书中——一位“哲人”与“青年”的对话。

青年：世界是矛盾横生的一片混沌，这难道不是有目共睹的吗？

哲人：那并非“世界”本身复杂，完全是“你”把世界看得复杂。

青年：我吗？

哲人：人并不是住在客观世界里，而是住在自己营造的主观世界里。你所看到的世界不同于我所看到的世界，而且恐怕是不可能与任何人共有的世界。

黄尚看到严冬总监表扬李方更多一些，所以黄尚得出的结论是严冬总监更倚重李方。而李方看到黄尚的条件比自己强太多，所以李方得出的结论是将来留下来的一定是黄尚而非自己。是啊，这就是自己人为地把这个“世界”想得太复杂了。问题不在于“世界”如何，而在于我们自己如何。如果我们看“世界”的眼光发生了改变，我们自身发生了变化，那么世界就会以极其简单的姿态呈现。

比方说，我们现在都是在透过一副墨镜看世界，这样看到的世界当然是灰暗的。想必大家都会想到，那我们应该摘掉墨镜，这样就能看到五彩斑斓的世界了啊。但是，当我们真正摘掉墨镜的时候，却发现阳光太刺眼，让人忍不住想闭上眼睛，要不还是把墨镜再戴上吧。

问题来了：我们有正视这个真实世界的“勇气”吗？

银豹公司有越来越多的年轻人加入，我也在工作过程中不断摸索跟90后的交流方法。以前我总爱在一句话的末尾加一句“你听懂了吗？”然而我发现他们特别不乐意听这句话，好像我是一个说教者，而他们是一个受教者。所以，我就有意识地把这句话改成了“我说清楚了吗？”结果证明这样说更好。不要小看一句小小的口头禅，这其实代表了一个人是否以自我为中心、是否愿意改变、是否乐于倾听。

时代的浪潮滚滚向前，几年前我还是初踏入职场的新人，现在已经被生龙活虎的90后叫大姐了。未来不变的是职场，变的是一张张青春飞扬的面庞，我们要想不被职场淘汰，就要以不变的工作热情和学习内驱力鞭策自己紧跟时代的步伐。

最熟悉的人莫过于自己，最陌生的人其实也是自己。我们用两只眼睛看他人、看世界、看万物，但是却往往看不到自己。我们看得到别人的过失，却很难看到自己的缺点；能看得到别人的贪心，却看不到自己的吝啬；能看到别人的歹念，却看不到自己的妄念。

三、用人部门都得懂"冰山模型"

一个人遇见自己的方式有两种：一是照镜子以正衣冠；二是多反思以理心神。要想做一个称职的管理者需要常常自我觉察，发现自己的问题、解决问题，永远在成长的路上。不仅我们自己要成长，还需要帮助团队的成员，使他们也能够成长和提升。

美国著名心理学家麦克利兰（McClelland）提出了著名的"冰山模型"理论（见图3-4），其实就是将个体素质的不同表现划分为看得见的"冰山以上的部分"和看不见的"冰山以下的部分"。

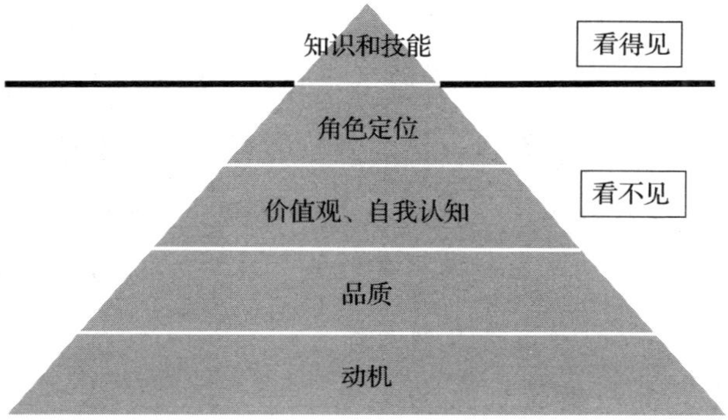

图3-4 麦克利兰的"冰山模型"

其中，看得见的“冰山以上的部分”主要包括知识和技能，这些是外在表现，了解和测量起来都比较简单，同时也可以通过培训和学习来改变和发展。

另外，看不见的“冰山以下的部分”则包括角色定位、价值观、自我认知、品质和动机，这些是一个人内在的、深层次的，通常不会直接表现出来，所以了解和测量起来比较难，而且很难通过外界的作用被改变，但恰恰是这些看不见的“冰山以下的部分”对一个人的行为和表现起着决定性作用。

专栏 3-1

张一鸣如何选人能让字节跳动如虎添翼

字节跳动，一家2012年成立的公司，其取得的成绩和发展速度是众多企业望尘莫及的，成功的原因有很多，其中一条是张一鸣的用人理念。

字节跳动CEO张一鸣曾说：一名优秀的CEO首先应该是优秀的HR。因为理工男深入骨髓的代码思维，他认为唯有人才在企业里起到的推动作用是不变的。在过去的10年里，张一鸣面试过近2000名员工，他的用人逻辑是：理性、逻辑、修养、企图心、自我控制力，这14字箴言。正是由于张一鸣对人才的重视，才让字节跳动人才汇集。

张一鸣是福建龙岩一个普通家庭的孩子。大学毕业后，进入了一家天津的公司写程序。2012年，29岁的张一鸣在一间民宅中创立了字节跳动。和很多技术出身的创业者不同，张一鸣从刚创立字节跳动的时候就想到了国际化，甚至还为公司定下了英文名ByteDance。为了真正创造价值，而不是通过微创新获得一点互联网发展红利，张一鸣认为必须要解决个性化问题，而解决个性化问题需要有创新性。

2021年网上有一篇特别火的文章——《看完了张一鸣的2200条微博》，作者得出的结论是张一鸣的成功早就有迹可循。

与此同时，创业圈也有一些不同的声音，比如：字节跳动的这些组织特征，美团有，小米也有，并没有多特别。

是的，优秀管理的基本面都有相似性。如果想要战略目标按时、保质实现，就需要快速成长的团队高效协同，那就需要找到对的人。而且这些对的人不是一个或两个高层管理者，而是一群有着共同目标的人。之后，再把战略目标拆解成一个个的阶段性目标和具体的任务分配给每一个人，建立起与之相适应的指标体系。

近年来，越来越多的企业一边大规模地裁员，一边不停地招聘新员工，因为在管理的过程中不断有人被系统验证为不合格，企业要想保持高速发展就会不断地淘汰不合格的员工。在这个过程中，组织在实现战略目标的同时，还能收获一支优秀的团队。

在创业的初期，字节跳动和所有公司一样，活着就是最高目标。这个时候需要尽快拿出能被市场接受的产品。当产品得到验证后创业者就需要关注组织的打造了。

其实不论在什么时候，创业者都是热爱学习的人，因为如果不学习，就会被市场、客户和行业无情地抛弃。

但是，只要学习就有用吗？答案恐怕会令人很沮丧。

有一句话是说：我们懂得了很多道理，但仍然过不好这一生。

同理：知道了成功人士的做法，仍然复制不了他的成功。

而学习与成功之间必经的一步就是：知行合一。

现在来看看在“对的道理”和“坚决执行”之间，张一鸣是怎么做的。

2012 年 2 月，他在微博上写道：理解为什么别人这么清高。你每次给别人一个不坚决的回复，就会给他人带来一个期望，也给自己带来一份烦心。

3 月，他又写道：在公司说话要减少铺垫。

张一鸣认为，当感到沟通困难时，最好的沟通方法不是想太多技巧和说法，而是更坦诚地沟通。

2012 年，张一鸣的创业重点工作只有两个：招人和学习。他曾经说："早出晚归，常年不休的人很多，差别极大。但区别好像不是努力。"

大多数人努力程度之低，根本轮不到拼天赋。大多数人遇到的问题都大同小异，无非是原生家庭的缺陷、童年缺爱、青春期成长的烦恼、朋友的背叛等，人和人的不同就在于面对同样的问题，是选择摆烂还是选择摆脱，是选择躺平还是选择前行。

字节跳动在前行，但谁都不能保证字节跳动会是一棵常青树，无论是人还是组织，不断迭代、持续成长才是有趣的过程。

（笔者根据多方资料整理而成）

资料来源：

①张一鸣．张一鸣：打破 CEO 的理性自负 [J]．中国企业家，2018（16）：20-21．

②柯基．让"自由奔放"的思想蓬勃跳动——记字节跳动创始人张一鸣 [J]．商业文化，2021（1）：4+5-7．

现在很多企业都意识到，员工的智力和学历并不能等同于他的工作能力，高学历的员工未必能产生高绩效，岗位胜任力才是衡量一名员工未来能否在工作中产生高业绩的关键。麦克利兰"冰山模型"的有效运用，将有利于管理者衡量员工的岗位胜任力。"冰山模型"的有效运用，可以遵循如图 3-5 所示的三个步骤。

第一步，确定目标岗位所需的胜任素质。因为不同类型工作的素质要求是不同的，确定胜任素质的两个原则是有效性和客观性。

第二步，构建胜任素质的测评系统。在第一步确定了目标岗位的胜任素质后，组织需要相对应地搭建测评系统，系统本身也需要客观数据来进行验证，还需要满足能区分工作业绩的要求。

第三步，设计测评结果的具体应用办法。有了准确的测量数据这个前提，接下来就可以设计出胜任素质测评的结果在企业管理中的应用办法。

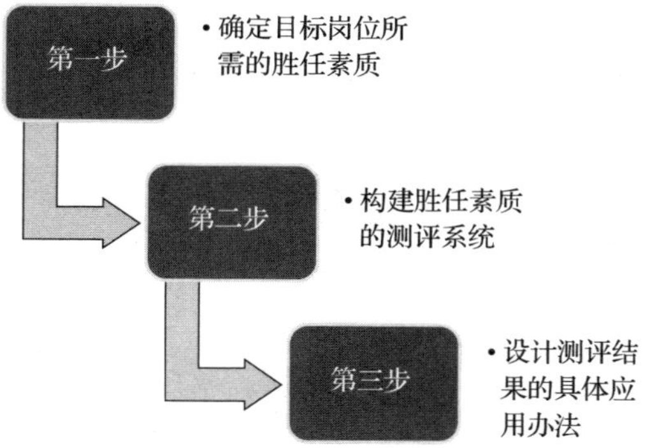

图 3-5 “冰山模型”有效运用的三个步骤

总之，管理是科学与艺术的统一。一方面，管理以反映客观规律的理论和方法作为指引，有其分析和解决问题的科学方法论，足见其科学性；另一方面，管理也需要我们利用系统化的知识和技术并根据实践过程中的特殊性发挥创造力、迸发管理灵感来解决问题，可见其艺术性。两者互为因果、相互转化，是一个有机体，在不同的场景下发挥各自的作用。

第二节　管理者应该始终站在台前吗

如果说识人、用人是管理者的头等大事，那么找到优秀的人才后，如何领导好他们，让他们胜任工作，又是一个新的课题。

下属不会做某项具体的工作是管理者的责任吗？也许教下属做这件事花费的时间要比自己亲自动手做要多花一倍甚至更多的时间。不忙的时候也许管理者还有耐心手把手地教下属，但是职场的常态是忙碌的，这个时候是教还是不教呢？

组织当中的管理者常常是因为业务能力强而被提拔到管理岗位上的，面对下属的求助，他们经常会显得很“专业”，有时会直接给出具体的方法，有时则会直接操刀。

我不禁要问，这样的做法对吗？

一、领导没时间，下属没事做

深圳设计之都创意产业园是深圳最早的文化产业园区之一，也是深圳最早、最知名的文化地标之一，同时期的知名文化产业园区和基地还有OCT-LOFT华侨城创意文化园、F518时尚创意园、水贝万山珠宝文化产业园、深圳国家动漫画产业基地、雅昌艺术馆、国瓷永丰源等。

2013年是我进入银豹公司的第六个年头，自从2012年我成功为公司申请到了三旧改造的补贴后，公司意识到应该组建一个公共关系部门。正是这次契机，公司组建品牌部，选聘我为部门总监，主要负责媒体关系、政府事务以及企业对外的品牌形象传播。与此同时，我也卸任了人力行政经理一职。

银豹公司几乎每天都会有各地的党政企考察团到访，自我进入公司后，从董事长秘书到兼任人力行政经理，再到现在的品牌总监，接待考察团的工作一直由我负责。通常的接待流程是先请考察团到接待会议室观看企业宣传片并讲解公司PPT，时间充裕的话，会再到一至两家有代表性的企业去参观交流。

洛可可工业设计公司和中国旅游设计院是我们经常带考察团去参观的企业。这两家企业非常能代表深圳的创新精神，它们的故事很值得跟大家讲一讲。

专栏3-2

贾伟：干掉洛可可

洛可可是2004年在北京成立的一家工业设计公司，现在已经是中国设计行业的明星企业。2010年2月，洛可可在深圳福田区注册成立分公司，办公地点就在深圳设计之都创意产业园的7栋1楼。自成立以来，洛可可包揽了德国红点、iF、IDEA、日本G-MARK等国际知名工业设计大奖，国内的红星奖数量更是不胜枚举。如今洛可可已经不仅仅是在工业设计单一行业发展的企业了，它是一家兼具创新意识的品牌战略咨询与整合设计公司。

洛可可的创始人贾伟常年活跃在各大公开场合，是媒体追捧的创业明星。贾伟讲的案例很多，但他向人介绍洛可可的时候最喜欢讲一个他们早年间服务客户的案例。

贾伟创业初期，洛可可有一个客户姓金，朝鲜族人，我们称他“金总”。金总由于对韩国市场比较熟悉，所以代理了韩国知名个人护理品牌777的指甲刀。这个品牌我们现在还能经常在超市里见到，金总用了五年把777做到中国同品类销量第一。国际知名品牌的套路经常是由国内代理商把当地渠道和市场都铺开了之后，就收回代理权开始自己干，777也不例外。后来金总又到韩国拿到了第二大品牌可威尔的中国区总代理。又是一个五年，可威尔在金总手里又成了中国同品类销量第二。后面的故事你应该也猜到了，是的，可威尔又收回代理权自己干了。

金总从十年代理韩国品牌产品的过程中隐约意识到了设计和品牌的作用，于是找到了洛可可。洛可可的设计师问她想设计什么，她说这辈子就懂指甲刀，还是做指甲刀吧。设计师又问她想做什么样的指甲刀，她说想做一把售价40元的指甲刀。

听到这个回答，洛可可所有的设计师都震惊了。当年40元的指甲刀是什么概念？那时候还没有消费升级这一说法，指甲刀在天桥上摆地摊的大爷那里两块钱一个，一家买一个扔在抽屉里，谁用谁拿，十年八年也换不了一个。金总说我带你们去北京国贸，你们去看看德国双立人牌的指甲刀，2000元一套。我做的指甲刀没有德国品牌打个五折，没有德国品质再打个五折，没有高端渠道再打个五折，没有精密制造再打个五折，这个五折五折打下去，卖 40 元，实在不算高。

看到金总这么有信心，洛可可的设计师们也答应试一把。于是，金总买来了市面上所有的指甲刀，铺满了一桌子给设计师们研究。洛可可团队经过深入的研究得出的结论是所有这些市面上能看得到的指甲刀都是一个冷冰冰的工具，给金总设计的这款新产品一定得是一款颠覆式的产品。它在功能上不仅仅要是一个工具，也要是一款时尚配饰；它在态度上不能冷冰冰，而要以柔克刚；它在材料上不能是全金属的，而要配上意大利小牛皮；它在形态上不能是粗大笨的，而是轻薄纤细的。当这款分别染了七种颜色的意大利小牛皮配不锈钢的炫彩系列指甲刀横空出世时，金总和洛可可团队都认为它的价值可以卖到 40 元。

炫彩系列上市的时候洛可可设计师告诉金总不要一把一把地卖，要七把一起卖。金总表示不理解。设计师说炫彩系列不仅是工具，而且是配饰，女孩子们不一样颜色的包包要挂不一样颜色的炫彩系列指甲刀。女孩子们还喜欢买手信送姐妹、送闺蜜，这叫作创意礼品。金总很满意洛可可整合出的这套新的运营模式。

故事到这里还没有结束。炫彩系列指甲刀上市的第二个月就得到了德国红点奖，由此金总直接把产品单价由 40 元提高到了 79 元。这就是一个世界级奖项给产品带来的品牌背书和信心。当洛可可团队从德国领奖回来，刚下飞机就接到金总的电话，她说："你知道吗，现在买奥迪车送一把指甲刀。"这真是让人浮想联翩的礼赠方式，跟奥迪的品质和品牌相提并论。

到这里洛可可早年的这个创新故事告一段落了。洛可可从 2004 年创业时的一个工位成长到现在，第一个十年中，洛可可的年增速始终保持 100%，成为行业第一。而在它整个发展过程中不仅仅是在做产品创新、品牌创新、设计创新，更重要的是它的五次组织创新，由工作室模式到工业化流水线模式，再到细胞管理、分形管理和组合管理。现在贾伟的口头禅是：干掉洛可可。这句话看似疯狂，其实背后是贾伟"设计美好世界"新使命，这个新使命底层的世界观是：让设计把这个世界变得更美，让设计更普惠。

（笔者根据多方资料整理而成）

资料来源：

①张云龙，焦璐．互联网思维是把双刃剑——访洛可可设计集团创始人贾伟 [J]．现代企业文化（上旬），2014（4）：30-31．

②张云龙．设计美好世界——访 LKK 洛可可创新设计集团董事长、洛客（LKKER）共享设计平台创始人贾伟 [J]．现代企业文化（上旬），2018（11）：20-23．

创业是一件外人看起来很美好，只有自己知道其中苦的事情。我问过很多创业者，创业这么苦为什么还要坚持？这个问题我也问过洛可可的贾伟。他是这样回答的：因为害怕失败。贾伟从小家庭条件优越，毕业后顺利进入了当时的“大厂”——联想，辞职创业第一个项目就做了洛可可，可谓出道即巅峰。就像许多出道即巅峰的明星一样，创业明星贾伟也有了“偶像包袱”。所以，他不允许自己半途而废，必须要坚持。

而这也是很多创业者的答案。在设计之都 10 栋还有另一家叫作中国旅游设计院的机构，它的创始人也是一位全身心投入的创业者。

专栏 3-3

郑建平：像重新定义产业那样重新定义旅游

说起中国旅游设计院一定要从创始人郑建平的一件作品说起。深圳有两座非常有代表性的雕塑，一座叫《开荒牛》，位于深圳市委大院的门口；另一座叫《闯》，位于深圳市博物馆古代馆门口。巧的是这两件作品都在深南大道北侧，直线距离不超过 1000 米。开荒牛紧绷着全身，右边的前蹄已经因为用力而折过来用蹄背撑地，牛头低向地面，牛角向前冲，整个牛身凝聚着磅礴的力量，仿佛马上就要迸射出来。在开荒牛的身后是一堆丑陋的盘根错节的树根，它代表着封建势力和思想已经被掀动但仍然死死抓住下面的土壤。所以，开荒牛要将这虽然已经被砍倒，但却没有彻底连根拔除的封建毒瘤铲除。这件作品被认为代表着20世纪80年代的深圳精神。而另一座是一个壮汉，赤身裸体，奋力去推开一扇金属材料的大门，由于壮汉的实力和努力，这个大门的上部被推开了。这个作品代表着20世纪90年代以后的深圳精神。

《闯》就是中国旅游设计院郑建平的代表作。郑建平在20世纪80年代末刚来深圳的时候还在体制内，创作这件作品也改变了他的生活轨迹。20世纪90年代在北京有一个中国沿海开放城市成就展览会，这个展会给深圳专门预设了一个很大的展场，国家对整个深圳馆有一种期待。深圳会为中国改革开放提供哪些新鲜和鲜活的经验呢？去北京参展的这项工作正好落在了郑建平当时所在单位的头上。

郑建平认为深圳的经验不能只用地王大厦和深圳速度来表现，“杀出一条血路”可以非常好地代表深圳精神。彼时我们整个民族面临着一种道路的探索，每个人也面临着新时代对自己的强烈冲击。这个时候打破旧的思想观念和旧的体制机制的束缚，是需要挣扎的。当时老国贸旁边一个钢琴吧有一个扶着门框的女神像，郑建平以此为灵感，把深圳这种突破和挣脱的力量物化成一个人文形象。

如果说《闯》是中国旅游设计院1.0时代的代表作，那么从它后来的作品中能看得出郑建平在中国文旅产业发展当中转型的思考以及中国旅游设计院2.0时代的特点。

比如，2019年郑建平把北京一个发电厂凉水塔当成了巨型投影幕，利用声光电技术，为这个荒凉的发电厂打造了世界第一场电厂秀，中国的“鲁尔文化”在此起航；郑建平在跟恐龙无甚关联的常州打造出一个恐龙博物馆，后又升级为新型主题公园，为常州带来了滚滚人流；他还在湖州的太湖畔把一个酒店建成了世界第一座漂浮在湖上的文旅综合体，这里成为情侣婚纱拍摄地的首选，也成为网红旅游打卡点。

近年来，我国文旅产业激变，企业和创始人、管理者无论是思想还是行动都亟待转型。

首先，游客变了。以前是内外双促，近年则是出境游激增；以前以景区消费为主，现在大力支持乡村振兴；以前政府主导，现在以市场为导向；以前以地产回报为动力，现在强调全产业链生命周期发展。

其次，消费变了。无论是消费者构成、消费者行为习惯还是旅游目的地都在发生深刻的变化。

看到这些，郑建平认为旅游需要像产业一样重新被定义，提出了从文旅 IP 突围、以创意为生产力、承担全新社会职能、演变产品开发模式、引入跨界思维五大手段。文旅综合体是未来的发展趋势，小到社区设计都可以以开放式的生态公园为参照。由于产业聚集的方式改变了，继而产业培育方式、信息传播方式也都在随之改变。

总之，市场激变带来了行业的剧烈动荡，如果墨守成规只有死路一条，创新才是唯一的破题之法。创新旅游就是创新生产力、创新供给侧。未来的文旅产品将三分天下：度假型的传统目的地旅居产品、微度假型的城镇化衍生产品和消费型的产业化跨界产品。组织和个人只要能错位谋划、差异化发展，就能在看似红海的市场竞争当中搏击出一条生路，迎接新时代，把握新机遇。

（笔者根据多方资料整理而成）

资料来源：胡越．让躺着的历史站起来　让沉睡的文化醒过来 [N]．洛阳日报，2010-02-08（002）．

这些故事都是我在接待过程中听企业创始人和负责人讲的，当然类似的故事在园区还有很多很多，受篇幅限制，我只选取其中两个比较有代表性的展示出来。

随着深圳设计之都创意产业园的知名度越来越大，慕名前来参观的代表团越来越多。与此同时，我负责的品牌部逐渐步入正轨，项目越来越多，我自己也感到分身乏术，几乎每天晚上都加班。而我们部门的员工不仅很少加班，而且责任心好像也越来越差，缺乏工作激情，工作产出日渐低下。这个局我应该怎么破呢？

二、唐僧为什么是领导

我是在2011年9月开始准备考研的，在家人的全力支持下，在考研辅导班的科学指导下，我幸运地考上国内一所高校的MBA，于2012年9月正式入学。当我遇到这个问题的时候，学校正好开设了《组织管理学》这门课程，任课老师是管理学院刘新副院长。刘新副院长在讲这门课程的时候深入浅出地剖析了计划、组织、领导、控制四个环节的管理科学与艺术，结合时下最热门的BAT（百度、阿里巴巴、腾讯）大厂的企业文化和管理模型进行讲解，让我们听得非常过瘾。

由于我们是在职研究生，所以是采用集中学习的方式，每月一次，每次5天，分散在全国各地、工作在各条战线上的同学们都会集中到学校进行学习。我也利用一次学习的机会，当面向刘新副院长讲出了我当时的这个管理困惑。

刘新副院长听完我的描述，告诉我现在面对的是一个中层管理者如何授权的问题。在我们MBA班里大部分的同学都已经走上管理岗位，有基层管理岗位、有中高层管理岗位，有行政管理岗位，也有企业管理岗位。在不同的组织形态、不同的管理规模和不同的管理层级都需要面对授权的问题，所以，授权有共性的问题，也有个性的问题。

我如捣蒜一般点头称是，然后等着刘新副院长指出一条明路。

看到我的期待，刘新副院长露出一抹意味深长的微笑，却狠狠卖了个关子，他说我这个问题是个好问题，让我回去好好想想，写一篇《论中层管理者授权》的小论文。然后还说这是给我的特别福利，这篇小论文完成得好，他教授的这门课程期末考试给我加10分。

老师，我这是在向您请教问题，您怎么把问题抛回给我了呢？顿时我感觉一个头两个大。这下好了，问题没有解决，还多领了一份作业。

下课后，回到宿舍我就一屁股坐在床上，这架“历史悠久”的铁架高低床发出了刺耳的抗议声。虽然是在职研究生，但我们和其他在校同学一样都有分配学生宿舍，而且还是铁制的上下床，所以这个“老古董”像是经不起我这一番折腾般发出抗议。我们宿舍放了四组上下铺，通常是四个同学同住，但我们宿舍只有三个同学，大家都睡下铺，上铺用来放杂物。整个宿舍靠墙摆了两排床，中间的过道摆放的就是书桌和椅子，典型的大学宿舍的陈列。我们这个班的同学中有某地级市的副市长、有A股上市公司的高管、有自主创业公司估值几亿元的老板，当然更多的是企事业单位的各级管理者。大家都是抱着互相学习的目的来的，所以每次上课基本都没有住酒店，而是选择住在简陋破旧但方便上课的学生宿舍。

那天因为跟刘新副院长聊了两句，所以比同宿舍的两位同学回得晚一点点。也许是看我回来就坐在床上一副不太开心的样子，两位室友毛毛和芬芬走到我床边问我怎么了。于是我把刚刚发生的一幕描述了一遍。听完我的描述，芬芬说：“有这么好的事儿，怎么反倒不高兴？”

我说：“芬芬，你别安慰我了。大家都是成年人了，我来上MBA难道是为了《组织管理学》期末考试多拿10分吗？为此我还要多写一篇论文，我招谁惹谁了呀？”

毛毛说：“哎呀，唐英，你是真不知道还是假不知道呀？刘新副院长是管理学院有名的魔王，他教的本科生挂科率有40%，就连MBA都有20%的挂科率。要是毕业答辩碰上他，那才真是悲剧。他给你期末考试加10分，你的胜算不是高了很多吗？”

听到这里，我噌地一下站起来，一不小心头顶到了上铺的床板，疼得我眼泪都出来了，捂着头顶蹲在地上。毛毛和芬芬都跟着我一起蹲在地上，一人搂着蜷缩成一团的我，另一人抱着我的头给我吹气，我吱哇乱叫了半天好容易才缓过劲儿来，悠悠地问了一句：“这样说来岂不是一件好事？”

“那当然了！”毛毛和芬芬异口同声地回答。

我马上站起身来，坐在书桌前面打开笔记本电脑，开始整理思路查阅资料。

刚刚刘新副院长对我的描述总结为：中层管理的授权问题。我想要解决这个问题应该从如图 3-6 所示的三个方面进行思考。

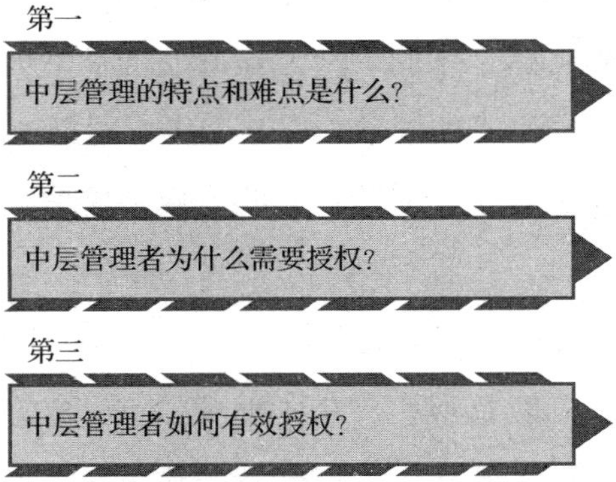

图 3-6　中层管理授权思考的三个步骤

接下来我就围绕这三个问题展开分析。

中层管理的特点和难点是什么？据说在管理中，70% 的好员工是被平庸的中层管理者逼走的。一个人能不能成功、能不能在事业上走得更高更远有一个很重要的影响因素就是这个人的直属上级。一个组织的所有工作业绩都是由员工一天一天地做出来的。想一想，在员工工作不得当时，是谁能第一时间发现并给予他们指导？在员工工作情绪不高或同事间相处遇到问题时，是谁能第一时间发现并疏导？员工在工作中遇到了难题时，是谁能给予他们支持？很显然，就是中层管理者。所以说，企业中层管理做得好，整个团队才能有凝聚力和战斗力。每一个希望成长壮大的企业都应该高度重视中层管理团队的培养，将其视为企业管理的核心，否则企业无法基业长青。但是，在实际工作中，中层管理者不仅要理解高层的经营管理意图，要承担业绩考核压力；还要管理和指导基层员工，还有许多具体的工作需要亲力亲为；加之从中层到高层的上升通道有限，因此成长的空间不大。特别是如果没有经过系统的规划和学习，要想提升管理能力、提高战略眼光还是比较困难的。

那么，中层管理者为什么需要授权呢？以我个人为例，我现在是上班时间在工作，下班时间也在想着工作，恨不得除了吃饭和睡觉都在工作。但是，这样除了把自己累得没有时间思考和提高之外，下属也并不买账，认为我没有给他们足够的指导，更没有给他们发展和成长的空间。我想如果我能在工作中做好授权，至少有以下几个方面的好处：①可以减轻自己的工作负担，不被太具体的琐事缠身，能集中精力做好重要的工作，还能有精力思考本部门未来的发展方向，以及配合公司的发展战略领导好下属开展工作；②能够调动下属的工作积极性，既让他们的能力得到锻炼，也能让他们得到升迁的机会；③有利于和谐与下属的关系，让彼此体会到信任；④在授权的过程中能充分听取下属的意见，有利于避免因个人决策所产生的风险，降低错误决策的概率。

既然中层管理者的授权如此重要且势在必行，那么应如何有效地做好中层管理者的授权呢？我认为，中层管理者的授权应该包含以下几个步骤：①明确授权的工作，即明确哪些工作是可以授权的，哪些是不能授权的；②挑选授权的对象，这项工作交给谁做最合适、谁的能力最匹配，或者哪几个人组成一个临时工作小组来完成这项工作；③明确权责限定时间，授权给基层的工作内容越清晰越不容易出错，同时还要规定完成的时间，让下属做好工作安排；④控制风险、实时监控，工作虽然授权出去了，但并不代表可以不闻不问了，在整个工作过程中要随时与下属沟通控制风险，保证效果不打折扣不跑偏。

很多中层管理者被提拔都是因为自身业务技能出众。但是，当我们真的走上管理岗位后，就要在适当的时候扮演一个“无能”的角色，去发现和欣赏有能力的下属，包括他们的缺点，帮助他们扬长补短，建立好团队工作机制，只有充分授权给他们去施展才华，才能打造一支极富战斗力的团队。如果凡事亲力亲为，不但会使自己疲于应付各种事务，没有发展和上升的空间，也会让员工丧失成长机会，既不能发现问题更不能解决问题，长此以往会使团队和企业陷入发展瓶颈。

三、如何当一个合格的培训师

中层管理的授权很重要，授权的好处也很多，但也不是所有的工作都可以授权，凡事都应该把握好一个度。那么，“度”又如何来把握呢？

心理学里有两个著名的实验：第一个是巴甫洛夫（Pavlov）的狗，第二个是伯尔赫斯·弗雷德里克.斯金纳（Burrhus Frederic Skinner）的白鼠。通过这两个实验，行为主义心理学家斯金纳提出了三条强化规律：强化、惩罚、消退。

强化分为两类：一类是正强化，是指由积极强化物引起的反应，通俗地说，就是给这个事一个好的、愉快的刺激结果，从而增加反应的发生概率；另一类是负强化，是指由消极强化物引起的反应，就是取消一个不好的、让人讨厌的结果刺激，从而增加反应的发生概率。

惩罚很好理解；那么消退是指没有强化物伴随的过程，也能达到减少行为发生的概率。

所有的学习都需要条件作用，要让学习者在刺激和反应之间建立起直接联结。不断地强化这个过程就是练习，不断地练习就会形成习惯，而习惯形成之后，只要出现刺激就会出现相应的反应。

中层管理者要想在团队里做好授权，在团队里对成员进行培训是关键。

一说到培训，中层管理者就会想：这是公司的事、这是人力资源管理部门的事，我们整天忙自己部门的业务都已经应接不暇了，哪里还有时间去做别人的事情呢？

其实，作为一名中层管理者，一定要知道除了公司层面企业文化、公司、产品、行业、财务方面的培训外，还需要我们在团队内部对工作技能、内部奖惩、团队协作、客户管理等进行小范围的培训。而且培训的形式也是多种多样的，如会议、讨论、团建、头脑风暴等。

当我们把团队培训到了思想统一、业务精进、战斗力超群时，就有了有效授权的基础和前提条件。然后，就可以在我们的团队里把日常工作进行充分授权了。

首先可以将工作分类：必须授权的工作、可以授权的工作、不能授权的工作。必须授权的工作通常是风险低、技术含量不高、下属完全有能力胜任的工作，哪怕有些工作下属以前没有做过，但是只要符合这三个特点，都必须授权给下属去完成。而可以授权的工作是针对有较强工作能力的下属，可以交给他们一些有一定的挑战性但风险可控的工作，而且需要在工作过程中不时地与下属沟通进度，给予支持，发现问题及时改进。做任何事情都不能矫枉过正，作为中层千万不能图省事把事情都授权给员工，那些重要决策，涉及机密、重大技术的工作是一定不能轻易授权给下属的。

总之，中层领导的授权是一项技术含量很高的工作，授权做得好能提高管理绩效和业绩，如果做得不好则会影响公司的发展。梳理清楚思路后，我开始着手撰写刘新副院长布置的这篇小论文。通过这件事情，我意识到了自己思考的惰性和行动的依赖性。遇到问题时的第一反应就是去寻求外部的帮助，而不是想能不能自己找到解决问题的办法。其实，很多问题根本没有那么难。

把课堂上的所学所思运用于工作中以后，会收到实实在在的效果。我终于从整日加班的工作状态中解脱出来，回到了工作和生活相对平衡、可以看书娱乐的日子里。最可喜的是，我们部门培养出了一个又一个优秀的年轻人，先后被派到苏州、海口、潍坊等园区担任核心岗位工作。

第三节 业绩是个人和团队的“照妖镜”

商场是战场，在这个战场上每一个员工都需要靠业绩来证明能力，甚至可以说业绩就是个人和团队的“照妖镜”。

一、不会给一个伤心的落伍者发奖

2009 年我到银豹公司还不到一年时，在公司的那次内部公开竞聘中失利，而我的同龄人严冬却成功竞聘上了设计之都产业园二期的招商总监，他是我们那一批 80 后中最早晋升为中层的。当时在分析我的失败、严冬成功的原因时，张妃董事长就告诉我是因为严冬非常清醒地知道设计之都产业园二期招商总监这个岗位的关键是需要在最短的时间内打开招商的局面，用最快的速度把二期的办公室租出去。而且他对需要多少人、需要什么样的人、从哪里招聘、需要多少钱、怎么开展招商宣传和地推都有具体的计划。虽然严冬总监的计划并不都是科学的，但是他考虑到了关键的点上。而这些都是当时的我完全没有想到的。

随着开始担任中层管理的工作，我才慢慢体会到人与人之间是有差距的，无论是先天的相貌、智力、体力，还是后天的机会、家庭、环境都是不一样的。在工作和生活中，我们能发自内心地学习他人的强项，取长补短，通过后天的努力来缩小与他人的差距，才是上上之策。客观而理性地看待自己与别人的差距，以此来鞭策我们超越过去的自己，才能有利于进步。

银豹公司每年春节假期的前一周会举行年会，年会除了全体员工参加外，还会邀请重要的客户参加。年会上会给客户代表赠送礼品，这些礼品有一部分是供应商赠送的，还有一部分是公司采购的。2014 年，有一家专门给我们做工程的企业，赠送了十台 iPad 给银豹公司。

按照以往的传统，供应商赠送的礼品都会被作为年会礼品赠送给客户，员工主要是现金抽奖。实物礼品价值一般为 200 ～ 2000 元，员工年会的抽奖奖金一般是 500 ～ 2000 元。这批 iPad 每台的售价都超过了 5000 元，于是在公司例会上，我们对这批 iPad 的处置问题展开了讨论。自从我卸任人力行政经理后，公司招聘了有二十年人力资源工作经验的芳玲成为我的继任者。由于芳玲在国内某高校担任教师长达十年，同时资历非常深，所以同事都亲切地称她芳玲老师。此时芳玲老师主张把这批 iPad 作为奖品用抽奖的方式发给员工，以激励员工的工作积极性，而业务部的严冬总监则建议把这批 iPad 当作礼品送给客户，以表达对客户的感谢。

两个部门对这个问题产生了分歧，会议上争论得非常激烈。芳玲老师说员工是公司最宝贵的资源，以前员工的最高奖金是 2000 元，今年有价值超过 5000 元的礼品应该奖励给员工，这样超出了员工预期的奖励能鼓励获奖员工来年更努力地工作。而公司的老客户每年都会参加我们的年会，同样也知道公司答谢客户的实物礼品价值一般为 200 ～ 2000 元，因此心里并没有过高的预期，没有拿到 iPad 也不会失落，所以应该把 iPad 奖励给员工。

而严冬总监的观点则是客户对年会的奖品并没有过高的预期，200 ～ 2000 元的礼品对于客户来说本身价值就不高，客户拿到了奖品之后通常顺手就送给了司机或者秘书，一点感觉都没有。如果这次送给客户 iPad，那么他们大概率不会轻易随手给了身边的工作人员。这个 iPad 无论是客户自己用，还是给家里的小孩子用，他们每次用到的时候都会想起我们公司，这样才叫作“送礼送到了心坎里”。以往我们还要去给客户购买礼品，这次可以不用增加费用，更应该以客户为先了。

正当芳玲老师和严冬总监你来我往争论不休的时候，秋波总经理说话了：“好了，你们讲得都很有道理，我做个总结吧。满意的员工能更努力地工作，从而让客户更满意，客户满意了能给公司带来稳定的现金流。每个公司在发展的不同阶段都会有不同的侧重，今天我们并不是在辩论客户重要还是员工重要，我们银豹公司始终认为员工和客户都同等重要。今天我们就事论事地来说，这一批 iPad 到底是送给员工还是送给客户，并不意味着送员工就代表客户不重要，送客户就代表员工不重要。我们不要把一个简单的问题复杂化，我还是建议把这批 iPad 送给客户，就像严冬说的——iPad 无论是客户自己用，还是给家里的小孩子用，他们每次用到的时候都会想起我们公司。至于员工，我想绝大多数的同事比起 iPad 会更愿意要现金。另外，我还想再强调一次，我们银豹公司还属于创业阶段，虽然我们组织架构上分了业务部门和后勤部门，但是全体员工都必须要有业务第一、客户至上的工作理念，我们现在虽然没有要求全体员工齐上阵做业务，但是后勤部门一定要有服务意识，一切工作都必须要以业务为核心展开。”

芳玲老师刚想开口说话，秋波总经理马上举手示意停止，并说：这个议题到此为止，不再讨论了，就按他说的办。接下来讨论下一个议题。

秋波总经理表面上在芳玲老师和严冬总监之间，以及员工和客户之间进行了一场谁都不得罪的利益权衡，但其实秋波总经理最后的决定完全是以客户为先。这就说明了在公司高层的价值体系中是以客户为中心的。

张妃董事长经常跟我说将来如果想晋升到高层，就不能只站在自己部门的立场上考虑问题，而应该有全局观，以整个公司的视角来看问题和解决问题。现在我负责的品牌部是介于业务部门和后勤部门之间的角色，因为我们既要为公司创造现金流带来效益，又要配合公司重大项目推进，提供技术保障。所以对于芳玲老师和严冬总监各自所执观点，我都可以理解。

后来听说芳玲老师在这次会议结束后哭了。我没有跟芳玲老师聊起过这件事，我想她哭无非是两个原因：她可能觉得公司不重视人力资源和人力资源部门，也可能觉得在会议上秋波总经理最后力挺严冬总监而让她失了面子。

张妃董事长说银豹公司是创业阶段，创业阶段的公司到底什么最重要呢？有人会说品牌和产品，有人会说客户和销售。其实无论是品牌、产品、客户还是销售，都是业绩第一。有良好的业绩支撑公司才能活下去，走得远，所以作为一名中层管理者，无论是在业务部门还是在非业务部门，都要清楚市场的无情和残酷，业绩就是组织和个人的尊严，没有业绩一切都是空谈。

这个世界永远不会给落伍的失败者颁发奖杯。不仅如此，更可悲的是当你跌倒的时候不但没有人会主动扶你一把，甚至身边连一个围观的人都没有。但是聪明的失败者却不会给自己哭泣的时间，他们会在哪里跌倒就在哪里站起来，一边站起来，一边总结经验教训，马不停蹄地奔赴新征程。

二、“优化”与“被优化”

如果说通过这次会议让我对公司高层以客户为中心的价值导向稍有理解，那么接下来发生的一件事情让我彻底地意识到了公司的价值核心。

2014 年之前，银豹公司每年都会在年底给全体员工发放双薪，从 2006 年公司成立至今都沿用这个奖励办法。当大家开开心心过完 2014 年春节假期，回到公司的时候，张妃董事长突然宣布将对 2013 年给公司创造了绩效的业务部门发放特别奖励。

那么，哪些部门是为公司创造了绩效的部门？奖励又会以什么标准发放呢？大家心里都非常期待。在宣布这个重要决定的第二天，张妃董事长就主持召开了全体员工会议。这个会议掀起了轩然大波。

在会上，张妃董事长宣布全公司有三个部门可拿到这次的奖金，这三个部门分别是招商部、品牌部和财务部。至于总奖金池是多少，这三个部门分别奖励多少则没有在会上细说，只是说会后将具体告诉部门负责人各部门能获得多少奖金，而部门内部每个人如何分配则由部门总监说了算。

大家听到这些已经在底下炸开了锅，在银豹公司的全员会议上还是第一次出现这种情况。张妃董事长看到这个情形镇定自若地说：“大家请安静。”等议论声平息下来之后，张妃董事长才接着说，“我就是想看看钱到底对公司员工是不是有刺激。看到刚才大家的反应，我很欣喜，说明大家对钱还是有感觉的，而且这种感觉还很强烈。”

全体与会人员都开始面面相觑，完全看不懂张妃董事长葫芦里卖的是什么药。当时的我，虽然作为即将被奖励的三个部门之一的负责人，也是一脸疑惑，因为事先张妃董事长对我也没有透露过半点风声。

张妃董事长解释道："首先，我想大家一定很好奇为什么奖励的是这三个部门。关于这点，我当然一定要跟大家说明。我们银豹公司一向秉承赏罚分明的原则，罚要罚得有理，奖也要奖得明白。2013 年设计之都产业园出租率由以往的 85% 提高到了 98.5%，平均租金提高了 12 个百分点，仅这一项就为公司增加了近 1000 万元的收入，而这些都是招商部走出园区，主动招商产生的结果。我在很多个工作日的晚上和周末在公司都看到招商部的小伙子跟客户在喝茶或者签约，所以招商部应该奖励。去年由唐英带领的品牌部在财务部的协助之下，争取到的政策支持资金以及品牌服务合计有 640 万元，这完全是公司以前没有的收入，不仅是为公司创造了新的现金流，更重要的是这也代表我们园区服务于企业迈出了实质性的一步，意义重大，应该奖励。"

说完这些张妃董事长停了一停，好像是引导大家进行讨论，又像是等着看大家的反应。但遗憾的是大家像是一时之间还无法接受这个突如其来的消息。一种是像我这样的受奖励的当事人觉得很突然，因为在我的意识里这些都是我应该做的工作，完全没有料到还会有奖金；另一种是没有受到奖励的部门，我猜想他们一时之间应该也对公司这种打破大锅饭制度，不是全员奖励，而只给一小部分人发奖的做法感到意外和受到打击。

时间就好像是静止了一样，也不知道在沉寂了多久以后，突然人力行政部的芳玲老师说："张妃董事长，我有疑问。是的，招商部和品牌部是属于创造业绩的部门，但是业绩的创造也不单单是这两个部门的功劳吧？比如物业部保证整个园区自开园以来无安全事故，为客户提供五星级服务；比如我们部门不断地招人，做好企业文化建设；还有工程部、设计部每个部门都有贡献。财务部对品牌部的工作也只是配合，为什么单单只有他们有奖励呢？"

张妃董事长就像是终于等到了提问的人出现，而且出现的人所提的问题居然还跟她料想的一样，于是娓娓道来："我知道你们一定会提出这个问题。公司实施这个奖励举措就是为了打破公司自成立以来的大锅饭制度。公司发展到今天已经有了清晰的商业模式和业务产品，和过去探索商业模式的阶段已经完全不同了。在过去探索商业模式的时期，包括我在内的所有员工，都在寻找公司的盈利点，没有业绩也没有发放额外奖励的能力和标准，而现在既然有了清晰的商业模式和业务产品，那么公司的核心工作就是要围绕提升业绩展开。是时候要对公司的业务和团队进行优化了。我经常说我不是一个纯粹的商人，我是学艺术的，心里始终有文艺情怀。这么多年创业下来，我知道公司活下去才能实现情怀，公司有大发展才能有大情怀，所以公司必须上下一心全力以赴把业务做上去。"

这样的说法似乎并没有完全说服芳玲老师，她作为人力行政部门的负责人，既要站在公司的立场上考虑问题，也要站在员工的角度考虑问题，所以在这个时候也只有她当仁不让站出来代表员工与董事长对话。芳玲老师说："张妃董事长，我们认为公司以业务为核心一点都没有错，我们所有的同事都是以业务为核心，不过现代化的公司管理制度是讲究分工合作的，其他部门都是为了配合业务部门的工作在进行服务，这样业务部门的服务才能整体提上去，才有利于公司的品牌和服务口碑的提升。只激励业务部门，而忽视后勤部门，如果后勤部门为了获得奖励一窝蜂地冲到前线去做业务，那公司不是乱了套？"

也不知是芳玲老师说得很有道理引起了其他员工的共鸣，还是她的挺身而出让其他员工感觉有人撑腰而内心感激，员工又开始交头接耳了。张妃董事长看着也不着急，她并没有马上回答芳玲老师的问题，而是任由员工讨论。不知道过了多长时间，员工看张妃董事长一直不说话，才渐渐停止了讨论。等到所有的人都停下来，张妃董事长才开口道："公司的下一个阶段必须以业务为核心。但是业务部门不是只有奖励，没有压力。发放奖金之后，公司就会跟业务部签订绩效考核目标责任书，如果完成目标会有奖励，超额完成会有超额奖励，但是如果完不成不但没有奖励，还会降薪降职，连续两年完不成就会被优化。”

听到这里，轮到业务部门的人不淡定了，签订绩效考核目标责任书，如果完不成不但没有奖励，还会降薪降职，连续两年完不成就会被优化，这个“优化”到底是什么意思？我都觉得不可思议。业务部门的反应似乎也完全在张妃董事长的意料之中，于是张妃董事长接着说：“公司愿意给每一位想在公司发展的员工机会，岗位之间可以流动，后勤部门可以主动申请转岗去业务部门，而业务部门也可以申请转岗去后勤部门。因为我们是新兴行业，前面没有成熟的经验可以借鉴，也没有成熟的人才，后勤部门也可以在保证本职工作按时保质保量完成之后，尝试做点业务。秋波总经理和严冬总监会就如何做业务给有兴趣学习的同事培训。下面请秋波总经理给大家讲讲具体的实施方案。”

接着，秋波总经理开始对业务的重点、难点、提成的方法、转岗的申请、试用期的规定等进行了详细介绍。会议足足开了半天才结束。

当天下班时，张妃董事长没有走出办公室，于是我拿着两张业务部门刚递过来的报销单，以此为契机敲门走进了张妃董事长办公室。

张妃董事长还在看一份文件，看文件的厚度应该是一份项目可行性报告或者是项目策划案。张妃董事长看我手里拿着两份孤零零的报销单进来，就说：“报销单是吧，先放在这里吧，明天上班再过来拿。”

我把报销单放在张妃董事长桌面上相应位置，但并没有转身离开。张妃董事长看我站在原地，再次从文件当中抬起头看着我。以我对张妃董事长的了解，我明白她此时的眼神在说：还有事儿？

于是我直接说出疑问：“张妃董事长，今天会议上，我觉得芳玲老师说得挺有道理的。虽然我们部门是受奖励的部门之一，但我认为其他部门对于我们以及招商部的业务提升都有配合。您这样只奖励个别部门，难道不怕其他没有受到奖励的部门消极怠工吗？”

张妃董事长没有直接回答我的问题，而是反问我银豹公司是不是一家优秀的公司。

我很奇怪于张妃董事长提出的这个问题，公司是她自己的，她能不知道自己公司的情况吗？而且每次对政府、对企业介绍银豹公司的时候，张妃董事长都极其自信。但我还是回答："第一批国家级文化产业示范基地有我们，第一批省级优秀文化产业园区有我们，每次媒体提深圳创新一定拿我们园区做示范……公司经济效益也很好，我们公司当然是优秀的公司，这些不都是全体员工共同努力的结果吗？"

张妃董事长看了我很久，摇摇头悠悠说道："你太乐观了。客观上说我们离优秀还差得很远，公司实力、企业品牌、客户服务还有太多太多需要提升的空间。对外我们需要自信，但是对内我们需要自省。做企业和做人其实是一样的，逆水行舟不进则退。我今天提到优化，其实不仅是员工需要不断优化，企业和组织更需要不断优化。今天我们不主动优化自己，明天我们就会被这个世界无情地优化。"

没想到平时自信乐观的张妃董事长，也会有这样的情绪。从她的话里，我听到的不仅是自省，甚至还有一点焦虑。于是我有点安慰性地说："张妃董事长，我明白您是居安思危，您作为公司的董事长一直以来都带领大家冲在一线，取得的成绩在业内是有口皆碑的，人家都说我们公司是产业园区的黄埔军校，培养出的职业经理人出去之后都做得很好。"

张妃董事长意味深长地说："现在也许我们是走在前面一点，那也只是因为我们起步比别人早了一点而已，并不是我们真的做得足够好。在深圳，乃至在全国范围内，创业已成为一种潮流，我甚至认为鼓励创业将会成为一项国家政策。你看看设计之都这些来来往往的企业，再看看现在各个新兴的产业园区就知道，其实我们面临的竞争压力是很大的。而企业的竞争本质上是创始人认知的竞争。作为银豹公司的董事长，我的认知就是公司的天花板。企业家要想把公司做好，就一定要提升自己的认知。提升认知说起来很简单，其实非常难，至少要搞定'五要素'：搞定自己、搞定客户、搞定资本、搞定模式、搞定品牌。"提升认知需要搞定的"五要素"如图 3-7 所示。

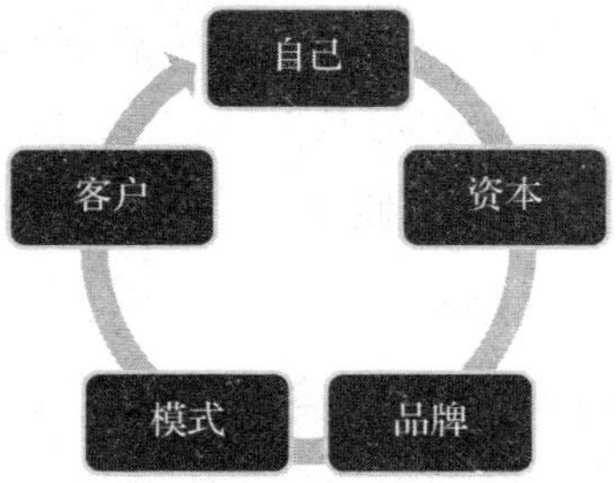

图 3-7　提升认知需要搞定的“五要素”

是啊，张妃董事长作为公司的掌舵人，考虑的事情往往需要更有前瞻性，她的工作压力也许是我想象不到的大。我顺着她的话问道：“搞定自己应该怎么理解呢？”

张妃董事长回答：“所谓搞定自己就是要客观而诚实地面对自己、审视自己，知道自己擅长什么，不擅长什么；能做什么，不能做什么。对于自己做不到的事情，一定要请比自己高明的人来帮自己；对于自己擅长的事情和能做到的事情也不能盲目自信，大意轻敌。这样才能对自己的能力边界有清晰的认识。人是赚不到自己认知以外的钱的。今天的市场已经跟我 20 年前刚出来创业的时候完全不一样了，现在赚钱越来越专业，不专业碰运气赚到的钱，总有一天会‘凭实力’亏光。”

是啊，就像张妃董事长说的，现在赚钱越来越专业，不专业碰运气赚到的钱，总有一天会“凭实力”亏光。没想到若干年之后这句话会成为一句爆红的网络流行语。

三、全员举绩才能永葆佳绩

如果说张妃董事长是企业家站在企业经营和组织成长的层面提出来“企业家的认知就是企业发展的天花板，而提升认知需要搞定‘五要素’”，那么，我作为一名中层职场人的成长核心又是什么呢？我想答案应该是使自己在工作岗位上越来越“专业”。怎样才能使自己越来越专业，像一台发动机一样让动力持续发挥作用，甚至能步步前进立于不败之地呢？让自己成为一个自我驱动型的人就显得尤为关键。

心理学上有一个名词叫作“反人性”，所谓反人性就是与人类自身的规律背道而驰，比如人的本性是难以集中注意力、情绪化，是趋乐避苦和喜新厌旧，但是总有一些人能克服这些本性，他们容易聚焦、能控制自己的情绪，这些人具备了很多反人性的特质。通常来说，这些具备反人性特质的人往往最容易成功，我们称其为自我驱动力型的人。

自我驱动力型的人并不依靠外部的环境和因素驱动自己发展和进步，而是源自内心提供的不竭的动力。“逻辑思维”的创始人罗振宇说过：拥有自我驱动力的人会想方设法找到可以利用的一切资源和工具，进行自我学习和探求，或者和其他人合作与创新。而没有这种强烈动机的人，即使拥有再多的资源和工具都没有用。

当我还是人力行政经理的时候，在面试新员工时我每次必问的一个问题是：“你为了什么而工作？”答案通常五花八门，为钱、为财务自由、为了提升自我、为了学到东西、为了帮助同事、为了得到肯定、为了父母、为了让老板高兴……其实这些答案都没有错，但这个问题如果问我，我的答案是：渴望解决问题。

因为我认为学会解决问题是一个人最底层的能力，也是一个人自我驱动力最重要的表现。我们在工作中通常会遇到各种各样的问题，学会发现问题、提出问题、归纳问题、分析问题、解决问题是至关重要的。很多人在基层岗位或某些技术岗位上止步不前的一个重要的原因就是没有抓住问题本质的能力，从而形成职场进步的“卡点”。职场进步的卡点如图 3-8 所示。

图 3-8　职场进步的“卡点”

有些事情看似是个问题，但其实只是流于表面的问题，根本不是问题的本质，而没有找到问题的本质又何谈正确解决问题呢？那么阻碍我们找到问题本质的又是什么呢？

我认为有如图 3-9 所示的三种可能性：

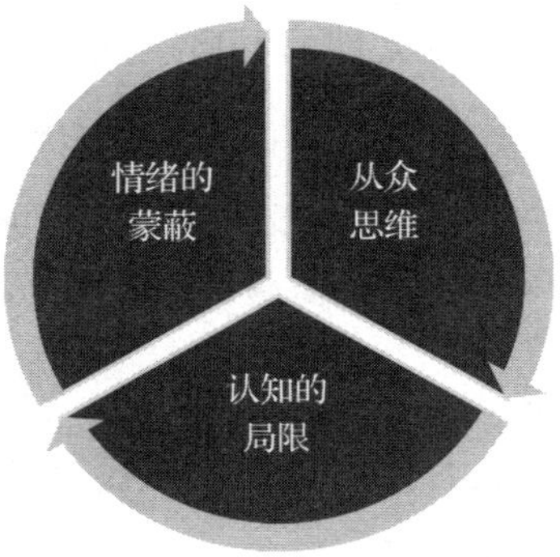

图 3-9　阻碍找到问题“本质”的三大阻力

第一，情绪的蒙蔽。人类大脑活动的信息通道可以形象地总结为一快一慢、一浅一深。快的和浅的通道在多数情况下连接的是情绪，而慢的和深的则在多数情况下连接的是理智。人类数百万年以来的生存环境大多是极其恶劣的，人类最优的进化选择的结果就是要靠快速启动情绪来调动身体的机能，以便让人类生存下来。想想看，如果我们的祖先在草原里看见一只豹子，他必定会觉得十分恐惧，这种恐惧的情绪能迅速调动身体的机能，让他拔腿就跑。只有这样，才能提高生存的概率。现在虽然生存环境不像我们的祖先那样恶劣了，但是一代一代刻进我们基因里的快思维的习惯至少有数百万年的时间，时间太长，难以改变。情绪出来了，理智就不见了，那又如何能仔细分析问题，找出问题的本质呢？有一个办法，就是时刻提醒自己冷静。情绪来了的时候，深呼吸 30 秒，告诉自己冷静，然后慢下来收集信息，理智分析，解决问题。

第二，从众思维。人类既有动物性又有社会性，因为人类的社会属性，才开始有劳动分工和协作，慢慢地发展为社会组织，共同抵御来自自然界的强大敌人。心理学当中有很多很有意思的关于“从众心理”的实验，比如同乘电梯实验、答题实验等，感兴趣的朋友可以在网上搜一搜，看过之后相信你会对从众心理有更直观的理解。因此，我们必须与天性作斗争，保持独立的思考，广泛收集信息，最大可能地摆脱从众思维，进入正确的思考路径。

第三，认知的局限。爱因斯坦说过，经验是迷信在大脑里的偏见。经验固然能帮助我们快速找出解决问题的方法和途径，但也容易让我们打不开思路，找不到创新的方法。认知的局限和僵化，往往成为我们解决问题的第三大阻力。

所以，要找到问题的本质，并且还能正确地解决问题，实际上是在与我们基因里的人性作斗争。所以，容易成功的自我驱动型的人身上往往都具备反人性的特质。现代社会是一个信息爆炸的时代，只有找到正确的解决问题的方式，而且不断地重复这个正确的方式，才能稳步成长，不败于职场。

在一次公司年终的高层管理人员总结会议上，董事长讲完正题后跟大家讲了很多真情实感的话。其中一句话给我留下了深刻的印象："深圳是一个让人来了就不想走的城市，我希望我们的员工都能一直留在深圳享受改革开放的成果，在这里成家立业。我也是一个传统的人，我总认为房子如果是租的，那么一定不值得买好家具和好家电，因为总想着东西越多搬家的时候就越麻烦，这样生活品质总是提不上来。一旦买了房子，那就是真正有了自己的家，就会愿意买好的家具家电，过向往的生活。所以，我希望能让我们公司的每一位员工在深圳的万家灯火中拥有属于自己的一盏灯。"

以后"万家灯火一盏灯"这个说法就成为银豹公司重要会议的必点之题，而这也是张妃董事长经营银豹公司的使命。我想，这应该也是她在企业经营过程中遇到大大小小的问题时都能迎难而上的很重要的精神支撑吧。而对于我们职场人来说，听到公司董事长有这样的雄心壮志以及对员工的关爱，更是铆足了劲儿要干出一番成绩来。也正是由于张妃董事长"万家灯火一盏灯"的这个发愿，在她的指引下，我也吃到了深圳改革开放的一波红利，十年前负债的职场小白也有了自主创业的底气。

第四章

打工人的突破

职场若干年，当我们是小白的时候，好不容易晋升到了中层，我们逼自己成长，带团队进步，而对于绝大多数人来说，中层就是职业生涯的顶峰。

中层管理者的确会有发展的瓶颈，而且想要突破这个瓶颈还不是一件轻松的事情。当然，垂直突破，成为组织的核心高管是一条路径，但是横向突破寻找更大的平台，甚至自主创业也是另一条路径。

曾经听过这样一种说法：企业好比是运动场，基层是运动员，中层是教练员，高层是裁判员。我并不完全认同这种说法，但的确高管才是老板的左膀右臂。

中层管理者想要实现跨越式发展就像在走独木桥。当我们还在中层的时候常常觉得高管太好当了，但真正担任高管后，无论是回头看看过去的自己，还是看看当下的中层，才会发现要提升的地方实在太多。本章将就中层实现跨越式发展应做的准备展开讨论。

第一节 小心碎片时间会碎片你的人生

进入银豹公司的第十年，我由公司的常务副总经理升为总经理。其实当时我在副总经理和常务副总的岗位上已经干了三年，按说做高管的时间也不算短了，但对我来说，从副手到总经理仍然是一个大挑战。最大的区别就是做副手的时候 80% 的工作都是理解、服从、执行和管理，只有 20% 是需要主动思考，从无到有做计划定目标的；而总经理这个岗位管理和执行的工作只占到 20%，有 80% 的时间要用在思考、提升、跟董事长讨论，然后做计划定目标上边。

但无论是副总经理还是总经理，其实已经基本没有人会紧盯着你去完成工作了，工作当中的外部驱动要素在减少，要想时刻保持成长的动力，一定要有强大的自我驱动能力。特别是在时间管理方面。当然，并不是说作为职员和基层管理者不需要时间管理，在职业发展的每一个阶段，无论你是管理者、销售人员还是技术人员都需要有时间管理的意识和方法。可以说，管理好了时间，才能管理好职业生涯，才能管理好自己的人生。

一、碎片时间拉开人生差距

“我很忙”“没时间”……这些似乎都已经成为大家的口头禅了。这些话有些时候是对朋友、领导、同事、父母说，但更多的时候是对自己说。

这些话的应用场景很多，而且很百搭。让我们来看看以下场景，你有没有熟悉的感觉？

场景一：

“ Linda，我报了个纯外教英语培训班，上了三个月了，感觉很有用。

你不是一直说想学英语吗？你也来报个名吧，咱俩做伴，一起打卡学习效果一定更好。”

“我最近没时间啊，领导刚交代了一项新任务，我得查资料、做调研、写 PPT 啊。等我忙完这段时间再说哈……”然后，Linda 就打开手机开始刷微信。

场景二：

“Lily，最近深圳的房价跌得厉害，量价齐缩，我觉得是抄底的时机了，我在宝安看了几个二手盘都很不错。你不是说有笋盘一定要介绍给你吗，你跟我一起去看看这几个盘吧。”

“哎呀，小孩刚升小学，你都不知道作业有多少，每天晚上陪他写到11 点。孩子爸又是甩手掌柜，完全靠我一个人，每天累得不行，洗澡都是两分钟解决问题。我没时间去看了，你定下来一定告诉我啊。”然后，Lily 就坐在正在写作业的孩子身边开始追剧。

场景三：

“嗨，Sammi，我从活动行程上看到本周末行业大牛吴老师要到科兴科学园开课了，我给你报个名一起去听讲吧。”

“哎哎哎，要报你自己报，我周末可是约了哥们儿去爬小南山。好不容易有一个周末，还不让大脑休息一下，让身体放松一下，你怎么想的呀？”然后，Sammi 一整个周末都在家里打游戏。

Linda、Lily 和 Sammi，其实就是你、我和他，我们永远有无数的事占据着本该去干正事的时间。时间对每个人都是公平的，一天 24 小时，谁也不曾多一秒，谁也不会少一分，而问题的关键在于我们如何来规划它、如何利用它。

为什么我们就不想干点正事儿呢？因为干正事累呀！没时间永远只是一个借口，想想每天有多少时间用在了手机中的各种眼花缭乱的 App 上、想想一周有几个晚上在与朋友喝酒聊天到深夜……这些事情占用了我们太多的时间，哪来的时间干正事呢？

心理学界做过研究，人在进行看电视等无须大脑运转及身体运动的活动时，大脑就会释放α波，这种α波类似于催眠的效果。另有一项研究称，人在睡觉时的脑活动强度以及身体所消耗的卡路里比看电视时消耗得多。

研究休息与修复的专家马修·埃德伦德（Matthew Edlund）说："人们面临的压力太大，逃避是很自然的反应。逃开眼前的问题，消极地躺下去，这是直觉的选择，虽然不一定能让你感觉好转。面对无从下手的困境，我相信谁都会有些消极。"

媒体心理学家拉特利奇（Rutledge）认为，逃避是人类的天性，而电视为我们提供了最佳途径。它让我们走进新世界，身临其境地进入那个幻想国度。

明白了吧，我们以为是在放松，其实是在逃避现实。但问题是：我们仍然要回到现实世界。

现在因为移动互联网的发展和智能手机的普及使我们在通勤，甚至在等电梯、蹲厕所的时候都可以拿出手机上网，打发掉这些碎片时间。可见，有事没事拿出手机刷一刷的行为已经成为我们的生活习惯，甚至成为一种生活方式。

这样的生活方式和生活习惯到底是让我们的生活更高效了还是让我们的生活越来越碎片化了？

想一想，在没有智能手机的时代，这些碎片化的时间我们都在做什么？如果只有三五分钟的时间，我们可以拉伸一下身体或者闭目养神；如果有二三十分钟的时间，我们可以听听音乐或者翻几页纸质书；如果有两三个小时的时间，我们可以做顿饭或者看一部电影。

放下手机你会发现一个全新的世界。

也许你会说，你说得挺好，我也认为挺对，但是要我开始运动、做饭、学习，我真的就是开不了这个头，到底应该怎么治呢？

先说个结论吧，在很多优秀的企业经营者的世界里，解决这个问题的方法就是：尽量不让时间碎片化。

这是不是有点像我们在第三章中讲到的没有"抓住问题的本质"、碎片化的时间不知道如何有效利用。那就尽量地避免让自己的时间碎片化。

一些优秀的企业经营者尽量排除所有干扰，集中时间和精力做一件值得花费时间去做的事。尽量不把自己的时间弄碎，因为对他们来说碎片化的时间等于没时间。他们会尽量把处理一件事的时间规整到 90 分钟，因为 90 分钟是一个神奇的单元，如果超过 90 分钟人们就很难集中精力在同一件事情上了，而不够 90 分钟则很难处理好一件事情。

要做好时间管理首先要知道自己有多少时间可以支配，放下次要的、不紧急的和该放下的事情，专注于主要矛盾、关键事件以及核心问题，才是解决时间管理问题的本质。时间管理的核心逻辑如图 4-1 所示。

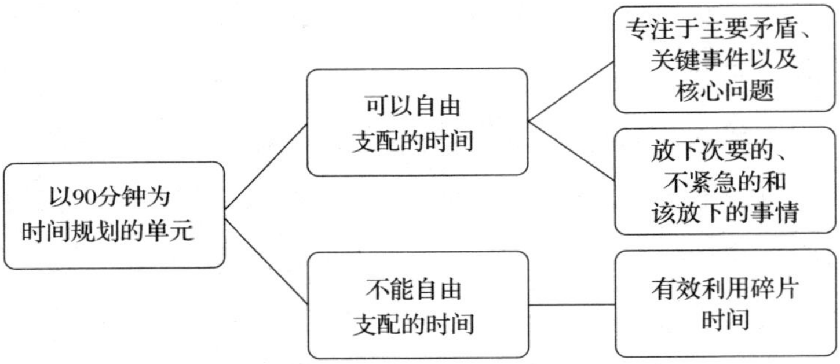

图 4-1　时间管理的核心逻辑

二、人人都有拖延症

说实话，大多数人可能都有拖延症。

我们难道对拖延症就完全束手无策吗？

答案当然是否定的。如果你跟我一样还想看看自己能不能改变拖延症的状态，可以试试下面的方法。

治疗“懒癌”（拖延症）前的准备工作如图 4-2 所示。

第一步：找一个新本子和一支笔（并不推荐使用电脑）。

第二步：在第一页写下两种日常生活中最耗费时间的行为方式（如刷朋友圈、刷今日头条、打王者荣耀、刷剧、玩抖音、应酬）。不要太贪心，第一次写两种就足够了，如果第一次就写十种八种不利于行动的执行。

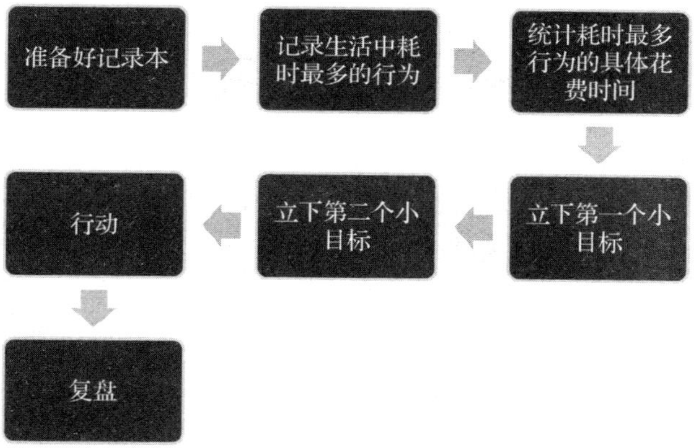

图 4-2　治疗“懒癌”前的准备工作

第三步：在第二页初步统计一下，工作日（学习日）及休息日分别花在这两种行为方式上的时间。

第四步：在第三页给自己写下第一个目标，将第三步所统计的两种行为方式所用的时间减少 50%（如以前每天花两小时刷朋友圈以及花 3 小时刷剧，就定下一个小目标：每天将刷朋友圈的时间减少至 1 小时，刷剧的时间减少至 1.5 小时）。

第五步：在第四页给自己写下第二个目标，将节省下来的时间用来培养两个新的健康习惯。如散步、做饭、看书、上一门网课……

第六步：行动……

第七步：新起一页，写上当天的日期。如果当天 100% 地完成了第五步所述内容，就在该页画一个“○”；如果当天带折扣地完成了第五步所述内容，就在该页画一个“V”；如果当天什么也没有做，就在该页画一个“×”。

是不是很好奇，这简单的几步就能治疗“懒癌”了？当然不是，像治疗所有的病症一样，还有第二阶段、第三阶段的治疗方法。如果我现在一次性都写完了，大家一定会觉得这样宏大的方案，还是趁早放弃吧。

但是，任何宏大的系统工程，只要扎扎实实地做好每一步，都不会感觉特别艰难。

三、你的“懒癌”是早期、中期还是晚期

以上的七个步骤完成之后，要在接下来的5天里每天将第七步重复一次。那么，现在我们可以对第一阶段进行总结了。

制作一个简单的表格，对七天的坚持成果进行总结，表格的格式可参考表4-1。

表 4-1 治疗“懒癌”第一阶段记录总结

时间	○	√	×
第一天	●		
第二天	●		
第三天	●		
第四天	●		
第五天		●	
第六天		●	
第七天			●

这样就能直观地看到第一阶段七天的治疗效果了。我们来对各种治疗结果进行分析，首先来看看表4-2、表4-3所示的两种极端情况：

表 4-2 治疗“懒癌”第一阶段记录极端情况 1

时间	○	√	×
第一天	●		
第二天	●		
第三天	●		
第四天	●		
第五天	●		
第六天	●		
第七天	●		

表 4-3　治疗“懒癌”第一阶段记录极端情况 2

时间	○	√	×
第一天			●
第二天			
第三天			
第四天			
第五天			
第六天			
第七天			

看了以上两个表格大家有什么想法？表 4-2 中描述的对象可以称为“假性懒癌”，表 4-3 中描述的对象可以称为“真性懒癌”且是“晚期”。为什么在表 4-3 中第二天至第七天全都没有标注呢？因为可能这个人从第二天开始，就没有再翻开事先准备的笔记本了。

不要惊讶，人与人的差别真的很大。高度自律的人能数十年坚持做在常人看来无比困难的事情，而他们却自得其乐。比如日本作家村上春树，连续三十年坚持每天早上长跑。

有的人却即使是家人朋友日日鞭策，也很难改变慵懒的生活、学习和工作习惯。

当然上面的两个例子是极端的案例，更多的是表 4-4、表 4-5 所示的情况：

表 4-4　治疗“懒癌”第一阶段记录情况 3

时间	○	√	×
第一天	●		
第二天	●		
第三天		●	
第四天		●	
第五天		●	
第六天			●
第七天			●

表 4-5　治疗“懒癌”第一阶段记录情况 4

时间	○	√	×
第一天	●		
第二天	●		
第三天		●	
第四天		●	
第五天			●
第六天	●		
第七天	●		

表 4-4、表 4-5 所示两种类型可以称为“阶梯型”和“反复型”。“阶梯型”代表的是一开始兴趣很高，执行力很强，随着时间的推移，执行力逐渐递减，直至兴趣和执行力双双消失。表 4-5“反复型”代表的是一开始兴趣高、执行力强，随着时间的推移逐渐递减。这时需要想想初衷，通过自我鞭策或外界压力，才能增强兴趣和执行力。

第二节　努力且坚持

一、治愈“懒癌”的特效处方

当我们顺利完成第一阶段的治疗后，接下来就要开始进行第二阶段的治疗了，如果说第一阶段的治疗方法重在一个“减”字，那么第二阶段的治疗方法则重在一个“加”字。什么叫作“加”呢？就是在第一阶段减少的不良习惯时间里，要加上新的好习惯。

第一步：在本子上新起一页，列出四项想开始的计划。每一项计划要具体，且每天的时间不要太长。比如：运动，下载运动软件，每天跟着软件做拉伸运动 10 分钟；看时间管理类书籍，每天 20 分钟，再利用 5 分钟写读书笔记；学习理财，每天听两节财经类课程，共 20 分钟，再利用 5 分钟写学习笔记；学习 PPT 制作，每天看 20 分钟网络课程，并利用 10 分钟实践。这个 1.5 小时可根据个人的实际情况有所增减，最短不少于 30 分钟，最长不超过 2 个小时。当然这个 1.5 小时不是连续的，但是一项内容需要在一个完整的时间段内完成。

第二步：制作一周计划完成记录表，将每天完成的计划填在表格里，如果当天该项顺利完成就画“V”，如果未完成则画“ × ”。表格格式可参考表 4-6。

表 4-6　一周计划完成记录

时间	运动	看书	理财	PPT
第一天				
第二天				
第三天				
第四天				
第五天				
第六天				
第七天				
小计				

方法就简单说到这里，如果你能跟着上述的步骤坚持做，那么说明你真的有克服拖延症的决心，坚持下去一定会有好的结果。

其实在职场中我们如果有发现自己的问题的能力并有意识地去解决自己的问题，无论结果如何就已经比很多人领先一步了。但作为一名企业管理者，经常会无奈地发现：一个团队，甚至整个组织都弥漫着一股慵懒散漫的氛围，那这才是对组织致命的打击。

这个时候人力行政部的芳邻老师给我讲了她在上一家单位时，一个年轻的总监是如何整顿一个慵懒散漫团队的。

团队的成败取决于整体行动，团队成员如果各自为政，哪怕人人都是明星，团队依然是一支没有凝聚力的队伍，失败也是必然；如果团队能团结大家的力量，凝聚成一支具有战斗力的队伍，就可以打胜仗。无论是个人还是企业，都需要持续地与“懒”字作斗争。

二、一万小时天才理论

在银豹公司工作时，我感觉时间过得飞快，根据渣打银行高级经济学家格林（Green）的计算，一个“中国年”等于四个“美国年”。换句话说，中国人的生活变化速度是美国人的四倍。中国用30年走过了美国120年的路。

在发展如此迅速的今天，如果不学习不进步，我无法想象一名职场人如何才能不被时代淘汰。

看书与上课是进入社会后两种最普遍的提升自身能力的方法。当然，看书与上课的内容可以涉及方方面面。例如，上课的目的包括提升学历和学位、考证、培养兴趣、提升职业技能等。那么看书可以分为历史、文学、语言、技术、管理等更多内容。

打个比方，现在你对心理学感兴趣，你是买书自学还是报一个心理咨询师的培训班？当然，每个人的目的不一样、基础不一样，选择也会不一样。如果你是一个从未接触过心理学的入门者，你可以从通俗读物开始入手阅读。如果想尝试从事与心理咨询有关的工作，就需要系统学习，那么你就要参加培训班，并参加相关考试。

专栏 4-1

挤走最帅财务总监的美女 CFO

作为世界范围内估值最高的企业之一，字节跳动有这样一位美女CFO，她的故事值得职场女性重点关注。

2022年4月，字节跳动CEO梁汝波在给全体员工的内部信中这样写道：从2016年开始，高准就跟我们在公司的收购和融资项目上有很多合作，对我们的使命、文化、团队和业务都很熟悉，她对公司治理、企业发展有很多经验和思考，给很多处于不同阶段的公司提供过咨询和帮助，相信她的加入会给公司带来很大帮助。期待和她一起工作，激发创造力，丰富生活。

出生在上海的高准，北京大学法学学士，美国亚拉巴马大学社会学硕士，加州大学洛杉矶分校法学博士。2009年加入顶尖的世达国际律师事务所，从合伙人到高级合伙人。正如梁汝波所说：高准曾为美团、京东、小米等超过100家企业的IPO和融资提供专业服务；也曾为百度等企业提供并购和私募项目的专业服务，当然也包括字节跳动。

到底是高准的工作能力让她在职业生涯所向披靡，还是她的职业履历带给她更多的职场机遇呢？通过下面两个故事我们可以有所了解。

故事一：Musical.ly收购案。最先接触Musical.ly其实并不是字节跳动，而是字节跳动的竞争对手——快手。在初期的谈判中，快手比字节跳动的优势明显得多，因为当时快手已经是短视频领域的领跑者，而字节跳动还在起步阶段。但由于快手与Musical.ly在是否在收购同时拿下另外两款海外产品上产生了较大的分歧，使字节跳动有机会果断出手以10亿美元估值成功收购了Musical.ly。Musical.ly就是今天日活跃用户数量超6亿的抖音的前身，而高准就是这一商业并购背后的促成者之一。除此之外，高准还参与了40亿美元收购游戏公司沐瞳科技等一系列字节跳动的重要收购。

故事二：3年工作1万小时。在外界评论高准的成功原因是天赋高、起点高时，而高准说是因为自己3年工作超过了1万小时，十多年来，从来没有离开电脑和手机超过24小时，即使是在休产假期间。3年1万小时就意味着平均每天超过12小时。即使是一个北京大学毕业的高才生，走出校园后，要在20余年的职业生涯中经历几个周期和几轮迭代而始终立于潮头，也是需要不断学习和成长的。

与高准类似的，万科集团韩慧华、捷佳伟创李莹、掌趣科技黄迎春等执掌公司财政大权的女性CFO有一些共性，比如：财务审计投行工作履历，且都是非财务专业科班出身。但是，她们的财务专业知识都非常过硬，并且有着极其丰富的专业经验。

可以肯定，女性相较男性而言更细致认真，对工作追求完美主义，而女性要是能在一众男竞争对手的格局里做到团队老大的位置还需要管理能力和气场。她们对别人的要求高，对自己的要求更高。而作为这些女性高管的下属，就需要跟得上她们的节奏，把高标准严要求的基础上的工作成果摆到她们的工作台前。

高准总结了自己在职场中能取得这些成绩的五个原因：敬业精神、源自心底的服务态度、不断学习的能力、长期勤奋坚忍不拔的素质、做一个充满激情和正能量的人。作为一名女性管理者，在严于律己的基础上，还需要激发团队的潜能，适当搭建起对抗懒惰的工作氛围，帮助团队成员发现问题并解决问题，哪怕是咬紧牙关，也能面带微笑走到最后。

（笔者根据多方资料整理而成）

资料来源：李静. 高准担任字节跳动CFO　曾多次参与中国公司IPO[N]. 中国经营报，2022-05-02（C01）.

我以前做过一个测验，知道自己对声音和图像的记忆力比文字强很多，所以就想当然地认为自己上课比看书的学习效果好。但是，并没有想过为什么会出现这样的现象，更没有想过如何提高自己的阅读效果。直到读了赵周的书后，我开始认真地检视自己的读书方法。

书中将读书人分为初级读书者、高级读书者和学习促进者三个段位。那么，作为阅读者应该如何有效阅读呢？有以下五点可以关注（见图4-3）：

（1）做好读书笔记。

（2）联系自己的实际所需，有选择地读书，不必苛求每本书都从头到尾读下来。

（3）将书中观点联系到自己的实际工作生活中，总结经验和教训，用于提升自己。

（4）利用机会将读书感想分享给别人，这样相当于二次学习，同时也能有益于别人。

（5）认为上课比看书学习效果更好的人，大多数是因为没有与书发生互动，才导致看书效果不尽如人意。

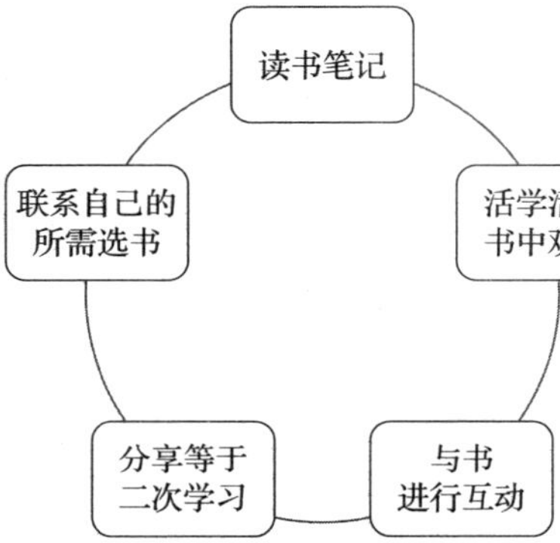

图 4-3　有效阅读的五个关键点

是不是特别简单？但是难就难在坚持。大家应该都听说过 1 万小时天才理论。1 万小时是成为一个专家的门槛，如果连 1 万个小时都坚持不了，那就不要想用你的业余爱好去和别人的饭碗较量了。

第三节　工具百般好，不如执行好

现在打开各个媒体平台，都能看到一大堆所谓的“方法”和“工具”。我们面对这么多的“方法”和“工具”，却还是不知道如何使用以改变目前生活和工作上的窘境。

小到做好一件具体的事，大到完成自己的理想，都需要有持续的激情和执行力。现实当中的失败往往并不是缺少工具，而是缺少了执行力。所以，实现职业目标始于理想，最后能走多远、走到哪里，还是取决于执行力。

一、奇特的一生

作为一名管理者，最大的资源是什么？是资金还是人才？我的答案是时间。“二八定律”说一个组织 80% 的绩效是由 20% 的人才生产的，所以作为管理者最忌讳的就是平均主义，管理者应该要把最多的时间和最大的资源花在最重要的 20% 的人才身上。

现在市面上有很多种时间管理方法，比如 Forest 专注森林、番茄时钟、GTD 时间管理、三八理论、4D 管理法……每种方法都有其特点，在选择具体的方法之前，我认为建立时间管理的理念是基础。

所以，我推荐一本书——《奇特的一生》。这是一本能启发我们做好时间管理的书，但它不会像其他时间管理的书籍那样，教很多方法论，而是描写主人公——柳比歇夫——如何进行时间管理，以及卓越的时间管理带来的“奇特的一生”。

每个人看书都会总结出对自己有用的东西，而这本书给我启发最大的三个方面如图 4-4 所示。

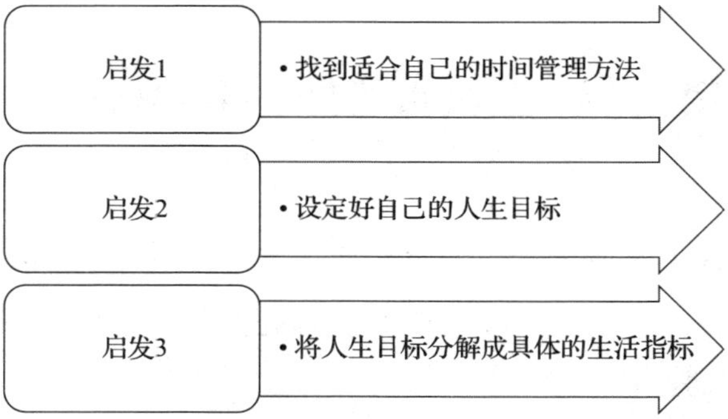

图 4-4 《奇特的一生》的三个启发

（1）找到适合自己的时间管理方法，几十年如一日地坚持。

（2）设定好自己的人生目标。

（3）将人生目标分解成具体的生活指标，对生活做好总结和规划。

每个人的一生都可以是奇特的一生，而奇特的一生其实是成功实施时间管理的一生。时间抓得牢，生命才会更美好。

专栏 4-2

华夏基石管理咨询集团董事长彭剑锋：企业家的十大时间杀手

不熟悉彭剑锋的人第一次看到他的简历时通常会有一连串的疑问：彭剑锋是学者、企业家还是投资人？他是怎样管理时间让自己在多个维度都取得了骄人的成绩？

彭剑锋，中国人民大学教授、博士生导师，华夏基石管理咨询集团董事长，中国企业联合会管理咨询业委员会副主任，曾任中国人民大学劳动人事学院副院长。他硕士研究生毕业于中国人民大学，1992 年被评为中国人民大学副教授，1996 年被评为教授，研究方向主要为：人力资源开发与管理、企业战略管理、市场营销、企业文化建设与管理。

不难看出，彭剑锋经历的是从高校出发，走向了创业，继而迈向投资的路径。学术上有观点、有成果，管理经营上有成功案例，彭剑锋是很多人眼中的人生赢家。但彭剑锋眼中的“人生赢家”是什么样的呢？他曾说，企业家要想成为世界级的人生赢家应该有两个特点：第一企业干得好；第二自己活得长。能自己创办出一家世界级的优秀企业，并且基业长青，后继有人，能健康长寿地看着这一切一步一步地变成现实。

邵逸夫、王永庆、松下幸之助、巴菲特、稻盛和夫等国内外企业家都是创立了世界级的明星企业，还健康长寿，甚至 90 多岁仍然工作。彭剑锋认为他们成为世界级“人生赢家”的三大法宝是：对生命富有激情、极其强大的心力和好的心态。

关于长寿的方法，这些企业家是怎么说的？芒格说只要做到五条：不嫉妒不抱怨、不要入不敷出、遇到困难保持乐观、交靠谱的人和做应该做的事。稻盛和夫说：敬天爱人、积善行、思利他、不要有感性的烦恼和纠结。而这些看起来老掉牙的方法，只要坚持每天做，就会受益终生。

这些成功的企业家，永远保持着对工作的激情。比如王永庆，每周工作时间达到100小时，在会议室吃完盒饭马上就召集高管开会；松下幸之助即使退出一线也是每天一大早到公司。

很多人就会问，这些企业家日理万机，每天是怎样进行时间管理的？时间对于普通人来说很宝贵，对于企业家来说更是最宝贵的财富，企业家应该用科学的手段来善待和管理时间。彭剑锋对这个问题的思考是：如果要成为一名时间管理高手，一定要警惕十大时间杀手。

一是被方向迷失、愚蠢和迟疑决策导致企业走错方向偷走时间。

二是被形式主义和完美主义偷走时间。

三是被角色错位、工作没有条理、时间没有规划和越权指挥偷走时间。

四是被文山会海偷走时间。

五是被没有意义、没有价值的社会活动偷走时间。

六是被不必要的应酬和饭局偷走时间。

七是被接待和迎来送往偷走时间。

八是被突发事件偷走时间。

九是被手机和海量碎片化的无意义信息偷走时间。

十是被家庭矛盾和不健康的生活方式偷走时间。

只有把这十大时间杀手扼杀在萌芽状态，企业家才有精力做出优秀企业。成为世界级的优秀企业概率不大，但是成为一家在某个细分领域拥有独一无二的核心技术和竞争壁垒的“隐形冠军”还是有机会的。

无论是要成为世界级优秀企业还是成为细分领域的“隐形冠军”，彭剑锋又提炼出了企业家应具备的十大特质：雄心和清晰的战略定位、保持专注聚集主业、全球化策略、领先的技术创新能力、深耕客户关系、极致产品主义、长期文化传承、人才量级与人均效能领先、以客户为中心的敏捷组织、供应链掌控力。

能做到这十条的企业家一定是时间管理的高手。

百年未有之大变局，全球经济充满着不确定性，数字化时代已经到来，新的发展时期，国家提出高质量发展战略，构建国内外双循环的格局，成为“隐形冠军”是一个量变引起质变的积累过程。总之，彭剑锋认为，无论外部环境如何改变，能应对这些危机迎接挑战的还是企业家自身，企业还是要回归经营的本质，找对人、塑品牌、强组织、抓产品，用长期主义的思维和行动追求企业高质量发展。

（笔者根据多方资料整理而成）

资料来源：

①韦敏. 中国企业家需要长期价值主义——访北京华夏基石企业管理咨询有限公司创始人、董事长彭剑锋 [J]. 企业管理，2019（9）：46-49.

②李禹磊. 实践是我们最伟大的老师——访华夏基石管理咨询集团董事长、中国人民大学教授彭剑锋 [J]. 中国人力资源开发，2013（10）：94-101.

二、“应该做”和“必须做”的区别

说实话，中小企业的高管是很容易得拖延症的。因为他们上有董事长或者总经理掌舵把握全盘，下有下属员工干具体的工作，很多时候高管扮演的是“二传手”的角色。如果这个高管在公司的资历比较深，对公司各种人事关系了然于胸，或者这个高管已经失去了职场拼搏的斗志，那么他患拖延症的概率就更大了。

专栏 4-3

赵迎光凭什么可以把韩都衣舍打造成本土化阿米巴典范

2021 年，韩都衣舍推出了与时代少年团联名的涂鸦风设计系列，这是由时代少年团 7 名成员亲自设计、亲手绘制的融合了渐变冰川蓝的涂鸦图案元素服装。不得不说，该系列在专业设计师和少年们的灵感碰撞下，无论是在T恤、衬衣市场还是外套卫衣市场的表现力都相当不俗。这一系列产品一上线消费者都下单购买，甚至联名礼盒上线91秒即被抢空。

近年来，韩都衣舍作为一个新兴的互联网服装品牌，开拓了自己的一片市场，它依靠快时尚、选择多、性价比高等特点，培养了一大批粉丝，成为天猫女装粉丝数量最多的品牌，全网客户超过5000万人。为什么韩都衣舍的市场数据这么亮眼，最重要的一点是韩都衣舍知道客户的喜好。

在与时代少年团合作之前，韩都衣舍与多位国内外知名专业设计师以及韩国明星合作推出过联名款，潮流、个性、时尚就是韩都衣舍的代名词。

明星代言、品牌联名都是韩都衣舍“看得见的”动作，其实韩都衣舍成功的背后还有很多“看不见的”制胜法宝。其中，最为韩都衣舍创始人赵迎光津津乐道的就是以小组制为核心的单品全程运营体系，它的本质就是阿米巴模式在中国本土化的应用。

1974年，赵迎光出生于山东潍坊，1993年就读于山东大学外国语学院，1995年接触互联网成为中国第一代网民，1997—2007年在韩国工作，2008年创立了“韩都衣舍”，任董事长兼CEO。他曾获得“影响济南”年度创新人物、“中国服装十大风云人物”、“2014年度十大经济潮流人物”、第八届“中国青年创业奖”等荣誉。

韩都衣舍是一家传统的服装企业，还是一家互联网公司？这个问题业界多年来争论颇多，无论其是传统还是新贵，有一点是可以肯定的：韩都衣舍的组织创新只有在互联网时代才可以实现并得以持续升级，传统实业的时代是无法实现的。

赵迎光认为现在已经是数据时代（DT时代），而信息技术时代（IT时代）已经逐渐成为过去，很快人工智能时代（AI时代）即将到来。为什么现在被称作数据时代？其实IT时代也有数据，但那个时代的数据量与现在的数据量无法相提并论。2000年以前的数据总存储量是12EB，而2011

年的数据量就达到了1863EB，这个区别有多大啊！

不仅是生产的数据量呈几何级数增长，数据传输速度更是光速发展，从2G到5G，可以说是步行与光速的区别了。网上有一个小段子：世界上最远的距离是我们坐在一起，你却在玩手机。

90后和00后是真正意义上的互联网原住民，他们对互联网的敏感程度让我们很难想象，90后的手机在线时间平均为每天5小时。与此同时，我们也深刻地感受到，以前我们是职场菜鸟的时候，我们向领导和前辈学习；现在我们是向刚进公司的年轻人学习。年轻人开始引起甚至引导整个社会潮流的发展，而且他们是消费的主力军。

那么，这些年轻的员工对于企业有什么样的要求呢？赵迎光认为，面对新生代员工，未来企业应对他们赋能，而非管理。

管理和赋能的区别在哪里？最大的区别在于决策权，也就是说管理型组织的决策权在管理层，而赋能型组织的决策权在员工。

传统管理思维的人听到要把决策权交给员工，一定感到胆战心惊：员工知道公司的战略意图吗？员工有决策的能力吗？员工决策过程中会不会出现徇私舞弊的行为？

赵迎光提出的赋能型平台将决策权交给员工需要有几项前提：①组织内的全员参与程度要极高；②培养员工的目标管理意识，以精细核算作为支撑；③高度透明的组织环境；④自上而下与自下而上密度结合。

这其实就是赵迎光把著名的阿米巴模式实现中国本土化的应用。赵迎光把管理型组织各个职能部门包括前端的研发设计、采购供应链、销售，后端的财务、法务、人力行政打破，再把前端的大部门重组成小组，每个小组都有研发设计、采购供应链、销售，但没有总监、经理和主管。这样每个小组的责任更加明确了，也有了更多的主动权，利益分配也更明确了。

赵迎光打造的赋能型平台不仅作用于组织内，同时还作用于组织外。从2016年开始，他将韩都衣舍的平台与外部品牌合作，先后代运营了超过100个品牌。现在的韩都衣舍的核心竞争力是韩都智能，是用算法去支撑起整个系统的运转。韩都衣舍早已不局限于一个服装品牌，而是用自己的平台帮助更多的企业往数字化的方向转型，并从中发现投资机会，孵化有潜力的品牌和企业。在数字化的潮流下，工业文明的时代已逐渐远去，如果企业墨守成规迟迟不进行组织创新，就无法适应数字化的发展趋势。

（笔者根据多方资料整理而成）

资料来源：

①赵迎光．韩都衣舍的组织变革：如何成为中国互联网快时尚第一品牌 [J]．中国商人，2020（12）：31-33．

②秦静．基于新经济视角的企业组织创新研究——以韩都衣舍为例 [J]．企业改革与管理，2020（7）：40-41．

所以，当我在银豹公司从常务副总经理升为总经理的时候，我意识到：要从时间管理本质上对高管进行目标管理。

2018年是我任总裁的第一年，这一年银豹公司接了一个承办国家级潮玩展的项目，银豹公司需策划、报批、执行全流程参与。

虽然银豹的团队在做活动方面已身经百战、经验丰富，但是如此高级别的活动张妃董事长还是十分重视的。特别是我的前任总经理刚离任，其一我没有做过这种高级别活动的总执行，其二我刚上任总经理，与团队还需要磨合，所以张妃董事长和我都对这个项目有些担心。

自从该项目中标公示后，公司就组建了一个20多人的潮玩展项目组，张妃董事长是总指挥，我是总执行，下设招商组、工程组、文案组、财务组和后勤组五个小组。而这20多个人都是从公司各部门临时抽调的，他们手头还有一摊子日常工作需要处理。

但是，对于银豹公司这样项目型的公司来说，工作本来就是有忙有闲。从中标结果公示到展会正式举办有5个月的时间，我认为大家做一个兼顾应该是没有问题的。再说了，公司成立以来，大大小小的活动都是这样操作和磨合过来的。

中标公示的第一天，张妃董事长就亲自组织了一个项目小组全员会议，从该潮玩展如何提高公司的知名度、美誉度和行业影响力，到如何对团队有信心，奖励团队，说了一个多小时。但一个多小时下来，我观察到了大家的表情中隐藏着的不甚了了和将信将疑。

张妃董事长做完动员之后，紧接着就是我做潮玩展项目的整体分工安排。说实话，本来这个项目我就心里没底，再回忆起张妃董事长讲话时我观察到的大家的微表情，我心里更打鼓了。

按预先准备好的方案讲完了团队分工后，我也没顾得上再讲一段鼓舞的话就匆匆散了会。

结果充分证明，如果高管对一件事都不是信心十足，那么团队成员对这件事的执行力至少会打个对折。毕竟很多时候团队都是在看上面的态度的。自从第一次动员会定下来每周一开一次项目复盘会后，在接下来的一周的周一，第一次项目复盘会如约而至。

听完所有组长的发言我发现各小组的工作都是流于表面，并没有实质性的推进。于是我连“欲抑先扬”这种表面功夫都不愿意做了，直接开怼：“我算是听明白了，大家上周的工作可以用两个字概括——扯淡！”

虽然这么多年以来，银豹公司的同事早已经习惯了我的工作作风，但对于今天这样的情形，从大家的表情也看得出来，所有人还是很意外的。

其实这个时候我完全没有想到应该怎么做才能转变大家的状态，提升团队的士气，所以我直接丢下一句：“大家如果都是用这个状态来做潮玩展这个项目，我敢说结果一定会败得很惨！都回去想想这个项目到底应该怎么推进。散会！”说完我合上笔记本电脑就快步走出了会议室。

回到办公室，我是真着急了：一方面政府天天盯着我们要进度，现在已经在政府办公楼里腾出一间会议室准备作为潮玩展项目指挥部，很快就会要求我们团队进驻现场办公；另一方面时间一天天地过，各项工作推进都相当不理想，最关键的是项目组的成员从思想上都完全没有动起来。

正当我在办公室没有解题思路的时候，“咚咚”的敲门声响起。我平时没有访客或者会议的时候办公室的门通常都是开着的，其实是想传递一个信息：欢迎大家有事随时来找我。我一抬头就看见芳玲老师手里端着一个杯子站在门口。

于是我把芳玲老师请进办公室，然后指着旁边的沙发说：“坐，芳玲老师。”说着我自己也走向沙发坐在芳玲老师对面。

芳玲老师说：“唐总，这是我儿子从巴西带回来的咖啡豆，挺香的，刚刚我手工煮了一杯，你尝尝怎么样。”芳玲老师把手里的白瓷杯推到我面前。

我说了声“谢谢”，然后双手捧起白瓷杯装着的黑咖啡，慢慢地靠近鼻子。一股夹杂着花香、油脂、焦糖香、坚果香、奶香的浓郁味道扑鼻而来。听说一杯咖啡里有600多种味道，我当然分辨不出来，但是闻到这种复杂的香味还是觉得很舒服。于是我真心的称赞道：“嗯，真香。”

芳玲老师平和的笑里有一丝骄傲，解释道：“我儿子说这个咖啡豆是他们在巴西的喜拉多地区达特拉庄园玩的时候遇到的。这东西太专业了，我也不懂，但我每天早上一杯咖啡的习惯已经十多年了，说实话我还是很喜欢这个味道的。”

我一边沉浸在咖啡的香味中，一边静静地等芳玲老师进入正题。果然芳玲老师不再废话，直奔主题：“唐总，关于潮玩展这个项目，同事们私下的反应都出奇一致。大家都说对于这个项目只能是量力而行。”

我问：“为什么是量力而行呢？”

芳玲老师解说：“唐总，你想想看，如果大家在潮玩展这个项目上干得太卖力了，公司会不会认为我们平时的工作都太闲了，原来我们平时有这么多的时间在摸鱼呀。那大伙儿当然会评估了，公司对潮玩展这个项目的奖励不明，在结果上干多干少一个样，而且干多了公司还可能有这样的想法，大家干起活儿来当然惜力了！”

芳玲老师的话切中要害，我意识到如果不把潮玩展项目组的同事思想统一到一个频道上来，这个重大项目真有可能会“扑街”。到底怎样才能统一大家的思想，即如何把大家的利益统一起来？

芳玲老师走后，我开始在大笔记本上画起了思维导图（统一团队工作思想的三个关键点见图 4-5）。

图 4-5　统一团队工作思想的三个关键点

（1）制定目标。

“要把潮玩展做好”这个目标是相当模糊的。什么叫做好了，什么又叫做不好？展会能如期召开就算是展会做好了吗？当然不是。

整个潮玩展要做好至少要满足几方面的条件：第一，展会能如期顺利召开是基础，如果这个要求都达不到，那就真是“扑街”了；第二，展会要达到特装展区有龙头企业、国际知名品牌参加，标准展区要数量够、企业类型丰富；第三，展会的产业活动要专业性强、有高度，大众活动要覆盖面广、参与人数众多；第四，媒体报道要精彩多样，党报党媒要有、专业媒体要有、关键意见领袖（Key Opinion Leader，KOL）也要有；第五，活动要控制好成本，成为一个为公司创造利润的项目，这也是最重要的一点。

（2）分解目标。

整体目标明确了，但是潮玩展项目组的成员，甚至各小组组长可能都不知道如何去完成这个整体目标，需要公司能清楚地告诉大家各小组的具体目标是什么。于是，需要针对招商组、工程组、文案组、财务组和后勤组五个小组各自的目标进行梳理。接下来再要求各小组对各自的目标进行细化和步骤分解。

（3）激励计划。

各小组的目标清晰了，但如何才能让他们为各自的分目标付出努力？这就需要制定出一个对应的奖惩方案，整体目标完成了会如何，没完成又会如何；各自的分目标完成了会如何，没完成又会如何。而且这个奖惩必须是即时性的，单项目标完成一项就奖惩一项，整体目标完成了就实施整体奖惩。让每个人都真正成为这个项目的参与者，而不是一个旁观者。

三、合作才是团队战斗力的根本

做好这些之后，我心里有了谱，于是第二天召开了项目组全体成员会议。我说："各位，这个展会项目对我们公司来说非常重要，它是关乎我们公司专业性形象的关键一仗。如果这个项目做不好，无论公司今年的整体效益有多好，全员都停发年底双薪和年终奖。"

说完这句，20 多个人先是面面相觑了 10 秒，接着就开始激烈地讨论起来。我就这样停下来什么也不说，让大家足足讨论了 1 分钟。可以想象大家心里是如何想的，如果是要扣大家的钱，就是天王老子来了，员工也不会心甘情愿的。但是为了保证项目的质量，必须要这么干。

1 分钟之后，我提高音量说："停！听我说。你们知道公司为什么要这样决定吗？（其实公司并没有这样决定）要知道，全员停发双薪和年终奖也包括我。难道我不想把事情做好然后多拿钱吗？恰恰相反，和大家一样，我希望大家除了双薪和年终奖，还能因为潮玩展这个项目拿到额外的奖励。但是有一点，如果大家是按之前的工作态度来做这个项目，不要说额外的奖励，就是想把年终福利拿到和去年一样的水平，都是没有可能的！所以，我们在这个项目上一定要拿出破釜沉舟的决心，只有全力以赴才有可能打得赢这场硬仗。"

接着我把前一天做的整体目标、细分目标以及奖惩方案一一跟大家做了详细的讲解。我相信并不是在场的所有人都明白要做什么，要怎么做，但是此后每周的项目例会，不断地强调，不断地鞭策，不断地调整，大家逐渐明白了潮玩展这个项目的重要性，也明白了自己如何才能在这个链条中成为合格的一环。

数月之后的潮玩展开幕当天，每一个环节都完美地呈现在所有人的面前。不仅是观者满意，参展商、专家、买家、主办方都对这次展会给予了相当高的评价。这一仗我们胜了。

公司承诺给员工的奖励都一一兑现了。

当然这个项目可以取得成功还有一个关键的因素，那就是团队协作。在企业日常经营中或是在某一个具体的项目里，如果仅靠管理者或者业务骨干，无论是时间、精力还是能力都无法达到的，最后的结果也可想而知。

正如任正非强调的：高级干部，要砍掉他们的手和脚，只留下脑袋用来仰望星空、洞察市场、规划战略、运筹帷幄。高层干部不能习惯性地扎到事务性的工作中去，关键是要指挥好团队作战，而不是自己撸起袖子和裤脚，下地埋头干活。

第五章

打工人逆袭指南

“

1974 年，美国临床心理学家费登伯格（Freudenberger）最早提出了“职业倦怠”的概念，他认为职业倦怠是最容易在助人行业中出现的情绪性耗竭的症状。他的后来者把由工作上长期积累的情绪压力和人际应激压力激发的心理综合征称为职业倦怠。

如果想要找到解决自己职业倦怠的方法，那么就需要先了解自己职业倦怠的程度和形成的原因，再配合情绪调节的方法精准施策。

很多管理者都是通过自己多年的努力，从基层一步一步走到后来的职位。一旦他们下面有了执行具体工作的人，他们就很容易松懈下来，看似重复的工作很难让人激情澎湃。

越是新兴的行业，高管的流动性越大。而高管们在遭遇职业瓶颈，甚至遇到职业危机时，应该如何破题呢？是再攀高峰，还是急流勇退？是迎难而上，还是更换赛道？是继续坚守等待柳暗花明，还是自主创业坚持自我革命？

今天还是信息技术，明天就是电子商务，后天就是人工智能。时代的浪潮不会因为我们感叹太快了跟不上而稍作停留，既然注定停不下来，那就全力一搏吧！

”

第一节 谁都会有职业倦怠

绝大多数人都会在不同的职业阶段遇到一次或若干次职业发展的瓶颈，这个瓶颈有可能是主观的，如技术瓶颈和职位瓶颈，也有可能是客观的，如产业瓶颈和平台瓶颈。

当然，每个人所面临的职业发展瓶颈不一样，每个人的产业、平台、职位也不一样，就算这些都一样，每个人的能力水平、经验、心态、价值观不一样，所以遇到的问题肯定也是不一样的。

有的人会想自己的上司能力不咋地，不但不为下属争取任何的权益和福利，还会把下属的业绩安在自己身上向公司邀功。然后就想不通为什么老板会用这样一个“二传手”，他是怎么到这个位置上的？

有的人能力很强，但是偏偏自己的下属能力也很强，主意也很多。每当自己交代一项工作任务时，这个下属总会提出一大堆改进的建议，甚至不按上司的计划执行工作。这时的自己该怎么办？

一、你职业倦怠了吗

不知道你有没有过这种感觉，身边看似朋友很多，但好像连一个理解你的人都没有。2017 年的某天，我在公司为了一项重大活动是否改期的问题，跟张妃董事长讨论得面红耳赤。我摆证据、做分析，晓之以情、动之以理，但结果还是按张妃董事长的思路干了。

在职场中，很多时候我们都只是站在自己的岗位就事论事，与此同时，我们的同事也只会站在自己的角度分析问题；而张妃董事长则是站在公司一盘棋的高度来走每一步。如果一个人不能跳出自己的圈子看问题，那么永远也无法理解别人的思路和行动的意义。俗话说，“公说公有理，婆说婆有理”，还有说，“站在旁观者的角度看问题”。其实，这都是告诉我们，身处旋涡中的人，是很难理智地为对方着想的。

作为员工，处在问题讨论的阶段，勇于发表自己的看法，表达跟上司或老板不同的意见是好事。真理不辩不明，而且如果一个公司所有的声音都是同一种声音，那就太危险了。但是，如果对一个项目已经形成了决议，那么公司上下都应该围绕着决议来部署工作，而不应该各持己见，形成内耗。

很多员工心里会说：老板不在一线，专业不如我明白，他为什么就是听不进我的意见，执意要往一条错误的道路上走？

其实，张妃董事长经常对我说：某某员工是个好员工，专业度和忠诚度都没有问题，但是缺乏宏观的理念，不能站在公司的整体角度思考问题，而且只能看到这一步，却总是看不到下一步。

这个时候，是员工对还是张妃董事长对呢？我们生活中发生的事情，并不像在学校考试时做的判断题，只有是与否两个选项。生活比答题要复杂太多。一件事情，从微观的角度是对的，但是从宏观的角度可能是错的；从现在来看是对的，但从未来来看可能是错的；从自己的角度来看是对的，但从对方的角度来看可能是错的。所以，很多事情根本没有绝对的对错，只有最合适。

作为管理者，当我们与公司决策层的意见不一致时，可以进行这样的思考。

第一步：认真分析事情，依据自己的知识体系，讲出自己的观点，在此阶段如果与上级观点发生冲突，应该站在上级的角度思考，但是可以据理力争。

第二步：对产生的决议坚决服从，无论这个决议是否与自己的观点一致。

第三步：对下属做好工作部署，确保每一个具体工作内容都与公司所做决议保持高度一致，坚决杜绝阳奉阴违。

与公司决策层意见不一致时管理者考虑的三个关键点如图 5-1 所示。

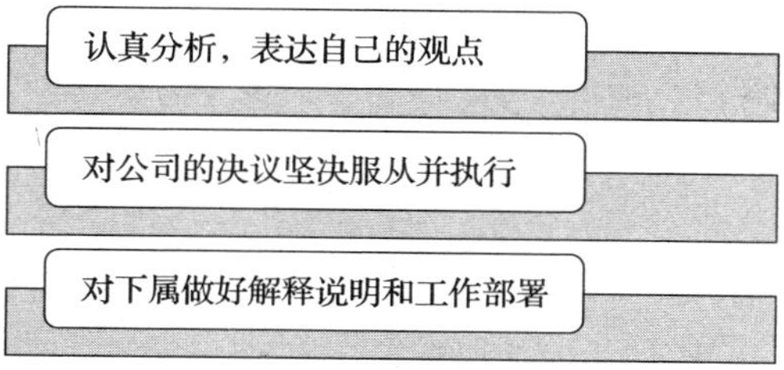

图 5-1　与公司决策层意见不一致时管理者考虑的三个关键点

话虽然是这样说，但终归与张妃董事长的争执让我们彼此心里都有些许不愉快。

某次我去上海出差。工作结束后在逛“衡山和集”时买了一本书，序二中吴晓波老师说曾在受邀去参观景德镇瓷器展时得知，景德镇有上千家青年制窑作坊，很多是 70 后、80 后夫妻档，他们的作品无论是人物造型、意境表达还是烧制工艺，都大立大破，前所未见。区别于大师作品动辄十万元、百万元的价格，这些作品价格从数千元到两三万元不等，让人爱不释手。

以日本的时装设计师三宅一生为例，三宅一生的出现，是日本进入中产阶级社会的伴生现象。消费者本土意识的觉醒和购买能力的提高，创造出了一块新的审美土壤，所有的艺术及商品创新都是新需求呼唤的产物。今天的中国也刚好处于这个时代背景下，正在孕育一批新本土文化产品和品牌。

书中以 15 位中国年轻匠人的故事，彻底颠覆了人们对“匠人”的固有陈见。他没有陈腐的习气，且不在古老幽暗的作坊。他们年轻、快乐、敢破敢立，他们向传统致敬，更让鄙视者望尘莫及。看到这里，在同一个公司干了十年的我有点莫名其妙地自惭形秽。

与此同时，还发生了另外一件事：

2017 年年底，我想买一辆小汽车，由于深圳车辆限购政策，需要卖出一辆车，才能新买一辆车，这叫指标更新。新政出来之后，一人名下只能有一辆车，一个家庭可以拥有两辆车，但是夫妻名下分别只能有一个指标用于更新。但是，问题的关键在于我不记得我名下还有一辆车了，潜意识里我认为那辆车是在我先生的名下。

为了方便理解，把我名下的两辆车命名为 A 车和 B 车。A 车我于 2016 年 10 月进行了一次指标更新，就是说换了一辆新车。现在本来是打算卖出 B 车，更新指标后再买入 B2 车。但是，程序是我应该先把 A 车过户到我先生名下，再来对 B 车进行变更。悲剧发生了，由于我忘记 A 车是在我名下的，我现在卖掉 B 车后，已经不能做指标更新了。我先生虽然符合购车条件，但是由于没有购车指标，所以只能排队摇号或者竞价购牌。

而上个月深圳的购牌均价已经超过 9 万元了……

我的第一反应就是车行怎么能犯这种错误，为什么我在买车的时候，车行没有查一下我的条件以及名下的指标是否能够更新？为什么到两个月之后，我的 B 车由车行卖给下家后才去查询？分明就是车行负有不可推卸的责任！

先生总结说：出了事情不要只找客观原因，因为客观原因是很难避免的。我们需要通过这个事情总结教训，以后我们的生活中还会有更多的事情发生，如果还是这样稀里糊涂，怕会耽误大事。

我突然觉得自己又陷入了凡事只从别人身上找原因的毛病，这才是最大的错误！

可是，事情过后，我经常反问自己，我的事业心呢？我的成就动机呢？我怎么会有时间和精力把情绪浪费在这种无聊的事情上呢？我到底是怎么了？

当时的我并不知道自己已经陷入了“职业倦怠”的状态，一件小事都可以成为应激源，成为引爆情绪的导火索。

二、你离抑郁症有多远

有这么一个故事：有一个人因为内心恐惧囤积了好几吨粮食，以防天灾。有个好事者对他说："要是发生了旱灾，水比粮食更重要。"这个人面带微笑地说："哈哈，我已经在家里挖了好几口井了。"来人大惊失色。据说后来这人不囤粮食了，旁人十分好奇，他解释道："我听很多人说，如果真发生天灾了，那其他人都会来抢我的粮食，所以我想告诉大家，我已经不囤粮食了。"

看到这个故事，我顿时觉得自己和他是一样的心理，对未来的焦虑和恐惧以及不确定，让我有了许多"防患于未然"的举动。比如，我对健康、财务、关系的过分焦虑，甚至成为一种心理负担，让我在平时的生活中多了许多无谓的担心。

心理学界认为，心理健康影响生理健康。你们有没有发生过这样的状况：某一段时间感觉有点累，然后就怀疑自己生了很严重的病，让自己陷入对健康的恐慌中。到医院检查后，发现各项指标都非常正常。

有人可能会说，现代社会普遍存在压力与焦虑，每天打开朋友圈，看到的每个行业都是"内卷"。竞争无处不在，如果没有压力和焦虑，那我们哪里来的成长和成功的动力，又如何跟得上这个飞速奔跑的时代？毕竟时代发展的车轮滚滚向前，你不成长，身边的其他人可不会因为你停下而放慢脚步。

如果说适当的压力能鞭策我们进步，那么焦虑却毫无益处。因为长期的焦虑不仅会直接影响我们的工作和生活，更严重的是还会影响我们的身体健康。

著名作家马克·吐温说："世界上最奇怪的事情是小小的烦恼，只要一开头，就会渐渐地变成比原来厉害无数倍的烦恼。"现在大家把悲观和抑郁这种情绪叫作"心灵流感"，描述的就是它的普遍性。

亚里士多德、罗斯福、丘吉尔、林肯都曾经患过抑郁症。林肯在患病时曾说："现在我成了世界上最可怜的人，如果我个人的感觉能平均分配到世界上每个家庭中，那么这个世界将不再会有一张笑脸。我不知道自己能否好起来，我现在这样真是很无奈，对我来说，或者死去，或者好起来，别无他路。”

当然抑郁症和“心灵流感”还是有本质区别的，但就像量变引起质变一样，“心灵流感”长期不愈，就很可能发展为抑郁症。

专栏 5-1

跑步治好了毛大庆的抑郁症

毛大庆 1969 年出生于北京，是土生土长的北京人。他 1991 年从东南大学建筑学专业毕业，1992 年在泰国协成昌控股有限公司任高级规划师；1994 年进入新加坡日建设计国际有限公司担任高级设计师；1996 年加入嘉德集团，2000 年任新加坡雅诗阁集团北京代表处首席代表；2002 年加入凯德置地，任北京业务副总经理；2009 年入职万科，担任万科集团副总裁兼万科北京公司总经理。

毛大庆干了 20 多年房地产，在房地产黄金发展期，虽然来钱快，但是压力巨大，面对政府、业主、农民工，而且又是在高管的位置上，更是无时无刻不面对着压力。在这个行业里既可以看到温情与希望，也可以看到黑暗与冷漠，一个人要是太有良知或是太敏感，那一定干不好这一行。毛大庆首先出现的症状是严重失眠和神经衰弱，白天工作强度大，到了晚上睡不着觉，第二天混沌迷糊还得继续超负荷工作。这样持续了一两个月之后，紧接着就是内分泌失调，食欲不振，免疫力下降，感冒。偏偏房地产行业里，每天不是应酬就是被应酬，这时候毛大庆开始出现了抑郁症的一些症状，比如反社会人格、怕听到电话的声音、不想参与社会交往等。

其实，毛大庆的这些精神问题并非无迹可寻。一个商场上战功赫赫的职业经理人，在地产圈风云变幻搏杀的同时，还出版了两本专著，以及两本译作。可想而知他的忙碌和压力，也可想而知他的时间管理达到了怎样的程度。他就像一台全年无休的高速运转的机器。

但好在毛大庆认识到了自己的问题，在和有过类似症状的朋友交流之后，通过朋友的介绍，他找到精神科医生，被确诊为轻度抑郁症之后，毛大庆开始吃抗抑郁的药物。

据毛大庆说，真正治好自己抑郁症的并不是药物，而是跑步。

万科创始人王石是个运动达人，也非常喜欢跑步。万科总裁郁亮也是跑步狂热分子，王石和郁亮无论到哪个城市考察都会拉着万科当地的高管跑步。即使是老板和领导也没能让当时的毛大庆爱上跑步，每次领导前脚刚跑远，他后脚就躲进了洗手间。

后来是什么原因让从小憎恨跑步的毛大庆爱上了跑步？一个很偶然的机会，毛大庆认识了田同生、王乐等几位非常专业也非常有趣的跑步教练，这帮人一见到有一定社会影响力的人，就为他买齐一套跑步装备，然后再软磨硬泡，“诱敌深入”。先从散步开始，再到 800 米、1000 米、2000 米、5000 米，接着就是半马、全马、突破 100 个全马。毛大庆怎么也想不到自己后来可以每天早上 5 点多起床晨跑 10 千米，而且靠跑步治好了脂肪肝、“三高”、尿酸高，甚至治好了抑郁症。

毛大庆是这样形容跑步的：这是一项自己一个人的运动，这项运动你没有对手，跑得越远，离自己越近，因为跑步可以看清楚自己。在跑步的时候全世界都在你的脚下，所以你不会去在意那些莫名其妙的事情。你完全可以控制自己的双脚，可以快也可以慢，掌控自己的节奏，享受自己的心跳。

对于毛大庆来说，跑步就是一种最有效的休息，可以排除身体上的疲劳，带来精神上的放空，是慰藉心灵和排遣焦虑的良药。

如果不是因为跑步治好了毛大庆的抑郁症，应该不会有“优客工场”。2015 年毛大庆从万科辞职，创办了优客工场。他说自己不是搞投行的，也不是搞 IT 的，而是搞房地产的，所以他会从理解客户的角度出发来做创业孵化。

因此，优客工场在提供灵活多变的办公空间的同时，更重要的是为创业者提供了资源对接。毛大庆用腾讯举例。腾讯的业务线很多，而这些业务里的项目除了自己团队干之外，也会在孵化器里找。所以，优客工厂就是要为资本市场寻找具有投资价值的团队和项目。

我国当前正处在一个大变革的时代，在“双创”的环境下，在数字化的浪潮中，年轻人比以往任何一个时代都更容易抓住机会实现梦想、改变命运。但是，过程其实比结果更重要，人的一生不过900多个月，如果不能享受人生，无论是躺平还是躺赢都会是煎熬。目标是起点，过程是链条，眼里只有目标，无法享受过程，即使在短暂的狂喜后，也会迅速归于平淡甚至痛苦。但愿大家都能找到让自己开心和喜悦的事情，如果能把它发展成职业和事业就更完美了，这样就能在追求目标的过程中感受到爱和时光飞逝。

（笔者根据多方资料整理而成）

资料来源：

①姚咏梅．毛大庆：创业创新是一场“马拉松”[J]．企业家，2022（5）：60-65．

②叶健，朱翊．跑者毛大庆：马拉松为什么在中国会火？炫包炫车的日子过去了[J]．记者观察，2017（2）：60-61．

说实话，我不知道大家焦虑的是什么，就好像我也不知道自己焦虑的是什么一样。

其实，绝大多数人焦虑的东西40%是属于过去，50%是属于未来，而真正对当下的焦虑只有10%。不仅如此，我们90%焦虑的事情从未发生，而剩下10%是我们可以应付，甚至是能轻而易举地应付的。

现在大家打开抖音、小红书、微博、微信，屏幕充斥的都是精英生活，豪车、豪宅、游艇、私人飞机、爱马仕、LV……社交平台和自媒体上看到的都是这些信息，让人不自觉温饱后不是想小康，而是想暴富，让人平添了无限焦虑。

我们焦虑的很多东西不过是因为无谓的“攀比”而引发的过度“欲望”。

负面情绪就好比是我们身体里的一个影子，我们的负面情绪积累的时间越长，这个“影子”就会越来越大，慢慢地充斥在我们的整个身体里，甚至会堵住我们的心口，不仅让我们喘不过气来，更会让我们的心灵无处可逃，只能往牛角尖儿里钻。

所以，当一个人生气、伤心、愤怒的时候，他的目光会越来越短浅，因为他只能沦陷在自己的负面情绪里，对其他任何事情都提不起精神。这个时候我们应该怎么做呢？

要忘记一段恋情最好的方法就是开始一段新的恋情。同理，要摆脱负面情绪最好的方法就是不去想这件令人生气、伤心、愤怒的事情，完全跳脱出来，去做一些让自己开心的事情。如果有条件的话，给自己放个长假或者换个环境。

其实当很多事情过去之后，我们再回过头来回忆当时的情景，都会觉得是小事一桩，不明白当时的自己为啥要像天塌了一般。

你发现没有，很多事情本身并不可怕，可怕的是我们遇到事情时的情绪和态度。我们到底是放任情绪，乱了方寸，毫无作为，还是可以泰然处之，积极应对？情绪和态度往往决定了一件事情最后的走向和结局。

心理上的负面情绪就像是身体上的疾病一样，很多时候都可以凭借自身的免疫力不药而愈。如果今天有了负面情绪，辗转反侧也无济于事，不如放空大脑，闷头睡一觉，很多负面情绪居然可以得到有效的缓解。

当然，在这个时候，我除了内心的无名焦虑之外，工作上也的确是出现了具体的问题。我进入文化产业园区这个领域已经十年了，圈子相对固定，虽然平时也刻意学习、参加论坛、阅读专业书籍，但毕竟还是在这个圈子里，视野和格局还是有很大的局限性。

现在我们的社会因为信息化的发展，所有的东西都越来越透明，只要你下定决心搞明白一件事，并愿意为此花费足够的时间，就能搞懂个七七八八。过去，赚钱是凭人脉、凭资源；而现在赚钱拼的是专业度、努力程度和机遇。

说实话，工作了十年，回过头来想想，好像自己并没有练就任何核心竞争力，不像财务、设计、工程、程序员等职业一样有一技之长。十年的工作我到底拥有了什么？所谓的管理能力其实挺虚的，行业好、平台好、业绩好，那么管理自然也差不到哪里去；如果是在夕阳行业，企业又处在下行阶段，即使是一名管理能力突出的人也难以力挽狂澜。

职业生涯的任何一个阶段都有可能产生怀疑和焦虑，这个阶段的我甚至在想，天桥上摆摊的小姐姐还具备相当的销售能力，而我，好像真的什么也没有。那么，接下来的路应该怎么走？

三、职业倦怠应对策略

2017 年很多人已经少发朋友圈了，我也就很少看朋友圈了，每次都是因为发了个工作相关宣传帖，就会顺便刷刷朋友圈。2017 年最后一个工作日，由于特殊情况，我和张妃董事长不得不在澳门多待一天，所以元旦假期第一天，我们还在澳门工作。

恰巧，朋友圈发起了一场晒自己 18 岁照片的运动。起因是这样的：2017 年 12 月 31 日，最后一批 90 后（生于 1999 年 12 月 31 日）度过了他们 18 岁的生日。这意味着，从法律上来讲，90 后一代已全部成年，集体告别了少年时代，00 后正式登场了……

18 岁那年我刚上大学，所以很多照片都是在大学里照的。但是由于我大四整整一年都在实习，又恰逢学校搬迁，只得拜托同学帮忙搬行李，所以相册在搬迁中遗失了。所以我是在发小闺蜜群里，看到了朋友们发的照片。已经十多年没有看过这些照片，所以还是唤醒了很多旧时的回忆。

看大家 18 岁的照片，总结出了几个有意思的规律：

（1）如果你的 18 岁已经过去十年以上，那么大概率你今天看当时的照片会觉得很老土，特别是发型和衣服。每个时代都有自己的流行元素，如果跟风的话，很容易在若干年后觉得当时的造型很土。但是也会看到一些今天看起来仍然不过时的造型。总结起来，衣服和裤子颜色以黑白或纯色为主，鞋子为黑白色，不容易过时；只要不是超大喇叭的牛仔裤，不容易过时；女生马尾辫、披肩发和短发造型不容易过时；男生寸头或光头不容易过时。好像还是越简约越不容易过时。反过来，越具有时代特色、越夸张、越流行的造型越容易过时。比如喇叭裤、松糕鞋、男生碎发、挑染五颜六色的头发等。

（2）如果你的 18 岁已经过去十五年以上，那么大概率你今天看当时的照片会感慨岁月不仅是把杀猪刀，还是一桶猪饲料。18 岁的时候吃啥都不胖，现在喝水都胖；18 岁的时候熬夜后第二天继续上课，现在超过凌晨 2 点睡觉就一个星期都感觉疲惫；18 岁的时候皮肤水水嫩嫩，现在天天敷面膜都对抗不了日益嚣张的法令纹。所以，年轻的时候还不太能看出来谁是自律的人，一到中年是否自律从外表看就一目了然。

（3）谁的 18 岁都青春，谁的 18 岁也都迷惘。但是，28 岁时就可以逐渐拉开彼此的差距，38 岁时就可以逐渐分化出不同社会阶层。

每一个十年都很长，长到再次见面已经物是人非；每一个十年都很短，十年前的回忆就像昨天刚刚发生的事。时间是公平的，每个人都不会多，也不会少。但是，在同样的时间里，做不同的选择，就会有完全不同的结果。

对于我而言，深圳已经是我的另一个故乡。每当坐飞机降落在宝安机场的时候，我就有一种回家的心情。

早晚高峰，龟速前行的车流和行色匆匆的路人；凌晨 1 点，灯火通明的科兴科技园；周末节假日，公园里野餐、露营、慢跑的深圳客；骄阳下，挥汗如雨的快递小哥和外卖员；开着中央空调的写字楼里的，衣着时尚的白领；嘈杂的车站里，拉着行里箱匆匆赶路的年轻人……站在深圳福田区深南中路的人行天桥上，看着步履匆匆的人们，似乎每个人都心怀梦想，不甘平凡。是不是繁华如深圳，在这里的人们一定要足够耀眼才不枉为深圳人？

深圳就好比是一架结构精密的高科技机器，而我就是这台机器的一颗螺丝钉，太渺小了。深圳属于我吗？我属于深圳吗？

如果现在的你也和我一样胡思乱想，情绪蔓延，想从职业倦怠中恢复，那么图 5-2 中的四个关键词可能会对你有借鉴作用。

图 5-2　促进职业倦怠恢复的四个关键词

关键词一：个人目标。这里所说的个人目标不仅仅是工作目标，还包括生活目标。有了明确的目标后，会更有利于我们看清楚自己的方向，我们也可以重新审视职业目标与生活整体目标之间的一致性。

关键词二：有共情力。所谓共情力，可以理解为对别人所表达的心情和悲伤的行为感同身受。职场中我们在低谷低潮的时候如果能够得到同事的关心和支持，就能更快速地从低落的情绪和环境中走出来。推己及人，我们向他人表达共情力的时候也能收获到正能量。

关键词三：联系沟通。导致职业倦怠的一个很重要的因素就是人际关系。如果我们能对同事的所作所为多一点配合，对同行多一些理解，通过正面的联系和沟通，我们就会少一点悲观和愤世嫉俗。

关键词四：协调平衡。面对职业倦怠这个巨大的挑战，我们想在生活和工作之间找到平衡是最需要水平的一件事。这个社会对男人的评价标准往往是：事业有成即成功。但是对于女人，往往是：事业有成 + 儿女双全 + 家庭美满 + 身材匀称 + 脸蛋不垮。看起来，女性更需要协调和平衡方方面面的事情，如果对自己的要求没有那么高，职业倦怠了，暂时回归家庭也许是一个不错的选择。

很多朋友问我："唐英，你自己是一名职业女性，还生了三个孩子，而且还长期跟公公婆婆住在一起，你是怎么兼顾事业和家庭的?"其实外人看到的通常只是外表的华丽，自己才知道这一袭华丽袍子下面是怎样的艰辛。

我身边有很多女性朋友，她们三十岁出头，没有孩子，也没有结婚，她们的生活很丰富。事业上已经成为单位的中高层；经济上收入颇丰，有房有车；生活上有爱好，看书、画画、旅游、跳舞、看展，不亦乐乎。她们偶尔会说羡慕我的家庭生活，但我真心觉得她们的日子也很值得我羡慕。

大多数人的幸福和不幸福都是被比较出来的。觉得幸福的人习惯向下看，他们看得到生活的不易也看得到自己的拥有；觉得不幸的人习惯向上看，他们看得到生活的不足也看得到自己与优秀者的差距。

但我认为幸福不应该是比较出来的，而应该是感受出来的。幸福可以是柜台上一个长相呆萌，摸起来软软毛毛的公仔；可以是同事或者店员一个人畜无害的微笑；可以是超市或市场里鲜翠欲滴的蔬菜水果；可以是一间怀旧充满治愈感的咖啡屋；可以是瑜伽、普拉提之后得到充分拉伸的身体；可以是九月的怡人桂花香……

无论是怎样的年龄、生活和工作状态，都可以幸福。幸福是一种选择，只要你选择感受幸福，幸福就在那里。

第二节 轻创业也许是当今性价比最高的选择

1789 年，华盛顿当选为美国总统，毫无意外，四年之后他连任了。在做了两届美国总统后，1796 年他主动放弃了继续当选总统的权利，并发表告别词：我现在应当向大家有所表示……就是我已下定决心谢绝把我放在被选之列。

事物达到了强盛的顶点，就会逐渐转向衰弱并很快灭亡。企业如此，人生如此，职业生涯亦然，当事业到达顶峰的时候，我们需要加倍小心。

一、大多数企业的组织转型都是泡沫

根据组织生命周期理论，比如一个初创公司，生存是第一位的，如何抓住机会进行创新，要创造高组织效能，有没有规章制度，管理是否规范不是最重要的。如果能保持这种状态，企业的安全系数是相对比较高的。

公司不是七八号人了，已经发展到几十人的规模了，这时企业慢慢开始膨胀，通常实控人都希望企业要长大，但其实这孕育着极大的风险。在选择采取怎样的扩张方式上，原始股东可能会有很大的分歧，从而造成企业的分裂，潜藏危机。企业规模要扩大，最需要的是人，而且还不是一般的人，是管理者。而此时的银豹公司就是处于这个关键的发展阶段，总部如何对几个园区进行有效管控，且产生绩效是一个全新的课题。要从能人治理过渡到制度管理的阶段，要从流水的兵过渡到铁打的营盘，从容不迫地迎接市场的问题。

此时公司开始全面进行管理提升，把需要企业完成的复杂工作尽可能地分解成最小的单元，再制定标准化管理流程。每个园区在日常经营的过程中会遇到许多问题，这些问题有共性的，也有个性的。每个园区都需要对管理进行总结，形成工作手册，然后上报到集团进行共享，使各个园区从工作手册中学习到成功的经验和失败的教训，不让同一块石头绊倒无数人。另外，还要使整个银豹公司都形成一个组织学习的文化氛围。

专栏 5-2

钟伟鹏：文化创意产业任重道远，F518 仍在寻找新模

深圳宝安区的 F518 创意园是 2007 年 12 月 7 日开园的，经过 15

年深耕运营，它伫立在深圳文化创意产业发展的潮头，取得了斐然的成绩。

15年的运营沉淀已让深圳F518创意园成为典型的深圳文化产业园区，不仅如此，F518还是国家级文化产业示范基地，是文化产业园区发展示范代表。殊不知，F518创意园在开园之前并不为人知，更不被人看好。深圳创意投资集团董事长、F518创意园创始人钟伟鹏坚持己见，凭借一腔热情与前瞻性目光，顶住压力，打造了属于“F518”的文化产业模式。

钟伟鹏说，F518创意园的得名有多重意义：“518米”是园区主街的总长度，“5月18日”是园区项目签约日以及国际博物馆日，“518”是深圳邮政编码的前三位；“F”则是“Flag”，指创意产业的一面旗帜，意寓担当战斗在创意产业最前沿的旗手。用“F518”为园区命名蕴含着他期望未来可将其打造成为全球创意产业的旗帜性园区品牌。

从一个废旧工厂到如今的深圳文化创意产业名片，回顾F518创意园这15年的发展，钟伟鹏表示未来依然“任重道远”。

截至2022年1月，园区累计入驻企业841家，服务企业超过5650家；园区累计辐射经济产值超过276亿元，纳税总额近6亿元；成功协助700多家企业申报资金，共获得约5773万元的政府扶持；为园区企业提供业务对接约4595次，促成项目合作近629项；提供基础服务5140余次；提供法律、知识产权咨询及其他增值服务2700余次；举办人才招聘活动99场，协助企业完成人才引进近1850人；累计创作作品约17万件；产生知识产权登记近1.65万项；获得德国红点、IF、G-MARK、红星等国内外知名设计大奖185件，累计实现销售额超过180亿元，涉及宝安区供应链企业近4700家；累计为宝安区引进各类设计研发从业人员近1.67万人；园区主办、承办活动共计1600多场，累计参加活动人次超过110万；文博会、创意十二月等重大活动取得了优异的成绩，6次获得文博会优秀分会场一等奖；园区获得国家、省、市、区各类奖项198个；运营机构深圳市创意投资集团有限公司荣获“国家文化产业示范基地”称号；接待参观政府、机构及其他团体超过1130个，接待人数近1.8万人；综合媒体报道总数约7200条。

这背后是钟伟鹏及团队不懈的探索与尝试：从废旧工厂到园区生存阶段，用了5年；再到摸索出良好的园区管理发展模式，又用了3年；2009年，F518创意园提出“无边界园区”（管理无边界、运营无边界、沟通无边界、服务无边界、合作无边界），又提炼出围绕“优质企业”开展“聚集、聚合、聚变、聚焦”的四聚运营模式；从2017年开始，F518创意园已经到了“园区4.0”聚焦发展模式阶段，配合国家工业4.0的战略进程，从产业端到消费端，助力产业升级。

“在这个过程中，园区能不能真正孵化出、培育出能够令我们骄傲的企业，能不能打造成熟的生态圈，我认为这才是至关重要的。”钟伟鹏认为，目前园区已呈现了以“文化+科技”为核心、新兴业态丰富的特点，但对于F518创意园而言还远远不够，发挥园区“文化+科技”的多产业集聚的优势，打造更加高效、智慧化、信息化的产业园区，更好地为产业赋能，这不是一件容易的事情。

钟伟鹏认为，虽然新冠疫情期间传统线下运营板块挑战较大，但线上培训、内容类企业以及其他线上虚拟市场产品获得了新发展契机，园区产业结构也获得了调整空间。

作为文化企业，应该关注企业组织形式、业务推广甚至商业模式等方面的提升。比如在企业组织形式方面可进行优化，降低用工成本，可尝试进行企业数字化转型。数字化并不仅仅是将业务放到线上，而是理念和组织文化的再造和数字化，也是产品、业务、流程、顾客、员工管理等的数字化。为了协助企业进行提升，园区举办了多场活动，企业反馈良好，不仅优化了内部管理，部分企业项目已落地并且形成了业务转化。

“实现文化产业价值是一个漫长的探索过程，如果是只做‘硬件’，基础服务做得再好也永远不会有令人满意的标准；如果是只做‘软件’，也就是文化内容，缺乏强势和可控的渠道，要持续发展也是极具挑战。”

在钟伟鹏看来，“F518模式”其实是一个公开的秘密——F518聚焦优质企业、推动文化产业园区模式创新始终离不开“文化＋科技”产业领域，而运用“文化金融”作为运营发展的重要手段，共同助力园区实现“文化内容与产业服务并重”的发展战略，最终才能真正实现文化产业价值。

2019年，深圳市文化产业园区协会成立，钟伟鹏当选首任会长。他表示，协会是在建设社会主义先行示范区和加快推进粤港澳大湾区建设的背景下，为继续推动和促进深圳文化产业创新发展，发挥产业集聚效应而成立的，旨在成为政府助手，协助政府制定和出台文化产业相关服务政策与规程，指导园区和企业深入解读和用好各项政策，提升加强顶层设计，规范行业发展；同时成为园区推手，架设好政府与园区、企业沟通桥梁的同时，协助园区加速发展模式和管理方式的迭代与创新，通过人才培训、交流论坛、峰会展会及国际合作等方式，助推深圳文化产业园区与企业实现“裂变”发展。

同时，F518创意园也将继续围绕产业发展平台、产业基金、生态赋能服务体系、大数据运营等园区现有的管理经验和服务资源，与各园区增强互动，增进资源共享。

未来深圳创意投资集团将会以F518创意园为基点，撬动文化产业发展的新模式。根据“打造离产业最近的创意沃土”的理念，重点打造文化企业上市培育基地；建好文创产业基金、国际文创名师再教育两个服务平台。

北京是全国政治文化中心，文化产业资源丰沃；上海是国际商贸中心，文化科技应用场景广阔；深圳是全国的科创中心，科技应用技术成熟发达。未来深圳创意投资集团也将以深圳市文化产业园区协会为抓手，助力“北上深”三地文化园区联盟发展，更好地影响和带动全国各地文化园区创新发展质量。集团还将稳健吸纳京津冀、大湾区、成渝、长三角地区相关组织和品牌加入，共同孵化和转化科技应用成果，推动文化产业与城市更新，发展和繁荣城市经济，促进人才和产业提升。

（笔者根据多方资料整理而成）

资料来源：

①佚名．服务宝安区 3.9 万产业企业　国内第一个围绕产业作为核心的时尚创意园区在深圳崛起 [J]．广东科技，2008（21）：6.

②郑洁．深圳 F518：十年崛起之路 [N]．中国文化报，2017-06-10（002）.

③冯绮莉．F518 再创业，攀登“创”峰的力量 [J]．文化月刊，2015（12）：56-57.

企业发展的下一阶段开始走向多元化和集团化，此时作为企业董事长和集团总经理，管太多的话下面没活力，不管的话下面问题很多。管理的层级越来越多，管理的效能越来越低，员工和管理者都人浮于事，只关注自己的一亩三分地，企业反而不赚钱了。所以，此时要解决企业的瘦身问题。有的企业会用缩表，降低注册资本金等方法，以期恢复活力，实现基业长青。现在很多企业老板和管理者都去学习 MBA，但是很多 MBA 课程常常把企业管理切成一个个小块，如生产、营销、会计、人力资源、战略管理、财务管理等。MBA 不是不可以学，但是我们要知道企业某个局部问题的根源可能是在其他部分，或者受到内外部环境的影响。

有句话说：我是最后一个知道坏消息的人。因为所有管理者在汇报工作时都会倾向于报喜不报忧，所以董事长要广开言路，打通视听，全方位收集信息。不过，也要控制好做决策的冲动，否则就会在整个企业里形成越级汇报的风气。

领导不是全才，现在领导的角色在全球范围内都在发生巨大的变化，领导的本质在由做好管理向做好服务工作进行转变。首先，领导要真诚地认识到自己的不足，虚心做好服务工作；其次，要服务好内部的精英团队，进行创新引导。

应跳出问题看问题，管理者遇到这样那样的管理困境时，不要先去想别人有什么问题，而应该去想自己的这个动作是否有问题。

二、轻创业适用于 90% 的职场人

很多企业不是大企业的“命”，但却出现了大企业的“病”。过去几十年，企业的员工和中高层都追求一个“稳”字，希望在公司有自己的一席之地，买房买车，结婚生娃，再混到退休。

最近几年，不知不觉职场已经发生了巨大的变化。空降职业经理人、薪酬倒挂、35 岁中年危机、39 岁被迫退休……一方面，企业更愿意招应届生内部培养；另一方面，员工频繁跳槽，不谈“忠诚”和“稳定”。

现在越来越多的企业只保留核心团队和核心业务，非核心业务则是以合作形式外包给其他公司。与此同时，越来越多的人以自由职业者的身份与平台开展合作，独立或合作为客户提供产品或服务。“职务”的概念越来越弱，而“任务”的属性则越来越强。

这里有一个概念需要澄清一下，自由职业≠创业。

近年来，“互联网创业”这个词特别火，虽然看起来形势一片大好，各种短视频自媒体赚钱方式很多，红利层出不穷，行业看似一片繁荣，实则人人如履薄冰，新人想在互联网掘金，隐形门槛越来越高。创业是一件九死一生的事，80% 的公司会在三年内倒闭，90% 以上的公司会在五年内倒闭。

想创业或者想通过副业变现，如果一上来就投入大量资金，那么沉没成本就会相当高。而轻创业模式具备了人少、钱少、便捷、安全性高等优势。不需要大笔的创业资金，甚至可以做到零成本创业，这就是轻创业，也就是轻资产创业。

为什么要轻资产创业？是因为现在创业的风险很大。创业的最大风险就在于现金流，如果一个项目有很大的成本投入，但是又没有办法流入很多，那么迟早一天会倒闭。创业或副业变现要做有下限、无上限的项目。

我在产业园区领域从业十多年，产业园区里面以中小微企业为主，见过太多创业者由小到大、由盛转衰；也见过创始人提前布局第二曲线，实

现弯道超车。但总体来说，做实体的企业普遍离互联网太远，很难分到线上流量的红利。

很早就在说，互联网不是一个行业，而是一个工具，每一个企业都应该用好互联网这个工具。可是绝大多数的企业对于互联网的应用还仅限于发邮件、ERP 系统、OA 系统、金碟用友等，要是谁尝试过 SEO 优化就已经超过了 80% 的企业。早年能在电子商务上小试牛刀的企业很多都赚得盆满钵满，后来跨境电商也走了一大波流量。

以前中小企业要用好互联网，真是挺有难度的。但现在我们正处在一个最好的年代，如果现在一个实体企业想做互联网转型，比以往任何一个时期都更容易，成本更低、风险更小，可能获得的收益会更高。

那么，如何进行轻创业？或者说轻创业的方向是什么？

我的观点是，最值得大家关注的轻创业方向就是个人品牌，也就是说通过自媒体平台建立和维护自己的个人品牌形象。

一提到个人品牌大家首先想到的就是某某网红主播或者明星带货，其实你不知道的是现在互联网平台上有很多腰部的博主，以线上积累的流量为基础，通过“线上 + 线下”的变现方式，能让自己活得足够滋润。

个人品牌轻创业是一个很有意思的话题，但是涵盖的内容也非常庞杂，如个人品牌如何定位、如何打造个人品牌产品、如何选择合适的平台、如何建立自己的 3+9 核心团队、如何快速实现产品迭代等。

如何在这个数字化时代轻创业或者创业，具体细节我们会在后面的章节中展开。

三、财富四象限

正如本节的标题——轻创业也许是当今性价比最高的选择。我为什么会强调“性价比”呢？因为作为一名“经济人”，我们无论是选择做一名职业经理人，还是选择创业，都要考虑投入—产出。

如果要考虑投入产出比，那么就要结合四种社会身份来详细谈一谈了，这就是我要讲的财富四象限。

如果你想读一读关于理财的书，那么我推荐读理财经典的顺序是这样的：《巴比伦富翁的秘密》、《富爸爸　穷爸爸》系列、《邓普顿教你逆向投资》，然后才是《小狗钱钱》。

《小狗钱钱》诠释的要点很简单，我总结下来，只要能记住图 5-3 所示几点就差不多了：

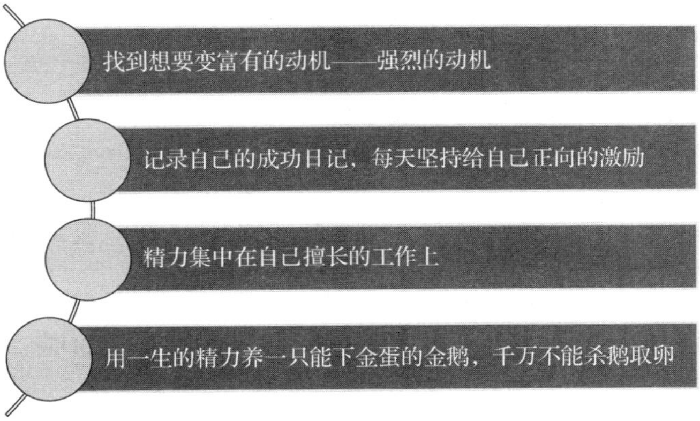

图 5-3 《小狗钱钱》带给我的四点启发

不要吃惊，道理就是这么简单。问题在于我们有没有以书本所授方法，厘清自己的财务状况、有没有根据实际情况制订适合自己的理财计划、有没有依照计划行动起来、行动能坚持多长时间。这些才是问题的关键。

女人的经济基础不是只有出门工作这一条路。在《富爸爸　穷爸爸》系列图书里，将人的职业分为四个象限，分别是 E——打工者、S——自由职业者、B——企业主、I——投资人。作为女人，我们可以成为这四者中的任意一者，甚至身兼数职。

当然这系列图书里强调让大家都摒弃 E 和 S 的角色，努力成为 B 或 I。我倒是认为女人不要给自己太大的压力，成为一个称职的 E 或 S 也能够有自己的一席之地。重要的是做什么像什么，干一行爱一行。其实，在 E、S、B、I 四个角色中我们都能从中找到自己未来的人生角色，并沿着这个角色定位，取得家庭地位，实现财务自由。

首先我们从E——打工者——开始谈起。社会上数量最多的从业者的职业角色还是打工者。我个人理解的打工者包括企事业单位职工、管理者、私企从业者、公务员、社会组织从业者等。

虽然前几年国家提出“大众创业、万众创新”，很多刚毕业甚至还没有毕业的朋友就开始了创业道路。但是，毕业后绝大多数的人还是会选择一个行业，开始打工生涯。我在银豹公司工作的十年间见过很多人创业失败后又回过头来打工，还有更多的人从始至终都在打工。

现在打工这个词似乎多少有点贬义的色彩，因为打工就意味着不自由、收入有限、受上级打压等弊端。

相反，我却认为打工有诸多好处：

（1）如果你不是首席执行官（CEO），你不必承担向股东和投资人交代企业盈利状况的压力。

（2）如果你不是首席财务官（CFO），你不必为企业的现金流操心，也不必为高负债承担压力。

（3）如果你不是首席技术官（CTO），你不必担心明天竞争对手掌握的核心技术就领先了一个时代。

（4）如果你不是首席媒体官（CMO），你就不用承担与媒体保持友好关系的压力。

（5）如果你不是人力资源负责人（HR），你不必承担找不到与岗位匹配的人才的压力。

（6）在一个系统中的某个环节做具体的工作，不必样样精通。

（7）不用具备工商、安监、税务、消防等专业知识。

（8）旱涝保收，有一份固定的收入。

如何成为一个合格的打工者，我觉得可以这样考虑：

（1）有明确的职业目标，如我要做一个优秀管理者、我要成为一名成功的销售人员、我要成为一名出色的设计师等，总之要具体。

（2）明确一个实现目标的时间进度分解表，如八年内成为一名设计总监、五年内成为设计项目经理、三年内成为一名设计主管、两年内能独立地负责一个设计提案。

（3）列出每个阶段职位所需要的核心能力，如如果需要成为一名设计总监需要有独到且成体系的艺术审美能力、需要对行业发展趋势有自己的判断、需要有设计界的核心人脉圈、需要对品牌有个人的认知体系等。

（4）准确定义自己目前所处的职业等级，首先自查列出自己所需要加强的业务能力及其他能力，并将自查结果向顶头上司汇报，听取上司的建议。

（5）多参加行业活动，多听听行业大牛的分享，多与同行交流。

（6）少说多做、多学习。

（7）像生活不需要花钱一样对短期劳动报酬不计较。

《富爸爸　穷爸爸》系列图书认为自由职业者是不自由的，原因如图 5-4 所示。

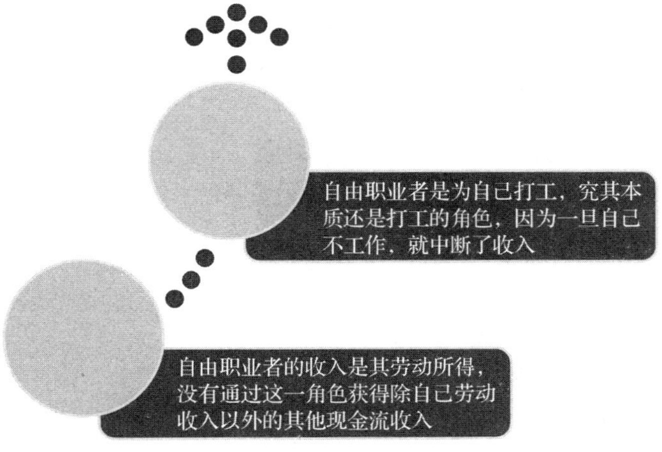

图 5-4 《富爸爸　穷爸爸》认为自由职业者不自由的两个原因

其实我在银豹公司工作的时候，我的观点与这本书不同，我认为成为一名自由职业者是一个不错的选择，主要是因为：

（1）虽然自由职业者没有绝对的自由，但如果成为企业主和投资人则会有更多不自由的地方，核心技术、核心客户都需要企业经营者全力以赴。

（2）相比企业主和投资人的高风险来说，自由职业者承担了较小的风险。钱是挣不完的，理论上可以随时给自己放假。

（3）不受工作场地和工作时间的限制。如果你是一位全职妈妈，而没有太多的工作经验，可以从保险业务或者微商等门槛较低的渠道进行起步。

（4）投入资金较少，甚至可以说前期无投入。

（5）自由职业者为自己打工，不用受所谓“剪刀差”的剥削。

（6）沉没成本低，即便第一次失败了，失败产生的学费也没高昂到打消你所有的斗志。

（7）要成为一名合格的自由职业者，很有可能会在营销、人际、产品知识等方面得到充足的锻炼，这些工具和技能使你随时可以往打工者、企业主或投资人进行转型。

所以，当时的我认为“自由职业者”是自由的。那么，如何成为一名合格的自由职业者呢？成为一名合格自由职业者的步骤如图 5-5 所示。

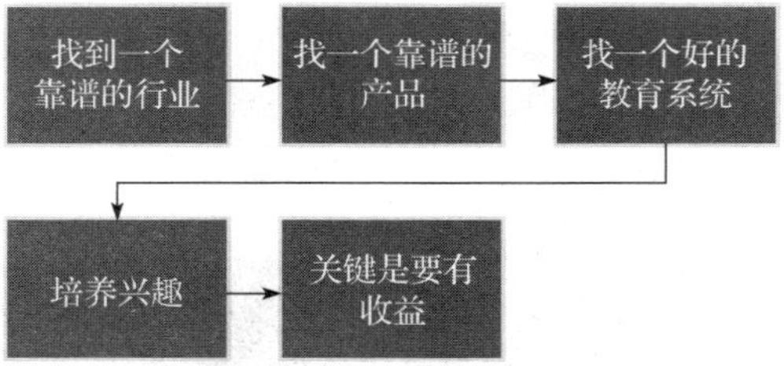

图 5-5　成为一名合格自由职业者的步骤

（1）找到一个靠谱的行业，标准是该行业处于成长期和成熟期，而不是处于萌芽期和衰退期。

（2）找一个靠谱的产品，标准则是萌芽期或成长期的产品品牌。那么，为什么与选择行业的标准不一样呢？因为成熟的产品市场占有率已经足够大了，你好不容易挖掘的一个客户，很有可能已经在使用这种产品了。要知道理性的消费者更愿意选择一个经验丰富的销售顾问。但是，一个新产品就不一样了，如果这个产品市场前景被看好，客户是很可能进行新的尝试的，毕竟猎奇心人皆有之。

（3）找一个好的教育系统，这个好的教育系统包括好的领导、好的培训体系，这样既能尽快地熟悉产品和公司，又能保证在有疑问或问题时随时能找到解答和帮助解决的人。

（4）培养自己对所从事自由职业的兴趣，并且善于学习，努力结交圈子里的专业人士，甚至是大咖。

（5）最关键的一点是要有收益。

《富爸爸 穷爸爸》系列图书里的第三个象限——B（企业家）。企业家和投资人是该书中倡导所有人都以之为目标的职业角色。企业家是指拥有自己的商业运营系统的人。而且这个系统并不依赖于企业家个人，能自行良性运转。

举个例子，如果你拥有一家美容院，自己是首席美容顾问兼美容师，店里有两个美容助理。你在的时候门庭若市，你不在的时候两个美容助理却无法独立服务客人，不能为客人独立做一整套护理流程。那么，你只是一个自由职业者，并不是一个企业家。因为这家美容院的收入主要是以你个人为主的劳动所得，你不在时这个系统无法正常进行运转。

其实企业规模并不是区分自由职业者和企业家的标准，只有企业能否离开老板而良性运转这一条才是。这样看来，自由职业者应该叫老板，而不应该叫企业家。比如，银豹公司非常依赖于老板，如果老板不在公司一段时间，估计公司运转就会出现很大的问题。

有抽样调查显示，中国民营企业的平均寿命仅 3.7 年，中小企业的平均寿命只有 2.5 年；而在美国与日本，中小企业的平均寿命分别为 8.2 年、12.5 年。

终极象限——I（投资人）。在这个“大众创业、万众创新”的时代，项目找资金、资金找项目。资金是每一个创业的团队在不同的时期都会需要的东西。

在大众的心目中，投资人是一个光鲜亮丽的职业。每天的工作和生活场景就是跟各种需要钱的公司经营者谈判，在各种活动秀场点评创业项目和团队，头等舱、公务舱全球飞，名牌傍身，晚间觥筹交错、推杯换盏……然而，这可能只是为数不多的几个投资界大佬的生活。

其他中小型投资机构向前需要找好项目，找各种理由套近乎、承诺能提供非同一般的服务；而后需要找土豪，扩充基金规模；再看看左右，无数滥竽充数的商业计划书和异想天开的创业点子如潮水般涌来，分分钟把自己淹没。

投资风险很大！共享单车、共享充电宝、打车软件、垂直电商等这些行业当时有多少资本拥入，又有多少湮没在资本浪潮中，其中很多业态从萌芽期到衰退期不过短短的两年时间。在这两年时间里，烧了投资机构多少钱？而这些钱就这么悄无声息地消失了，用通俗一点的话来说，就是打水漂了。

这里说的是专业机构的投资行为，而书里更多是说个人的投资。投资方法包括房产、股票、基金、债券、黄金、外汇以及交给上面所说的专业公司进行打理。接下来的章节我会给出房产、股票、基金、债券、黄金、外汇等细分类别的投资建议，以最简单的语言分别叙述。沿着一个正确的方向坚持下来，是通往成功的必经之路。

如果要在生活中当一个合格的投资人，最重要的是积累原始资本，然后在不同的方向进行合理资产配置。在接下来的章节中我会分别就不同的投资类别讲述最易操作的方法。

第三节　没有财务自由怎能叫逆袭

一、财务自由路上的“四大天坑”

我的炒股生涯大约经历过两个阶段，这两个阶段都是以惨败告终。

2008 年我刚到银豹公司，公司同事基本上都炒股，每天大家午餐和下班时间总有一个绕不开的话题，就是炒股。特别是公司财务部比我大 10 岁的曼曼姐，她就是我们公司的理财大神。我只是午餐时间听大家说起曼曼姐炒股一年赚几十万元，每年打新都赚十来万元，言谈之间尽是艳羡。

2008 年年底的时候我禁不住诱惑，终于在某个下午到离公司最近的国泰君安证券营业厅开了户。我把 2 万多元存款全部投入了股市。

结果当然是以惨败告终。2008 年的时候我的月工资只有几千元，我当时亏损了 8000 多元，割肉离场。最后在证券账户上留了 0.01 元，若干年都没有再打开过软件。

我在股市的第二次惨败是 2015 年，从 2014 年下半年到 2015 年年初，A 股开启了新一轮牛市。牛市的标准是什么呢？当身边的大多数人都开始谈论股票的时候，就是牛市到了。在这个牛短熊长的市场，牛市到了，熊市还会远吗？

在这一轮行情中，我首先是投了 8 万元，一个月时间就赚了 2 万元。这也得益于各路“股神”的热心荐股。牛市多股神，只有退潮的时候才知道谁在裸泳。

接着我开始把本金加仓到 50 万元，到 2015 年 5 月的时候我的盈利已经达到 5 万元了。那个时候整个股市有多浮夸呢？朋友见面谈论的是股票，熟人见面谈论的是股票，商务谈判开场见面寒暄谈论的是股票，金融从业者谈论的是股票，白领打工人谈论的是股票，大爷大妈谈论的是股票，学生党谈论的也是股票……仿佛大家见面必谈甚至唯一的话题就是股票。

2015 年 6 月 14 日开始逐渐出现要严查配资的声音，但是牛市的时候大家往往对利空的消息都不敏感。6 月 19 日出现第一次“千股跌停”，大家还没有来得及把惊恐消化完，“千股跌停”便成了家常便饭。持仓股票跌去 40% ～ 60% 是普遍现象，当然我也不例外。在整个下跌的行情中，我无数次都以为股市要触底反弹了，所以又不断地补仓。我前前后后投入的近 100 万元本金，到我 6 月底清仓离场的时候只剩下了不到 43 万元。

我是完全没有配资的，虽然跌得很心疼，但还不至于伤筋动骨。听身边做金融的朋友说天天接电话，让他们筹钱，不然马上就要被平仓。一个普通的融资融券都能爆仓，想想有多可怕。我离场尚早，接下来的熔断、千股停牌、千股复牌等史无前例的情形我只是隔岸观火，没有再经历更严重的切肤之痛了。

如果你没有配资，而且资产是有计划地均衡配置，股灾虽然会对你有影响，但是影响既不深远也不会很持久。特别是，如果你是一个长期主义者，做的是股票定投和基金定投，这种行情反而是非常好的加仓机会。

不仅是富豪有财富焦虑，其他人更甚。中国平安在《2017 国民财富焦虑报告》中说：17.6% 的人处于低焦虑，78% 的人处于中度焦虑，4.4% 的人处于高度焦虑。总之，大家对财富都很焦虑。

在这种情形下，工资收入低的打工者，可以采用以下方式增加存款：

（1）开设一个只进不出的账户，每月固定拿出一部分收入存进去。最低不低于月收入的 10%，最好是能达到 50%。如果你对自己保管好这个账户没有信心，那么就直接转给你最信任而且财富保管能力最强的人，让他帮你存。这个钱就不要去想什么基金、理财了，根本不用去想收益的问题。这个钱根本不是为了赚收益的，而是积累本金，养成储蓄习惯的。

（2）断舍离，扔掉家里不必要的东西。很多人的超前消费都是被欲望助推的，降低欲望是节制消费的基础。讲真，当一个人有了断舍离的习惯后，会发现自己的生活根本不需要那么多东西。这样，自然就会减少买东西。

（3）努力工作，主动要求加班。如果一个人空闲时间太多，就会只想着逛街、网购。

但是我敢说，我告诉了他们方法，他们也很难做得到。“知道”和“懂”之间差了十万八千里，“懂”和“做”之间又是天冠地屦，“做”和“坚持”所带来的结果又是天渊之别。

无论是债券、基金、股票，还是房产、期货、P2P，在我看来，每一个都有可能是坑。而且这些坑还有门槛，门槛就是你需要有一定量的本金。说白了，往往是那种手里有一定的资金，但是感觉收入上涨乏力，努力想寻找其他致富途径的人最容易踩坑。

普通人不论是生活品质提升还是家庭财富的积累，基本都不是通过理财来实现的。财富就是社会创造的副产品，只要勤奋学习、努力工作、目标清晰、懂得爱与被爱，就会少踩坑，生活就能越来越好。

二、如何走上财务自由之路

根据国家统计局披露，2015 年，中国人口平均寿命达到 76.34 岁。世界银行数据显示，2015 年世界人口的平均寿命为 71.60 岁。

人类的平均寿命越来越长，意味着一个人从退休到寿终正寝的时间越来越长。再加上通货膨胀的因素，意味着我们要为退休生活准备更多的钱。最近，我身边浮现出越来越多的理财失败的案例，有些是好朋友的，有的是远房亲戚的。他们的职业不一样，理财失败的原因也不尽相同，但是还是可以总结出一些失败的共性的。普通人理财失败的共性如图 5-6 所示。

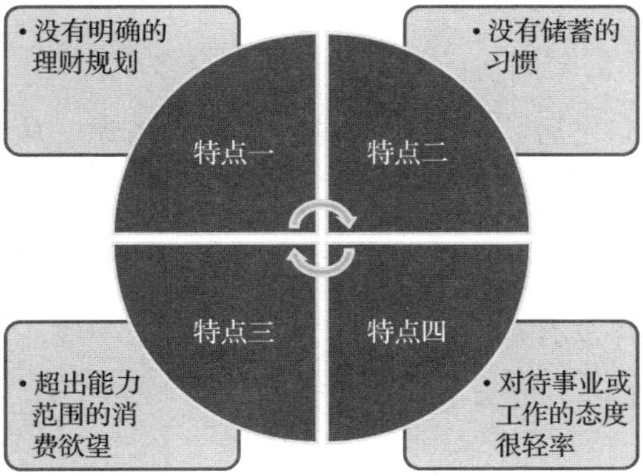

图 5-6　普通人理财失败的共性

第一，没有明确的理财规划，不懂得将金钱均衡地配置在储蓄、保险、房产、股票、基金等方面。

第二，没有储蓄的习惯，还喜欢今天花明天的钱，身上一大堆卡债、小额贷等信用贷款。

第三，超出能力范围的消费欲望，明明只是工薪阶层，却想过奢侈的生活。

第四，对待事业或工作的态度很轻率，明明这项事业或这份工作是自己唯一的经济来源，还整天心不在焉，盼着高薪的工作能从天而降。

有作家以韩国的社会背景创作了一本关于退休的书，故事主人公钱小俊是一名30多岁的企业中层管理者，通过他的自述与梦境告诉我们，如果在年轻的时候不为自己退休后的生活早做打算，老年时无钱的生活状况会是如何潦倒。

如果你对这个话题感兴趣，下面这些问题你可以试着回答：

你计划多少岁退休？

如果不出意外你能活到多少岁？

从退休到寿终正寝是多少年？

退休后每个月你需要多少钱的生活费？

从退休到寿终正寝一共需要多少钱？

你从现在到退休一共还能工作多少年？

平均每一年你需要为自己的退休生活费存多少钱？

这些问题答完之后，你可能觉得我在贩卖焦虑。从2018年开始，我就听到过身边熟悉的同龄人因欠下几十万元到几百万元的民间借贷，而被逼得精神异常、家破人亡的故事，这让我感慨良多。我们父母那一辈虽然日子清贫，但是都没有被金钱压垮。到了我们这一代，大家赚钱容易了，怎么反而越来越多的人成为金钱的奴隶？

专栏 5-3

李善友的“批判思维”

早在2300多年前，古希腊哲学家和科学家亚里士多德就提出：在每一个系统的探索中都存在第一性原理，这是一个最基本的命题或假设，不能被省略或删除，也不能被违反。

现在李善友说：哲科思维是工商业文明的底层算法语言，根基是亚里士多德的“第一性原理”。

创新精神的第一性原理是批判性思维，独立思考，普遍怀疑，反共识。没有批判性思维，认知边界就没有办法打破。

李善友毕业于南开大学，他的职业履历不可谓不亮眼，摩托罗拉、美国铝业、博士伦……外商投资企业在国内开疆拓土时，他在外商投资企业搏击。门户网站大行其道时，他在搜狐网任总编辑，2005 年搜狐获得 2008 年北京奥运会的互联网内容服务赞助资格。2006 年视频网站风云初起，他从搜狐功成身退，创立酷 6 网。获得千万美元级投资，成为视频分享行业的第一门户。2014 年他抓住“双创”浪潮的机遇，创办了中国创新者学习社群，开办了混沌学园年度大课。

李善友说自己是个极其幸运的人，能有机会经历多种人生和职业角色：一个出生在东北偏远农村的人幸福地生活在北京；一个学理科的人从事了人力资源和总编辑的工作而后自主创业；一个就业于最前沿的互联网领域的从业者却着迷于历史和国学。所以，李善友创办混沌学园的愿景就是把中国的国学和西方企业管理相结合，中学为体，西学为用，框架为相，走出一套中国式管理之路。

人们只有不断地自我否定，才能在面对新事物、新技术、新方法、新业务时虚心向他人请教，而这些被请教的对象很有可能是比你年轻的人和看似经验不如你的人。

不断迭代才能越来越好。从熵增定律可知，你不整理自己，状态就会越来越糟糕。其实从职场小透明到职场老鸟，只有极少数的人会随着时间的推移和经验的积累越来越睿智；而绝大多数人过了巅峰期之后，就会变得越来越笨，越来越讨人嫌。可怕的是，数字化时代发展太快，这个巅峰期来得越来越早了。

一名合格的管理者对下属的指导应该是具有导向性的，面对新时代的年轻下属，管理者应该把“领导”这两个字从认知和行为系统里渐渐弱化，与此同时，应该渐渐强化“赋能”思维和意识。时代在变、技术在升级，不变的是工作中“解决问题”和“结果导向”的本质。只要管理者能在工作中利用第一性原理，以需求为导向，树立大局观就能够牢牢把握住工作主动性和创造力，避免沦为一个“二传手”管理者。

人要做到自我否定是在和人性作斗争，很难。那么，还有没有更难的？有，那就是“群体信念”。当说一个人说到“我”这个字的时候，就像是一种主体性认同，就好比我们在数字时代，无论是用电脑还是用手机，登录任意一个终端或者软件都需要有一个ID。比“我”这种主体性认同的威力更大的就是“我们”这种群体经验。群体信念的核心假设就是群体经验，它是指群体如果相信一件事，那么群体中的一员就会习惯性地接受这个观点。

李善友认为，承认“我错了”的本质是“自我否定”，而承认“我们错了”的本质则是“普遍怀疑”的思维，也就是批判性思维。

近年，混沌学园陪跑了上百万中国的创业者，以哲学和科学的思维为基础，打破事物的边界，探寻其本质，和创业者们一起求索中国的商业创新。李善友自诩为一个“依旧好奇的中年人”，甚至被同事戏称为“拥有不知羞耻的好奇心”。他把对哲学科学的好奇融入课程，并因此打磨出两门经久不衰的创业课，现在每天仍有数万人在学习并从中寻找他们创业问题甚至人生问题的答案。

李善友和混沌学园没有停，他们与中国创业者一起探寻活着的意义和改变世界、改变自己的方法，并一步一个脚印地创造属于自己和这个时代的未来。聚合创业的信心，碰撞批判的能量，勃发创业者的生机，共享时代的机遇，共创未来的蓝图。

（笔者根据多方资料整理而成）

资料来源：
①匡冬芳，刘宁．李善友：互联网行业的布道者 [J]．互联网周刊，2008（17）：86-88．
②汪洋．李善友：成败不惑 [J]．21 世纪商业评论，2012（8）：81-83+80．

现在社会上有声音提出应该给城市和农村独生子女的父母提高 10% ～ 20% 的养老金。我是独生子女，我的父母是城市退休职工，爸爸退休金到手大约 2600 元，妈妈大约 2500 元，加在一起大约 5100 元 / 月。提高 10% 就是每月加 500 元，提高 20% 就是每月加 1000 元。

但是多一点也不能改变他们的生活，而且 5000 元一个月也足够他们每个月的生活了。不仅够生活，我父母的老同事，都是自带退休金去带孙子，还要贴补孩子的生活，也没见谁过不下去。而且他们都有比较完善的医疗保险，大病小病基本国家都给负担了。

讲到这里，我反而觉得“财务自由”不在于收入或者资产有多少，而在于个人的生活、消费方式和对幸福、财富的感知力。“财务自由”的前提是心灵自由，如果心灵自由了，即使周末还要工作也快乐；心灵不自由，天天不工作也不快乐。

三、你在马斯洛需求的第几层

小时候我们不知道什么是快乐，但是我们经常很快乐；长大后，我们好像都对快乐有了自己的定义，但是却常常不快乐了。我们有了更多的钱、更多的时间，为什么反而不快乐了？中国飞速发展了 40 年，“快乐”被大众打上了物质享受的标签：豪车、豪宅、爱马仕、海蓝之谜、最新款的 iPhone、头等舱、超五星级酒店、下午茶……这些就是快乐吗？这些物质能弥补空虚的心吗？在大学里，管理学、微观经济学、政治经济学、管理心理学老师都提过马斯洛需求层次理论，所以此时此刻，我还是不由自主地想：除了基本生存追求，是不是也应该想想更高层次的追求？

大家都在说，年少时拼学习成绩、迈入社会时拼收入、中年时拼孩子良莠、年老时拼身体素质。这似乎是在诠释人生的每个阶段所追求的重点不同，每个阶段具体幸福标准也不一样。我认为，无论在哪个阶段，幸福力都是一个多维的、复合的概念，不是某一项单一指标所能表达的。

以前我虽然试着计算过退休后需要多少钱生活，但是我认为钱并不是年老时幸福生活的唯一元素，兴趣爱好也是支撑退休后的老年生活很重要的元素。中国的老年人与西方的老年人不太一样，西方的老年人越老越爱独处，渐渐冷处理人际关系；而中国的老年人则越老越爱热闹，打麻将、广场舞、夕阳旅游团等。

但是，无论是中国的老年人还是西方的老年人都必须面对退休后突然多出来的大把时间，因此兴趣爱好此时就显得尤为重要。兴趣与工作对于人生的作用不仅是经济来源，它们还是人类快乐的源泉。也许有人会说：我最大的快乐就是不工作！工作每天必须起早贪黑，面对固执的领导、吝啬的老板、满怀敌意的同事。这些就算了，辛苦工作还只能挣个仨瓜俩枣，总是攒不下半个子儿。这样的工作怎么会是快乐的源泉呢？

这世间大部分诗人、小说家、作曲家、画家和雕塑家都注定在一生中的大多数时间里独处。很多伟大的人终其一生都没有娶妻生子或与他人建立亲密关系，但他们用爱好与精神障碍作斗争，最终取得了举世瞩目的成就。抑郁是一种每个人都会在不同时期存在的，持续时间长短不一，且程度不同的情绪。不过正常人的抑郁心情或情绪与病态的抑郁症是有明显区别的。无助感是抑郁状态中非常重要的一部分，而此时让自己沉浸在健康的爱好中，则是克服这种状态最有效的方法之一。

任何一种工作或爱好，都可以在一定程度上减轻抑郁之苦。如果一个人忙得无暇顾及所有时，抑郁自然也容易被忽略。没有比懒散更能引起抑郁的了。所以，兴趣与工作对人生的作用不仅是经济来源，更是快乐的源泉。

专栏 5-4

百岁杨振宁的职业生涯

著名物理学家杨振宁出生于1922年，他在统计力学、凝聚态物理、粒子物理、场论等领域拥有13项诺贝尔奖级别的成就。让我们通过杨振宁传奇的百岁人生来体悟职业生涯。

心理学界精神分析学派创始人西格蒙德·弗洛伊德认为人的童年经历会影响他的一生，杨振宁的童年无疑是幸福美好的。

杨振宁的父亲杨武之是清华大学数学系教授，他是最早把西方数学引入中国的先驱之一，陈省身、华罗庚都出自他的门下。杨武之从芝加哥大学获得博士学位后回国便被清华大学聘为数学系教授，杨振宁也随父母住进了清华园。

杨振宁出生仅10个月，父亲便去美国留学五年，期间杨振宁与母亲相依为命。这位裹过小脚的母亲凭着念过几年私塾的功底对杨振宁进行启蒙教育，在杨振宁6岁以前母亲就教他认会了3000个字。杨振宁说母亲除了教会他3000个字，更重要的是教会他拥有坚强意志的信念是一种无比的力量。

杨振宁家里有很多英文和德文数学书，他从小就喜欢翻看这些书，并展现出了数学天赋。甚至有一次在校图书馆看完书后，杨振宁竟对父母说：将来有一天自己要拿诺贝尔奖。

1937年卢沟桥事变爆发，清华南迁昆明，与北京大学和南开大学组成了西南联合大学。16岁时杨振宁以全国第二的成绩考入西南联合大学，在这里完成了本科和硕士的学习后，成为一名教员。生活艰难、战火纷飞也没有阻挡杨振宁在物理学研究之路上行进。

杨振宁曾说，有人找到了正确方向，有人却走进了穷途末路，费了很多时间得不出结果。所以，人要清楚方向，选对方向。

这是杨振宁对学生的寄语，也是他对自己科研生涯的总结。

1945年8月，杨振宁跟随当年父辈的足迹赴美国芝加哥深造。从芝加哥大学博士毕业后，他继续前往普林斯顿高等研究所做博士后，在此期间，他与爱因斯坦成为同事。

1957年，杨振宁与李政道共同发现了宇称不守恒定律，并因此获得了诺贝尔物理学奖。除此之外，杨振宁还提出杨－米尔斯规范场理论和杨－巴克斯特方程等，并在统计力学、凝聚态物理、粒子物理、场论等领域做出了卓越贡献。在一次国际物理会议后的集体合影中，杨振宁被与会嘉宾一致推举站在C位，这个位置曾经爱因斯坦也站过。业界曾说：很难想象，假如没有杨振宁和李政道，今天的理论物理会是什么样子。

由于时任美国总统杜鲁门下了一道命令，凡中国血统且在美国取得理工科博士学位的人不准许回国，杨振宁错过了回国机会。

直到1971年，杨振宁才首次乘机回到阔别26年之久的祖国。

此后几十年，杨振宁为我国科学发展做出了巨大的贡献。他为清华大学、南开大学、复旦大学筹集了金额巨大的科研经费，无偿协助建设了几十个实验室。在清华大学工作的20多年间，他变卖自己在美国的房产，个人捐款逾600万美元，发表SCI论文数十篇，将清华大学三个物理研究领域带到了国际一流水平。他还不断说服世界顶尖科学家来中国发展（包括图灵奖唯一的华人获奖者——著名计算机科学家姚期智），为我国培养了一批又一批计算机科学领域的顶尖人才。

2015年，杨振宁放弃美国国籍成为中国公民。杨振宁曾说自己原来不懂同学、好友邓稼先的“共同途”，后来终于明白，他与邓稼先虽然做了不同的人生选择，但在对祖国的情感上面一直都是同道中人。邓稼先在国内兢兢业业，做一方“基石”；杨振宁在国外心系人民，架一座“桥梁”。

不仅在对祖国的情感上，在对事业的追求上，杨振宁与邓稼先虽然研究领域不同，但都倾尽所有，只为共赴“千里共同途”。

杨振宁曾在第一届腾讯“科学探索奖”颁奖典礼上说，科学研究工作者一生有两个最困难的时期：第一个困难时期是做研究生的时候，要选题目，要从学习到研究，要改变、要发展一个新的方向是困难的。第二个困难时期是获得博士学位后 5 ～ 10 年间，要选择一个领域，做出一个能站得住的工作，这是一个新的挑战。

杨振宁在南开大学演讲时说，任何学术研究都离不开三个要素，即眼光、坚持与能力。前沿研究多半要面临种种困难，需要坚持。

有媒体说，杨振宁如此高龄仍然坚持每天上班，坚持发挥余热，怎能不叫人尊敬。

的确让人由衷尊敬！但也让人觉得羡慕，工作能让人愉悦、获得成就感，也能让人更年轻、更健康、更有活力。人们对于工作的付出和收获都是成正比的，但愿我们能做好职业生涯规划，像杨振宁先生一样活到百岁，仍然能在工作中汲取事业的养分，为生命赋能。

（笔者根据多方资料整理而成）

资料来源：

①孟庆醒，炸年糕大王．杨振宁：勇攀科学高峰的爱国赤子 [J]．新世纪智能，2022（Z0）：73-77.

②刘保林．你奉献给祖国的如此纯真——记《感动中国 2021 年度人物》百岁物理学家杨振宁 [J]．中国产经，2022（7）：30-41.

我有一位住在深圳的姑奶奶，逢年过节，我总是会到姑奶奶家拜年拜节。姑奶奶的儿女经常说：孝顺孝顺，顺就是孝。很多子女人到中年，就认为自己人生阅历很丰富，而父母已经老了、糊涂了、跟不上时代了，总喜欢指点父母的生活方式，还认为是为父母好，其实这是最大的错误。

父母是老了，只不过他们跟我们是两个时代的人，生活方式也不一样。儿女认为好的生活方式，对父母来说未必适用。

我的姑奶奶已经 70 多岁了，是 20 世纪 90 年代跟随子女到深圳生活的。她退休之前是小学老师，忙了一辈子，到深圳来也闲不住，加入了社区的老年舞蹈队和义工联，成为一名志愿者。其实姑奶奶检查出来肺癌好几年了，但是看起来她的状态很好。她说，做义工能让她忘记很多不开心的事，还能暂时忘记身体的不适，和一群有爱心的朋友在一起，彼此之间传递的都是满满的正能量。换成是其他人，可能会阻止她出去做义工，希望她能好好养病，但是姑奶奶的儿女很支持姑奶奶去做义工，因为他们认为顺即是孝，老人怎样开心就怎样。

深圳涌现了丛飞、李泓霖、高正荣、孙影等非常具有影响力的义工，他们的故事被大家所熟知。而深圳相互帮扶的城市氛围更是由超过百万名普通志愿者以及他们的家庭所共同营造的，每次到姑奶奶家都会听她说很多义工联的故事。

通过姑奶奶口中的那些发生在身边的鲜活生动的义工故事，我对深圳这个义工之城的标签有了一个感性的认识。而后来因为工作使我能有机会走到这个爱心城市的里面，近距离地感受来自这个城市以及城市里的人们，他们的爱、善意和心底里的阳光。

第六章

数字化时代的新追求

我们都说数字化时代已经到来，它正在给我们的生活带来巨大的改变。在生活上，快递物流、同城服务让我们的生活越来越便捷；在健康上，物联网、生物科技让我们的生命更加有保障；在就医上，数据监测、社区医疗让我们对抗疾病更加轻松；在消费上，电子商务、社区团购让我们购物轻松快捷；在就业上，人工智能、云计算让我们的劳动创造更多价值。

国家大力倡导发展数字经济，个人主动拥抱融入数字时代，关乎着我们每个人的明天，更关系到国家大局。那么，数字化时代是否需要更新升级我们的追求?

第一节 未来已来

了解事物的本质和规律是成功的前提，必须出离自我的意识，才有可能做到真正的了解；成功了收获的是经验，失败了得到的是教训，这两者都是我们成长的基石。任何人对待生活都可以我行我素，但是需要我们负责任地我行我素。

一、未来我行我素

我的人生信条是可以负责任地我行我素。而可以负责任地我行我素一定是全面开花结果的幸福人生。在人生当中，加、减、乘、除分别代表的是最重要的四项内容。

加代表兴趣、减代表恶习、乘代表金钱、除代表欲望。小学低年级的时候，数学老师就教我们在四则混合运算中，应该先乘除后加减。套用在人生的四则混合运算中，就是先赚取尽可能多的钱，并尽可能消除欲望，再培养兴趣，减少恶习。为什么我认为这四项是人生中最重要的内容呢？

金钱：一定数量的金钱是保障基本生活的基础，最基本应该是食能果腹，居有其屋。这样才是一个拥有独立生活能力的人。尚有余力，还能老吾老以及人之老、幼吾幼以及人之幼，那就既愉悦了心灵又促进了社会和谐发展。

欲望：当一个人的能力与欲望不匹配时是非常痛苦的。明明一个月挣3000元，却想开豪车、用奢侈品是不是很痛苦？年薪百万元时，是可以开豪车了，却想着深圳湾一号的豪宅、海湾的私人游艇是不是也很痛苦？一个私企老板，别墅、游艇有了，却想着一定要在三年之内上主板是不是更痛苦？欲望层出不穷，如果与能力不匹配则对人生的破坏力无穷。

兴趣：人们是否感到幸福，兴趣起了很大作用，无论这种兴趣是做蛋糕还是造飞机、是看电视剧还是弹奏钢琴、是种花种草还是研究 DNA 图谱。兴趣能让人在漫长的独处时间里不感到无聊、无助、寂寞，因此培养没有害处的兴趣是幸福人生的重要内容。

恶习：恶习这个词跟“金钱、欲望、兴趣”三个词相比内涵是最丰富的。如抽烟、酗酒、打架、赌博、懒惰、任性、浪费……虽然恶习的表现形式多样，但是标准却很简单，那就是违反法律和道德的行为。如果标准更高，那就包含更多了，如公司有公司制度、家庭有家规、学校有校规、参加比赛有比赛规则等。

专栏 6-1

只做玻璃的曹德旺

20 多年前，福耀玻璃工业集团股份有限公司的董事长曹德旺到美国考察，看到了福特博物馆，看到了遍布大街小巷的汽车旅馆，他认为汽车就是美国现代文明很重要的代表。

精明的曹德旺想，当时的中国和美国有 100 年的差距，什么产业在美国 100 年前兴盛，现在仍然兴盛呢？如果这种产业存在的话，是不是就意味着这个产业可以在中国有广阔的发展前景呢？

曹德旺想到了华尔街，也想到了福特博物馆。他知道任何一个人的时间、精力、金钱都是有限的，换句话说人生有限，如果想在有限的人生当中将资源发挥出最大效用，需要一把放大镜，将所有的能量都集中到一个点上，管理学上叫作专业化发展路线。

“聚焦”这两个字，曹德旺花了整整 20 年才悟得。

曹德旺的经商天赋似乎是从父亲曹河仁那里习得和传承的。曹河仁早年在日本开布店，赚得了第一桶金 10 万日元，回到中国入股上海永安百货，过上了顺遂的生活。1947 年曹河仁和当时上海众多企业家一样搬离上海，回到了福建老家。岂料在搬迁路途中，那艘装着曹家全部家当的机动船遭遇风暴沉没于海上，因此家道中落。幸亏曹河仁的妻子变卖了首饰在高山买了块地建起房子，辛勤劳作于田间，养育了包括曹德旺在内的 6 个孩子。

年幼的曹德旺由于顽劣调皮，闯了不少祸，不得不辍学回家放牛，成了一名放牛娃。但他不改其好学的本性，即使放牛也在读《新华字典》和《辞海》。接着曹德旺和父亲一起当起了水果小贩。1983 年，曹德旺承包了一家玻璃厂，主业是生产水表玻璃，他的第一桶金 6 万元就是这个项目赚到的。

1984 年，一件小事成了曹德旺的玻璃公司转型升级的起因。当时曹德旺去武夷山出差，当地派了一辆车全程陪同。由于担心上山道路崎岖，像其他游客一样，曹德旺在山脚下也买了一根登山杖。他拿着登山杖在上车的时候，司机下意识说了句：曹总，小心车玻璃，碰破了赔不起。

司机到底是说司机自己赔不起，还是说曹总赔不起，这个无从考证了，但所表达的意思肯定是这玻璃很贵。

曹德旺心想：我一个做玻璃的，你这车玻璃再贵，也不至于赔不起吧。

司机解释这个车玻璃很贵，一块前挡玻璃要好几千元。带着疑问的曹德旺在出差结束后开始了汽车玻璃的市场调查，结果令曹德旺非常吃惊，竟然真如司机所言，一块前挡玻璃真是好几千元。再深入了解才知道，当时国内的车用玻璃很多都是从日本进口的，因为当时国内还没有公司可以做这个产业，所以一块成本几十元的汽车玻璃到了国内就要价几千元。

情感上，曹德旺民族企业家情绪被激发了——今天我们还要受日本人欺负吗？理智上，曹德旺也因为这件事了解到原来汽车玻璃价格这么高，而且销路好，不要说国内，在国外都是抢手货。当下就决定投入汽车玻璃这个细分领域。说干就干的曹德旺在 1985 年就因为汽车玻璃的项目让自己的高山异形玻璃厂实现了利润倍增，被知情人称作“印钞机”。

1987 年，曹德旺与芬兰公司联合成立了中外合资企业福建耀华玻璃工业有限公司，并于 1988 年关闭了掘得第一桶金的水表玻璃厂，一心一意地经营福耀玻璃，以 108 万美元向芬兰公司进口了一台不用模具就可以做边窗玻璃的 HTBS 设备。福耀作为 HTBS 设备的全球第一位买家，用 6 个月就收回了购机成本。

1993 年，福耀玻璃上市，并开始了多线发展，除了玻璃之外，福耀还涉足房地产、室内装修、加油站、配件贸易等，看似热热闹闹，实则盈利有限。此时曹德旺找到了香港证券交易所的一位专业大咖，她点醒了曹德旺：投资人喜欢、懂得、研究哪个行业就会买哪个行业的股票，福耀一个小小的公司业务太杂，没有人敢买福耀的股票。

从 1983 年承包玻璃厂到 1993 年上市，曹德旺用了整整 10 年终于领悟了“聚集”两个字。因为这两个字，让全世界的人提到汽车玻璃就能想到中国福耀。

2014 年福耀买下美国 PPG 公司位于伊利诺伊州的工厂，并于 2016 年正式投产。

2022 年福耀实现汽车玻璃行业全球销量第一。

曹德旺的福耀是做玻璃的，他也像是一块玻璃一样做到极致聚焦。在当下资本助推下，多少企业和项目因为一个“概念”，经过精美包装后就走上了资本市场，成为所谓“独角兽”，而像曹德旺、任正非、宗庆后等一样一心做实业的企业家，在瞬息万变的世界里守正创新，则正是中国传统智慧的集中体现。

（笔者根据多方资料整理而成）

资料来源：

①佚名．福耀玻璃集团创始人——曹德旺 [J]．现代班组，2021（1）：23.
②昌之路．谋求发展　兼济天下——记福耀玻璃集团创始人、董事长曹德旺 [J]．商业文化，2020（20）：13-15+12.

二、什么圈层就是什么态度

2001 年深圳举办了世界大学生运动会（以下简称大运会），为了服务大运会中来自世界各国的运动员、观众和媒体，深圳在全市建设了 818 个 U 站。这些 U 站都是用集装箱和环保材料做成的，大运会后有部分 U 站被保留了下来，并且未作为经营使用，一直保持其公益性，成为市民服务和城市管理的一个重要平台，也成了深圳义工们最温暖的家。

你一定听说过深圳的一句城市口号：时间就是金钱，效率就是生命。而现在深圳最流行的一句城市口号就是：来了就是深圳人，来了就做志愿者。作为一名有爱心的人士，我自然是不能错过成为一名志愿者的机会。

可是在成为一名合格志愿者的道路上，我走得并不顺畅。要成为一名志愿者，首先需要在深圳义工联的微信公众号上注册一个志愿者号，但仅仅完成这一步还只是一名预备志愿者。注册成功后要参加 2 小时的培训，然后选择一个方便的 U 站做 10 小时的预备义工，才能得到正式的志愿者称号，成为一名正式义工。而我，已经注册预备一年有余后，还没能完成培训。我平时工作忙得没时间想，周末又要陪孩子，总之一直没有如愿成为一名正式的深圳志愿者，心中不无遗憾。

有本知名哲学著作提到，伦理学中有一个至关重要的原则，叫作“黄金律”，即互惠原则：你想别人怎样待你，你就要怎样待人。书里强调环境是人与自然，也就是强调，如果人要想与环境和平而长久地共存下去，必须要善待环境和爱护环境。人与人的相处也是深刻遵循“黄金律”的。想要别人相信自己，就必须先相信别人；想要别人尊重自己，就必须先尊重别人；想要别人理解自己，就必须先理解别人；想要别人爱自己，就必须先爱别人。

但是仔细想想，我的人生与这些别人真的那么相关吗？别人不相信我，重要吗？能影响我的生活吗？我那么在意的“别人”，也许再过三五个月，至多三五年，就会淡出我的生活，换言之，这些人只不过是我生命中的过客。他们对我的想法和态度，甚至对我的行为，在我生命的漫漫长河中太微不足道了。所以真不应该让这些“别人”影响我的心情和生活。要想活得没有负担，就应该给自己生命中出现的人划分圈层，并且针对不同圈层的人有不同的态度，如图 6-1 所示。这件事应该是我未来交际圈、时间分配和心情控制的指导原则。

近年来，深圳以“制度化、专业化”为引领，打造了“志愿者之城”3.0模式，推动志愿服务从提供社会服务向参与社会治理、凝聚社会共识跨越。为什么我一定要将自己的思维禁锢在“只有跟大家一起做义工，才是一名志愿者”的思维里呢？为什么我会觉得别人认为合格的义工才是义工呢？这样不是在自我设限吗？深圳倡导志愿服务要参与社会治理，不是只有穿着红马甲指挥交通这种形式才是志愿者，这不是我的优势。我的优势是行业资源和工作经验，也许通过这些也能参与社会服务和治理呢！人生就是这样奇妙，当我意识到这个方向的时候，机会随即就出现了。

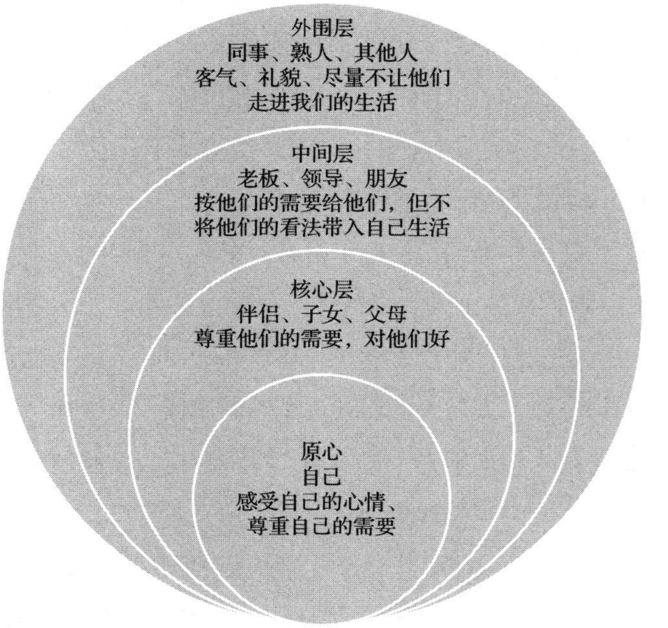

图6-1　面对不同圈层的人对应的态度

2018年年末的一天，深圳市文体旅游局一位朋友找到我说：目前深圳的文化产业园区数量众多，仅市级以上的文化产业园区和基地就有61家。据不完全统计，未被认定的园区有数百家。为了规范园区运营，提升管理水平，促进行业交流，培育行业品牌，现在局里支持成立一个文化产业园区行业协会或社会组织，问我是否有意愿参与竞争这个民办非企业单位的秘书长。

深圳市场经济成熟，高新技术发达，产业资本活跃，在这些优势条件之下，市政府相关部门很早就提出把文化产业打造成为支柱性产业的目标。在这一目标下，目前深圳文化产业法人单位超过 10 万家，文化产业从业人员超百万人，到 2018 年年底，深圳市文化产业增加值为 1996 亿元，占 GDP 的比重为 7.9%，是名副其实的支柱性产业。与此同时，深圳文化产业增加值中超 90% 都集中在文化产业园区和基地当中，文化产业园区的重要性不言而喻。

文化产业园区行业协会秘书长的这个工作我很期待。我把这个情况跟张妃董事长说了，她也很支持。我们都认为，履职这个协会秘书长一方面可以为深圳市文化产业贡献绵薄之力，另一方面也可以加强与主管部门以及优秀同行的深入接触。

人生往往很有趣，我从来没有想过有一天我会从银豹公司离开，因为张妃董事长既是我的亲戚，对我又有知遇之恩。这 10 年里我跟她在一起的时间比跟我妈妈在一起的时间还要多，这期间我的每一个人生的重大决定都是在她直接或间接引导下做出的。而且我从秘书到总经理，无论是经验还是人脉都有了一定的积淀，从来没有想过要离开。正是由于参加文化产业园区行业协会秘书长的工作，我在银豹公司工作了 10 年之后，离开了这个让我无比留恋的集体，开始了自主创业。10 年时间，我从秘书做到总经理；从月薪 3000 元到年薪百万元；从与人合租到自己买房；从本科毕业到完成了硕士和博士的深造；从单身到有了三个可爱的宝宝。我实现了一个普通打工人的逆袭，一路走来要感恩的人和事太多太多。职业生涯的第一个 10 年已经圆满地画上了一个分号，下一个 10 年，将开启新的期待。

人生真是很奇妙，没想到怀着公益的初心做能推动我热爱的文化产业的事情，更没想到还能以此为契机开启一个全新的自主创业的未来，收获完全不一样的人生。

三、数字时代才是真正的“以人为本”

数字时代是以“运营”为中心，还是以“客户”为中心呢？其实无论以什么为中心，最后的落脚点都是“以人为本”。

《中华人民共和国国民经济和社会发展第十四个五年规划和2035年远景目标纲要》提出：迎接数字时代，激活数据要素潜能，以数字化转型整体驱动生产方式、生活方式和治理方式变革。

在政府政务、社会治理、公共服务、企业发展方面都需要借助数字化手段，主动进行数字化转型的背景下，时代必然催生一大批新业态来推动国民经济的快速发展。

在中共中央、国务院提出的“数字中国”战略背景下，社会治理能力已经成为国际合作和竞争的核心，提升国家的数字竞争力就是提升国家竞争力。放眼全球，像我国一样把数字化布局作为顶层设计进行战略布局的国家寥寥无几。

无论是社会治理还是企业发展，推动数字化转型都是“一把手”工程，这样才能既保证思想的高度统一，又保证资源配置的高效集中，实现上下一心朝着共同目标迈进。

数字时代的“以人为本”，无论是从宏观层面还是从微观层面都是和谐统一的。在宏观上，“数字中国”是为了实现以人民为中心的社会治理目标，解决人民日益增长的美好生活需要和不平衡不充分的发展之间的矛盾，重塑社会治理体系，打造与时俱进的组织形态；在微观上，“数字中国”将推动政府、高校、企业和科研机构等创新主体在基础和应用研究以及组合创新方面既各司其职又协同联动，避免资源浪费，从而达到数字化转型的目标。

第二节　如何弄潮数字化

App、系统、算法、模型都是数字化的表现形式，但不是数字化的全部，数字化不单指技术，还有企业的整体转型。数字化时代重新定义了客户，需要企业有与时俱进的价值观、增值流程、团队架构和工作方式，更重要的是需要重塑企业文化。

一、数字化转型难吗

作为企业这个主体或者企业的负责人，在面对数字化时代汹涌而来的大趋势时，会面临哪些困难呢？我认为企业在数字化转型的前期至少要解决三个难题，如图 6-2 所示。

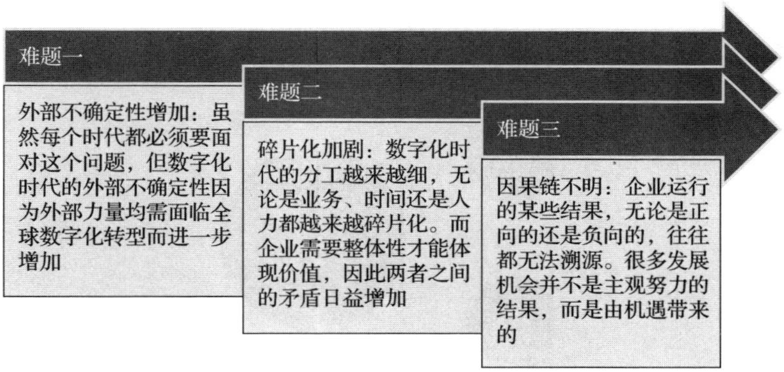

图 6-2　企业数字化转型前期面对的三个难题

企业要实现数字化转型难吗？难！

如果以上三个难题都能顺利通关，企业接下来是否能把握得了数字化转型的节奏？从哪个环节开始入手？企业的上下游、前后端能不能配合这次数字化转型？在局部实现了数字化之后能不能实现由点及面的融会贯通并最终满足消费者的需求？

就像企业的数字化转型很难一样，我自己的个人职业转型也面临着艰难的选择。到底是着重眼前，还是兼顾长远？到底是一心赚钱，还是寻找初心？到底是坚守擅长领域，还是跨界发展？

从银豹公司离职后，一方面我把 50% 的精力放在深圳市文化产业园区协会，做公益、做行业发展的推手；另一方面我用 50% 的精力来创业。

也许有人会说，很多人用 100% 甚至 120% 的精力去创业都不一定能成功，凭什么你认为只用 50% 的精力可以去做好创业这件事呢？你创业是认真的吗？

我当然是认真的！

虽然，我所做的公益是在文化产业这个细分领域中以行业协会和研究院这些社会组织做行业发展推手的工作，社会组织本身是非营利性机构，我不拿报酬，所以我将其定义为公益性。但是，由于我的创业方向是创业投资和创意设计，而通过行业协会和研究院的运作，我又能得以积累更多增量的企业家、人才、项目、资本等资源，为创业赋能。公益和创业实现的经济效益和社会效益叠加的结果可谓是 1+1>2。如图 6-3 所示。

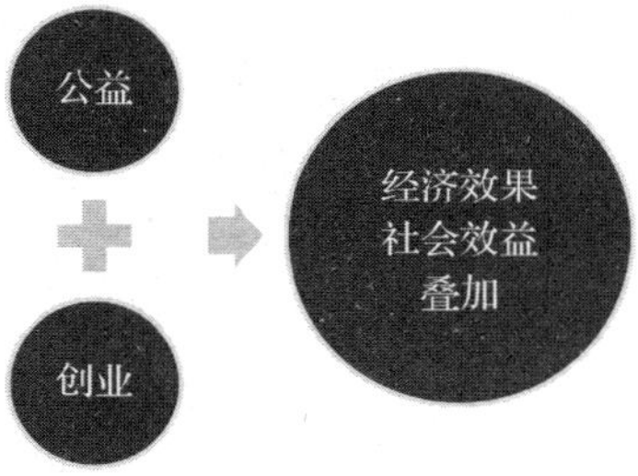

图 6-3　公益和创业叠加效果

二、过去的思维解决不了新问题

也许你会说，你已经 40 岁了，完全不能跟 20 多岁的小年轻拼体力拼精力了；也许你会说，你已经 50 岁了，再过几年就退休了，学习新知识和新技能是不可能的了。其实无论你是哪个年龄段，数字化时代都淘汰不了一个与时俱进的人。但是，如果你根本就不想学习，不想进步，整天自怨自艾，时代不淘汰你淘汰谁？

实体店不好做了，淘宝、天猫不好做了，微商、社区团购也不好做了，这是时代在给你提醒：该去学习了，该提升认知边界和维度了。

淘汰你的不是时代，而是你的自以为是和自我放逐。以前的成功不代表今天还能成功，以前的失败也不代表明天就注定是失败，过去的思维不能解决新的问题，拿着旧地图想找今天的路，无异于刻舟求剑。

数字化时代的本质是“去中心化”，其实一个创业者和“小白”比以往任何时代都更有可能一战成名。

未来的商业看似越来越难，但其实只要掌握了数字化时代的核心，其他的一切则万变不离其宗。解决如图 6-4 所示的数字化商业的三个难题，会让我们在数字化时代的创业变得更容易。

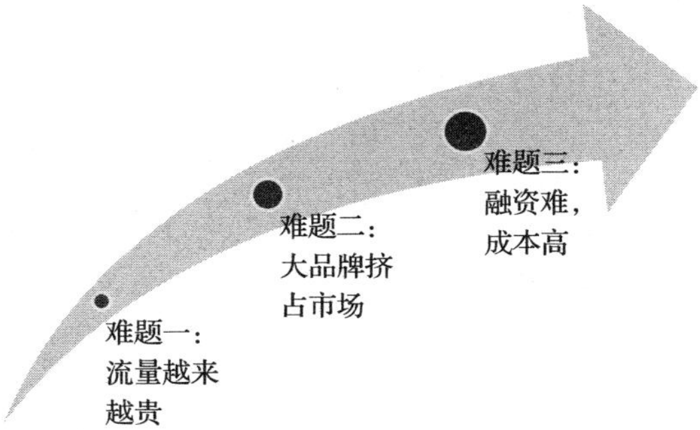

图 6-4　数字化时代商业的三大难题

第一，流量越来越贵。如果还想单纯依靠流量换成交的模式，成本只会越来越高，甚至完全挤压掉所有利润空间，造成亏损。所以，只有品牌才能获得溢价。如何做好品牌呢？答案是：紧紧抓住新媒体红利，快速实现企业品牌和个人 IP 的裂变、传播和变现。

第二，大品牌挤占市场。上一秒你还认定做品牌、做 IP 是解决流量贵的问题的答案，下一秒你就发现市场竞争异常激烈，各大头部品牌占据了 80% 以上的市场份额，而我们作为刚创业的团队，员工工资、供应商货款都欠不得，要想突围难如登天。那么，让员工持股、深度绑定供应链和经销商，让他们在快速帮我们卖货的同时，还主动地营销我们的产品和服务，口碑就是制胜之道。

第三，融资难，成本高。都说资本是逐利的，是嫌贫爱富的。刚成立的团队是最缺钱的时候，但要么找不到融资渠道，要么融资成本高企让人无力承担。但其实现在市场上有很多融资方式，资本看重的是你的增长潜力和空间，想要融资一定要用资本圈的语言讲清楚他关心的问题。

专栏 6-2

刘畊宏：一个明星靠跳操出了圈

在带货的直播间里，罗永浩没有用网红，俞敏洪用的是新东方老师，但偏偏用户愿意为他们买单，流量与销量双丰收。那么，到底是网红才有流量，还是流量创造网红呢？看完他的故事也许你会有答案。

2022 年上海新冠疫情封控期间，朋友圈里除了晒囤粮、团购外，就是晒“本草纲目”毽子操，刘畊宏正式红出了圈。上一次刘畊宏出现在大众眼中，让人稍微有点印象的是他带着女儿小泡芙参加《爸爸去哪儿》。自从这个节目播出结束后，刘畊宏好像又消失了，有人开玩笑说他是周杰伦都带不红的“过气”歌手。

刘畊宏 1972 年出生，1990 年 18 岁参演电视剧正式出道，1997 年加入“咻比嘟哗”男团。解散后开始参演电影并发行个人专辑，2012 年后陆续担任电影监制、电影领衔主演、综艺节目明星教练、电影制片人等。刘畊宏也曾经帮动力火车、许茹芸等歌手写过歌，出版过自己写的健身书。

这段时间有三个现象级的人，以前他们在各自不同的领域都有一定的影响力，三个看似没有关联的人却都成功出了圈，成为新“网红”。

第一个当然就是刘畊宏了，他一周涨粉 3000，刘畊宏不仅人火了，还带火了一个词“刘畊宏女孩”。在 2022 年上海因新冠疫情封控期间，健身长达 20 年，一身“腱子肉”的刘畊宏带着太太和岳母在抖音直播间跳操。封控期间所有人的居家健身需求都被激发了出来，刘畊宏也因此迅速破圈。

第二个是 20 世纪 80 年代的摇滚歌手崔健。虽然我是 80 后，但是由于我对摇滚并不热爱，所以当年也只是偶尔在街边的音像店听过崔健的歌，我想90后和00后对崔健应该不熟悉了。但是，他在开线上演唱会时，超过4000万人围观了这个中国初代摇滚歌手的风采，整个互联网都被崔健刷屏了。

第三个是刘润老师。同样是在上海新冠疫情封控期间，他首先用7天时间写完了一本书，本以为7天结束封控，没想到7天之后还有14天，14天之后还有14天……于是，刘润老师连夜策划，第二天就开始在视频号上直播，跟大家一起分享读书心得，然后就成为固定内容。

看到这里不知你发现没有，无论是演艺界的明星，还是30年前的歌手，抑或是学者商人，如果想要出圈成为国民“网红”，一定绕不开数字化新媒体平台。

很多人认为刘畊宏红得很突然，甚至可以说没有理由，那主要还是源于对他的过往不了解。这个已经50岁的艺人，是歌手、创作人、主持人和演员，可以说是一位当之无愧的全能型艺人。他的直播间如果只是单纯的跳操，那他和抖音里几十万的健身博主有什么差异呢？

但一个拥有5000万粉丝的健身博主，不可能所有的粉丝都是健身狂热者，相反大多数是以前不爱运动，甚至是不运动的人。很多人一开始是看热闹围观直播间，但后来在刘畊宏的直播间看着他和太太王婉霏一边运动、一边聊天、一边秀恩爱，再受到“腰间肥肉咔咔掉，人鱼线、马甲线，我想要”的宣传带动，不自觉就架起手机开始跟着一起跳起来。

正是由于他和周杰伦20年的兄弟情谊，可以边跳操边玩大明星的梗；正是由于他在娱乐圈的好人脉，可以让诸多明星自发跟他互动、帮他加油助威；正是由于他主持人的专业度，让他可以在直播间有超强控场力；正是由于他多年健身练就的一身肌肉，让他在健身结果上可以现身说法吸引路人眼球。所以，刘畊宏的火是必然，他做了30年的准备，就是在等那一阵东风。一切可以成功出圈的新晋网红都具备两个条件：在自己专业领域内有足够的沉淀和善于利用数字化手段突围破圈。这便让他们得以吸引流量并成为流量。

（笔者根据多方资料整理而成）

资料来源：

①田常波.“刘畊宏现象”与运动数字化建构的思考 [J]. 体育博览，2022（6）：158-160.

②邓维维. 传播学视角下“刘畊宏女孩”的出圈原因研究 [J]. 新闻研究导刊，2022，13（10）：119-121.

数字化时代连明星都纷纷“降维打击”开始下场直播带货了，与此同时，新业态不断涌现，国家提出的“新个体经济”概念，明确支持包括传统企业数字化转型在内的 15 种新业态、新模式的发展，鼓励多样化自主就业、分时就业。那么，我们如何在数字化时代巨浪中做一个弄潮儿呢？

三、任何企业都值得用数字化的方式再玩一遍

任何企业都值得用数字化的方式再玩一遍。企业成功进行数字化转型的核心在于重新梳理业务流程，弄清楚在数字化大时代背景下企业内部各个业务流程和关键节点，构建与数字化适配的业务地图。而企业数字化转型的方向和结果取决于自身业务流程梳理过程中的颗粒度和精确度。

企业的数字化转型相当于对内部原有的业务流程进行重新梳理甚至变革，所以需要企业家用系统的和全局性的眼光看待业务流程。我们一直在说数字化时代的核心是“以人为本”，所以无论是对客户还是对运营，归根结底还是要不断地为客户创造价值，上等的流程管理会产生上等的服务客户结果。

好的流程再造需要好的流程工具。现在很多企业都有制度和标准化体系，比如 ISO 标准体系等，而这些标准往往来自第三方服务公司，虽然会结合每个企业的实际情况来制定，但仍有许多模块化的东西，而在数字化

转型的流程再造中，需要结合数字化时代的特点来进行工具的选定。

企业的数字化转型从传统的“价值思维”转变为“以人为本”，有数字化、网络化、智能化三个本质特征，如图 6-5 所示。

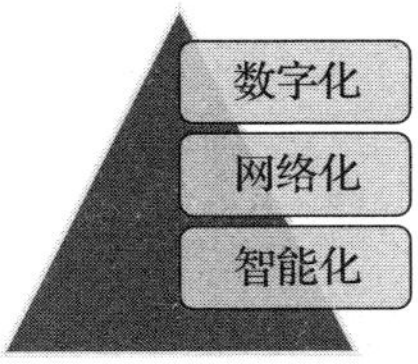

图 6-5　企业数字化转型的三个本质特征

专栏 6-3

恒安集团：数字化转型可能是当下唯一可行之路

在全球经济受新冠疫情影响的大背景下，大多数企业都在感叹生意比以往难做了，销售额下滑严重。与此同时，也有部分企业逆势而上，不但可以保持企业发展稳定，甚至还实现了弯道超车、倍速增长。

新冠疫情发生后，从决定生产口罩到第一片口罩下线，恒安集团用时 18 天。这样的速度一方面体现了中国制造业在企业经营和供应链方面的强大实力，另一方面也由于恒安集团多年在日用快消品行业的深厚积淀。对于恒安集团来说，在新冠疫情前，数字化也许还只是一道选择题，可以选择是或否，而在新冠疫情之后，数字化可以说成为一道必答题。

1953 年，恒安集团创始人许连捷出生于福建泉州，“许连捷”这个名字蕴含着父母连连告捷的美好希望。遗憾的是，命运并不以人们美好的向往为转移，因为家庭贫困，许连捷小学还没有上完就辍学，27 岁以前一直在家务农。

1980 年，许连捷人生的第一个小转折出现了。这一年他不再务农，继而组建了一支运输队开始了“经商”之路。

如果说运输队是许连捷走上经商之路的起点，那么 1981 年开办安海后林劳保服装厂则是许连捷人生路上的大转折。这个时候，许连捷既是厂长又是技术员，十里八村的兄弟们和乡亲们都纷纷在许连捷的厂里由农民变成了工人。1983 年，也就是许连捷创办服装工厂的第三个年头，服装厂就实现利润 50 万元。

1984 年，许连捷认为国内广大女性群体会因为收入和生活水平的提高而拥抱更健康的生活方式，因此卫生巾这种革命性的产品一定会受到欢迎。经过了两年的生产，恒安集团的“安乐”卫生巾就成为全国百货商店供不应求的产品。对于 20 世纪 80 年代我国的女性朋友来说，“安乐”卫生巾是提高生活品质的革命性产品。

许连捷作为商人的思维好像永远都先人一步，无论是抓住机遇，还是应对危机。

在跑运输的时候，许连捷感受到改革开放的东风，义无反顾地开办服装厂；在全厂上下干得如火如荼的时候，他居安思危看到三来一补的有限生命，寻求企业转型；恒安集团旗下心相印、七度空间、安尔乐等品牌享誉全球，已然成为国内卫生用品的巨头时，许连捷想到为了支撑起恒安集团这个庞大的体系，需要科学先进的运营平台为其保驾护航，因而早早开始了信息化到数字化的建设。

数字化之于恒安集团既可以说是一种管理转型，又可以说是业务转型。恒安集团认为进入数字化这个新赛道需直接与消费者进行高频且有效的互动，这样既可以收集到直接的用户反馈数据，又可以建立起 TOC 端的运营体系。

恒安集团能够如此快速地推动数字化进程，得益于从 2013 年就开始全面数字化战略的提前布局。整个集团从 2014 年开始了从供应链端到终端信息化、可视化为核心的第三轮管理变革。通过数年的探索和实践，恒安集团实现了生产自动化和供应链信息化，带来的则是产品品质、数字化工艺、设备管理、节能降耗水平等的全面提升，也使恒安在渠道碎片化和新商业模式的趋势中争得了一席之地。

恒安集团位于福建省，而“数字化”和“绿色低碳”是近年福建省发展的战略重点，数字经济和绿色经济是福建省构建现代化经济体系的重中之重。恒安集团也在结合“数字福建”的战略，提高生产和运营的效率，挖掘新的客户价值，主动投入数字化的浪潮中。

在数字化浪潮中，零售业的竞争进一步激烈，其中大数据和场景的作用益发明显。那么，在这个大趋势和大背景下，零售企业如何突围，组织数字化变革是绕不开的路径，如何进行资源再开发、如何进行制度调整、如何构建新平台、如何创新数据使用方法、如何进行数据分析这一系列动作缺失了哪个环节都无法成功。

环境和市场正以前所未有的速度一刻不停地发生着变化，许连捷带领着恒安集团在信息化建设和数字化变革中持续探索企业产品和组织架构的组合模型，高效发挥数据的商业价值，为恒安集团千亿目标提供强有力的支撑。

（笔者根据多方资料整理而成）

资料来源：路沙．恒安集团构建智造新模式　有效落地精益生产 [N]．中国信息化周报，2022-06-13（020）.

企业的数字化转型至少要在以下四个层面分别实现数字化、网络化和智能化：

第一，战略管理。企业的愿景、使命和价值观决定了企业是什么，以及未来的发展目标。伴随着数字化时代的到来，商业格局发生了巨变，企业面临着极为不确定的外部环境，企业要实现数字化转型，需要从战略管理层面应时而动，使自己具有数字化基因。

第二，业务模式。数字化时代的企业也许是商业模式的创新者，能够满足数字化给消费者生产生活带来的巨大改变；数字化时代的企业也许是行业的颠覆者，它们从其他行业跨界而来，通过数字化颠覆传统行业，从而实现转型升级；数字化时代的企业也许是产业链的团结者，它们把新技术、新内容、新服务与传统行业紧密结合起来，创造一种全新的消费场景。

第三，组织架构。由于企业的战略方向和业务模式都在进行数字化转型，所以组织架构也必须与时俱进支撑战略和业务的发展。因为业务模式数字化，所以组织内部需要更加灵活多变，项目制、合伙人制、协作化都是企业数字化转型过程中组织形式的主流。与此同时，组织内的人才也需要补充或提升数字化的工作能力。

第四，系统管理。最后，支撑企业数字化转型的载体就是建立一个数字化管理系统。虽然内资企业的系统思维相比较外资企业而言成熟度略低，但经过 20 多年的信息化建设，很多企业导入了企业资源计划（ERP）、客户关系管理（CRM）、自动化办公（OA）等信息系统，在此基础上，全面升级企业系统是企业数字化转型之路的载体和保障。

此时，我的创业方向是文创产品设计研发和营销，我们创立了原初文化家居用品公司，致力于将中国传统文化与当代生活相融合，旗下名为“原初格物”的家居用品品牌主打“新茶文化”，专注于茶具及其周边产品的设计研发与营销，从而打造并引领属于当代生活的新茶风尚。

首先，原初文化家居用品公司以创意设计立命，以此提升产品的内涵和质量，将创意设计与现代生活和消费需求对接，拓展新消费市场，发挥创意设计的赋能作用，提升陶瓷等传统产业在家居用品行业的竞争力。

原初文化家居用品公司自成立以来，坚持以创新为核心驱动，强化创新链与产业链的精准对接，不断通过创意设计提升产品的文化内涵和附加值。公司设计研发了 40 余款拥有自主知识产权的家居用品，其中翻转杯、易杯等多款产品获红点设计大奖、iF 产品设计奖、日本 G-mark 设计奖。

目前，我们服务了宝马、奔驰、宾利、中国银行、平安集团、中国石油等 118 家世界 500 强企业。一方面，我们有创意设计的力量加持，使产品有高于市场的品牌溢价力；另一方面，全国礼品渠道和 118 家世界 500 强企业在内的终端客户为我们的营销打下了坚实的基础。

说实话，创业前期我们的日子还是比较好过的，但后来由于数字化的发展以及受新冠疫情的深刻影响，业务受到的冲击还是很大的。很多时候是危机也是契机，在多重因素的作用下，原初文化家居用品公司也开始了数字化转型。

如上面所讲，每个企业的行业、产品、发展阶段、企业规模、创始人及团队不同，数字化转型的方向、方法和程度也不同，需要根据实际情况选择适宜自身发展的方式。

原初文化家居用品公司的数字化转型目前主要在发展战略、业务模式和组织架构三个方面。

首先，在发展战略上，我们过去的愿景是“让年轻人爱上茶”，现在的愿景是“自然而然”。我就是我，你就是你，我就是努力做好自己的产品，用诚意的设计和优质的供应链来尽可能完美地呈现产品，你喜欢就喜欢，不喜欢也没有关系，但希望能吸引有共同价值观、共同审美观、喜欢中国风的你。

其次，在业务模式上，积极面对电商和新媒体电商浪潮的冲击，增设新媒体电商事业部和跨境电商事业部，从团队组建、运营模式到激励方式都采用合伙人模式，独立核算，高提成、高分红刺激团队的工作积极性。这些举措也能尽快地让这一支专业化的年轻团队把公司带入数字化转型的正轨，帮公司决策层迅速培育出“数字化”基因。

最后，在组织架构上，公司根据新业务的需求升级了 ERP 系统和 OA 系统，以适应战略、业务、架构的“数字化”。

数字化转型是一条没有尽头的道路，数字化转型，一直在路上。

第三节　数字化转型那些不得不知的事

消费者越来越希望产品和服务可以满足他们的个性化需求，而这一需求就是用数字化来实现的。数据能准确地记录消费者的消费习惯；敏捷的数字营销可以刺激消费者的下单行为；人工智能、虚拟现实、增强现实可以使消费者的体验更加优越，数据甚至比消费者更了解他们自己。这样看来，数字化可以说是这个时代的注脚了，企业无论是主动拥抱数字化，还是被动接受数字化，都注定要与数字化结缘。

一、数字化转型的好处

2021 年，我投资了一家做教育的公司，这家公司位于深圳南山区南头古城。恰巧，南头古城是深圳市文化产业园区协会的会员单位，是由万科主导运营的文化产业集聚区。南头古城见证了 1700 年来的郡县变迁史，是深港澳地区的历史源头。保存有纪念文天祥的信国公文氏祠、东莞会馆、南城门洞、报德祠等历史建筑，是深圳最有魅力的文化名片和历史全景博物馆。

为什么说南头古城是深港澳地区的历史源头？来看看这组数据你就有答案了：南头古城面积约 24.2 万平方米，现有约 992 栋建筑，建筑面积约 35 万平方米，包括 1 处广东省重点文物保护单位、5 处市级文物保护单位、2 处区级文物保护单位、9 处未定级文物、1 处历史建筑。

南头古城这个项目在深圳市政府和南山区政府主导的前提下，由万科主导运营工作，与深圳市深汇通投资控股有限公司、深圳市南头城实业股份有限公司合资成立运营公司。

通过文化艺术介入实现更新发展成为南头古城核心发展路径。2017 年，第七届深香城市 / 建筑双年展主展场设在南头古城，布展单位坚持有机更新，通过微改造方式对文物建筑进行保护与利用；强调统一谋划，对整个古城进行整体规划和方案设计；推动环境升级，开展城中村综合治理；引入特色文化创意产业业态，涵盖研发、生产、生活、娱乐为一体的多元载体，进行了以空间融合为载体、产业融合为核心、深港文化交流融合为特色的文旅融合新实践。作为全国旧城有机更新与文化保护发展典范，在2020年中国城市更新论坛中，南头古城的开发利用被评为“2020年度中国城市更新和既有建筑改造优秀案例”。

不仅如此，南头古城现在已经成为深圳年轻潮流人群聚集的文化艺术高地。深圳常住人口的平均年龄偏年轻，深圳的年轻人可以说是数字时代的原住民，他们从小生长的环境让他们具有国际化的视野，以及对数字化技术的学习力和掌控力。他们不盲从父母，更不迷信权威，对自己的兴趣和爱好有高度的自主权，而且具有高度的圈层自信和人文品质。可以说，当今的潮流文化、国潮IP等消费风尚都是由他们发起、参与和推动的。所以，南头古城也是年轻人向往的深圳数字化、潮流文化消费的高地。

企业一旦拥有数字化思维，并将数字化转型付诸实践，至少有如图6-6所示三个方面的好处：

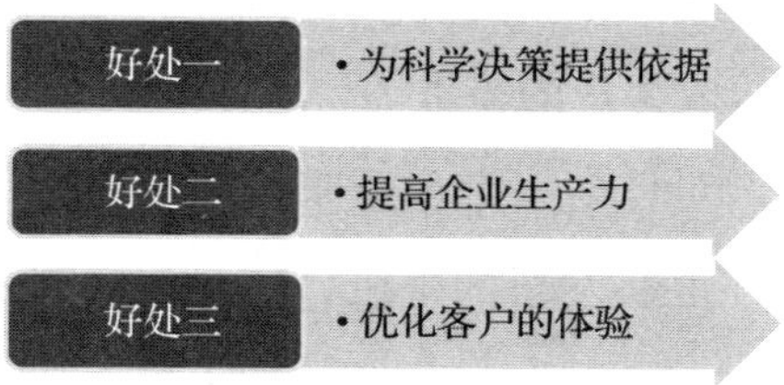

图6-6　企业数字化转型的三个好处

第一，为科学决策提供依据。早前，很多企业没有科学管理也没有数据分析，特别是在ERP等管理系统还没有普及的时候，往往都是企业家“拍脑袋”决策。在系统逐渐普及之后，往往又因为生产、销售、供应链、财务和投资回报数据收集和评估过程的滞后性，要么使企业失去了市场机会，要么产生盲目决策导致失败的惨痛结果。而全面数字化转型后，借助升级的信息系统和实时高效的分析技术，企业就可以依靠定制强大的分析算法，及时而科学地做出管理决策。

第二，提高企业生产力。在传统的企业管理中，管理效率低下，造成资源严重浪费，再加上世界经济局势进一步下行、整体产能过剩等外部因素的影响，企业的利润空间愈发狭小。而企业通过数字化转型，整个物联网可以持续不断地传输数据，通过系统的分析技术，不仅可以预测性维护，减少设备的闲置时间，还可以定位生产过程中的问题，从而优化生产流程，对提高企业生产力和竞争力意义重大。

第三，优化客户的体验。我们一直在说数字化的本质是“以人为本”，而在数字化转型之前，其实很多企业的客情维护都相当初级。很多一线的销售或者客服人员在根本不了解客户需求的情况下就开始了销售过程，这无异于蒙上眼睛打移动的靶子。而且就算一线的销售或者客服人员非常了解客户的需求，客户的需求变化了怎么办？一线的销售或者客服离职了怎么办？要解决这些问题必须通过数字化转型来达成。大多数客户都喜欢以自己喜欢的方式被服务，企业可以通过客户的需要和消费习惯定制对这个客户的服务方案，满足客户的期待，并对客户的反馈进行记录，挖掘出更多销售线索，以此提高客户的留存度和忠诚度。这样，哪怕是更换了服务人员，也不会因此而造成客户的流失。

真正的数字化转型对任何一个企业来说都是庞杂的系统工程，但它却可以帮助企业由内而外地焕发新的生机，使企业改善业务运营，重新构建业务流程且更协同高效，使企业更具市场洞察力。

企业的数字化转型，在当下可能还是先进入者保有优势，但随着时间的推移，具备数字化能力就不能算是竞争优势了，而仅仅是企业生存和发展的起跑线而已。数字化的过程注定会淘汰掉一批企业，但也会孕育一大波发展的大机会，会有一批新的企业脱颖而出，越做越大，越跑越快。

二、个人也可以数字化转型

数字化时代，各行各业、大小企业都在数字化转型。只要企业在进行数字化转型，那么企业的发展战略、企业文化、业务流程和组织架构都被数字化进行了全方位改造。身在企业的员工，做好准备了吗？

企业的各个部门需要的是不同专业的人才，个别部门的员工不要说拥有数字化的技能，可能对“数字化”三个字都很陌生。

而大数据、云计算、IT 等专业的从业者虽然跟数字化高度相关，但面对“数字化”转型的压力也并不小。因为数字技术始终保持着高迭代的状态，技术可能几个月就会完全更新。

所以，无论是在企业的哪个部门，是直接面对数字化技术的部门，还是后勤保障部门，都需要与时俱进，不断地提升个人技能，掌握相应的数字化工作技能。只有这样，才能保持与时代同步，不落人后。

数字化转型对企业来说是一个划时代的发展机遇，对于个人来说亦是如此。如果你觉得在原来企业和原来的岗位配合组织的数字化转型而进行个人的数字化技术升级很难，那你要不要考虑更激进一点，干脆跳出原有企业，甚至跳出原有行业，出来创业，进行一次彻底的个人数字化转型呢?

也许你会问，一个企业，不要说是大公司了，哪怕是初创型的公司也是一个团队。是团队就会有分工、有配合，团队作战在数字化时代都是九死一生了，个人想弄潮数字化，还有成功的机会吗?

答案是：有，而且个人比企业成功的概率更大。

几十年之后，我们蓦然回首就会发现，当下才刚刚是数字时代的开端，也是前所未有之大变局的开端，这是一个充满机会的时代。

个人想要在数字时代弄潮最简单、起点最低的方法就是：轻创业，打造个人 IP。

本书在第五章第二节中提到过“轻创业”，那么，接下来我就把这个个人在数字时代弄潮法——轻创业——展开说一说。

个人 IP 轻创业相比企业的数字化转型而言有后发优势，因为个人 IP 轻创业风险小、更快速、离消费者更近，能更快速地捕捉和迎合消费者的实际需求，实现弯道超车。

数字化让传播变得“去中心化”，传统媒体的垄断地位正在瓦解。每一个人都可以成为一个品牌，每一个人都可以为自己代言。

比起“公司”，消费者更愿意和“人”做朋友，在数字化时代，许多公司的“人格化”特质越来越明显，比如：提起小米就会想到雷军、提起特斯拉就会想到马斯克、提到格力就会想到董明珠、提到蒙牛就会想到牛根生、提到新希望就会想到刘永好。

随着新媒体的发展，在微信、微博、抖音、快手、小红书、哔哩哔哩、知乎、喜马拉雅等平台涌现出了不同类型的网红、达人，他们涉及知识类、测评类、剧情类、美食探店类等细分领域。

无论是哪种类型的个人 IP，变现方式无非就是四种：直播带货、广告、打赏、商业活动。很多教个人 IP 变现的博主一上来就说做个人 IP 之前一定先想清楚选择哪一种变现方式。我认为，你都不知道自己的客户群体是谁，也不知道自己擅长什么风格和内容，怎么能知道自己的变现方式？

所以，我认为个人 IP 如何变现，甚至需不需要变现都是后面的事情，而排在第一位的是定位。

说到定位，很多人都会想起艾・里斯（Al Ries）、杰克・特劳特（Jack Trout）写的《定位》一书。他在 1969 年的时候就提出：随着外部环境的变化，消费者的权利越来越大，企业不能再仅从盈利的角度来经营，只有充分开发和利用好顾客的“心智资源”，才能在竞争中居于主动地位，获得长远的竞争优势。

虽然《定位》是针对企业来写的，但是定位在个人 IP 打造中的重要性是一样的。

个人 IP 的定位不难，你只需要问自己如图 6-7 所示的五个关键问题，并把答案写下来，定位就很清晰了。

这五个问题看似简单，对于小部分的人来说可以不太费力地独立完成，而大部分人却需要在他人帮助下合力来完成。如果你自己无法独立回答这五个问题，你可以把其中的任意一个问题问你的十个好友，然后汇总他们的答案，能帮助你更顺利地找到打造个人 IP 的定位。

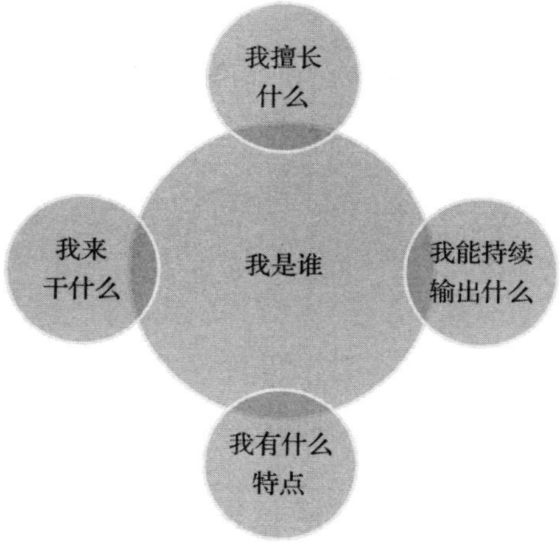

图 6-7 个人 IP 定位的五个关键问题

我在打造个人 IP 时对这五个问题的回答是这样的，列出来供大家参考。

问题一：我是谁？我是唐英，拥有三个孩子的 80 后妈妈，一名职场女性，一名创业者，管理学博士，天使投资人，原初文化家居用品公司的联合创始人，深圳市文化产业园区协会秘书长，深圳市国元文化产业研究院理事长。

问题二：我擅长什么？我擅长演讲（每年向企业授课几十场）、主持（大小活动主持）、写作（写论文、写公众号、写项目策划）、理财（买房、进行股权投资、均衡配置资产）。

问题三：我来干什么？我来跟大家交流“女性创业”的话题。

问题四：我有什么特点？我的经验都是自己多年实践的总结，不是道听途说，不是偶然巧合。我真诚地分享给大家，希望能结识到一群志同道合的朋友，共同成长和进步。

问题五：我能持续输出什么？创业者在创业路上的故事，有我自己的故事、有我投资的项目创始人的故事、有文化产业园区协会会员园区中的故事、有国元文化产业研究院课题调研中的故事……我能确保这些故事都是新鲜的，而不是杜撰的，是可以帮助到正在创业的你避坑的。

通过回答以上五个问题，唐英打造个人 IP 的定位就非常清晰了：和身边的女性创业朋友一起分享彼此的创业故事，聊聊商业。

无论你是否打算轻创业直接变现，我都建议你去了解个人 IP。如果有时间和精力，即使选择不直接创业，也可以打造个人 IP。因为个人 IP 打造会增加你的知名度和影响力，即使你是职场人或者企业家，也会因为打造个人 IP 而间接获益。这很好理解，因为有更多人关注你了，自然会对你的公司和你的产品更有帮助。

如果说打造个人 IP 的基础是定位，那么打造个人 IP 变现的基础则是销售。可以说个人想要在数字化浪潮中成为一名弄潮儿，就一定要成为一名销售达人。讲销售的专著和课程很多，但我认为在数字化时代，要成为一名好销售一定要会讲故事。

专栏 6-4

奈雪的茶：寻找新冠疫情与数字化下的机会

2022 年，随着全球“黑天鹅”事件频发，国际环境动荡不安，企业也渐渐感受到：我们永远也无法预知还会有多大的困难和挑战在前面等着我们。

创立于 2015 年的消费品牌——奈雪的茶，隶属于深圳市品道餐饮管理有限公司，这是彭心的首次创业，也是彭心和先生白手起家做起来的。奈雪的茶客户主要为 20 ～ 35 岁的女性，创始人彭心一开始就定下茶底每 4 个小时就更换一次和软欧包不过夜的中高端茶饮经营模式，由此也正式打破了市面上中低端产品占据绝大多数市场份额的局面。首先，奈雪的茶从选址上就避开了街头小店的模式，而是选择城市中心高端大型购物中心的核心位置；其次，从饮品的原料选择上，奈雪的茶坚持用优质食材；再次，极富设计感的店面装修风格也拉升了品牌的品位。2015 年 11 月，奈雪的茶第一家店亮相于深圳卓越世纪中心。

就这样，奈雪的茶的发展一路开挂，2016 年首轮获得天图资本亿元投资；2017 年，奈雪的茶开始全国拓展计划，全面直营门店超过 200 家；

2018年，奈雪的茶首家海外门店于新加坡开业；2019年，入选“中国茶饮十大品牌”；2021年，在香港交易及结算有限公司挂牌上市，并被誉为“全球茶饮第一股”；截至2022年7月，奈雪的茶门店达900家。

零售业的现金流比较直接，在创业初期，彭心都是用上个月门店收的现金投入这个月的品牌发展，所以新冠疫情刚刚开始的时候，奈雪的茶和所有线下餐饮一样，面临着史无前例的经营挑战，甚至连员工工资的发放都有了困难。

做餐饮的都知道这次的困难有多大，很多品牌都加入了关店潮，有些是主动关店，更多的则是无法维持运营而被动关店。但彭心却在这时逆势而上，她和先生抵押了自己的资产以个人担保的方式从银行贷款，不仅用这些钱发了员工的工资、结了供应商货款、交了房租，甚至还用这些钱再开新店。

得益于我国抗疫政策的先进性和有效性，仅仅两个月之后奈雪的茶又有了利润，在2020年5月再次踏进发展的快车道。这时候，彭心开始思考“意义”这两个字，比如奈雪的茶对消费者有什么意义，对社会有什么意义。

寻找意义的过程通常是漫长的，但让彭心笃定的是：喝一杯好茶——一杯能体现品位的优质的茶——将渐渐成为消费者生活的一部分，成为一种刚需，消费者通过这杯好茶能获得快乐。

彭心做了三个重要决策：第一，抓住由于新冠疫情带来的租赁环境变化，逆势扩张，控制门店租金成本；第二，重视性价比，推出20元以内的鲜果茶；第三，增加日常刚需产品——烘焙产品。

门店销售的数据表明，彭心的这三个决策非常正确。

仅仅只是把门店做好，还不足以支撑奈雪的茶财务报表上的营业收入，彭心还在关注零售市场。彭心的想法很简单：既然奈雪的茶的初心是让消费者方便地喝到好茶，那么在茶和新消费群体之间，口味、便利性和性价比三者的均衡点就是突破口。

于是，彭心创新性地用罗汉果汁代替糖，同时保持近一半量的果汁，就这样，和门店现制茶饮一样高品质的瓶装奈雪的茶于 2022 年 1 月正式上架 7-11、全家等连锁便利店，销量和口碑表现得都非常优秀。

奈雪的茶在线下有 900 家门店，消费者过亿。彭心也会想：万一哪一天疫情反扑，门店需要暂时关店，自己还会不会如 2020 年年初那样幸运呢？想到这里，“数字化”三个字出现在了彭心的脑海中。

2020 年 3 月，奈雪的茶天猫旗舰店开业，开始了数字化新零售的探索；同年 4 月，奈雪的茶携手罗永浩，一场直播创造了 900 万元销售额；6 月，奈雪的茶小程序上线“拼单”功能；2022 年 7 月，奈雪的茶会员数达到了 5000 万。

彭心认为数字化对奈雪的茶至少有两个方面的意义：第一，对内可以通过数据化、自动化和智能化的决策工具，让门店和后台的管理效率提高；第二，通过数字化可以更有效地触达消费者，与客户互动，增强品牌对消费者的影响力。

新冠疫情让企业经营变得困难，这个困难是普遍存在的，它影响的不是一家企业和一个行业，无论多难，企业主都不应该放弃发展和增长的机会。奈雪的茶也正是由于新冠疫情和数字化，与消费者之间建立了更紧密的联系，而这种联系既可以为营销和沟通打下坚实的基础，也能持续而深刻地洞察消费者的内在需要，找到发展的突围之路。

（笔者根据多方资料整理而成）

资料来源：

①徐世伟，彭建港，李春萌．网红品牌的网络口碑大数据分析——以“奈雪的茶”为例 [J/OL]．重庆工商大学学报（社会科学版）：1-14[2021-12-02]．

②陈平．奈雪的茶：如何领跑新茶饮赛道？ [J]．中国商界，2021（7）：70-75．

有了明确的目标的牵引，我们做事情就不会迷失方向，这也是我们能持之以恒将计划付诸实践，完成一件事情的基础。那么，目标是什么？首先就是要锚定目标人群。就像做个人定位的灵魂五问一样，锚定目标人群之前也需要做用户画像。这是一群怎样的人？他们的年龄区间是什么？他

们的兴趣爱好是什么？他们生活在哪个城市？他们是男性还是女性？他们的职业和收入如何？什么是他们的痛点和需求？

而找寻这些问题答案的过程，不正和企业数字化转型的技术路径有异曲同工之妙吗？有了清晰的客户画像，下一步才能根据画像选择我们曝光的数字化平台、内容的输出形式，并以此来进行个人 IP 内容的输出。

三、数字化转型路上“三大天坑”

现在企业人必谈数字化转型，其实真正在做数字化转型的企业连 1/3 都不到，而真正成功进行数字化转型的企业连 1/10 都不到。数字化转型本身就是一个新事物，就像本节一开始说的那样：数字化一直在路上。现在还没有数字化转型成功并不意味着企业进行数字化转型是一个错误决策，现在的失败很多都是暂时的，跨过了这些坑，才会收获阶段性的成功。企业的数字化转型经常遇到的“三大天坑”如下：

第一，为了数字化而数字化。其实这个问题的本质是战略问题，如果战略层面出了问题那可能就不是一个普通的坑，而是一个无底洞了。企业当前的规模、处在行业的什么水平、资金实力、市场占有率、组织架构、团队素质这些问题都会影响企业数字化转型的时间、方向和程度。很多企业在讨论或者刚刚着手进行数字化转型的时候都显得信心满满，但是在转型过程中毫不意外地会出现这样或那样的问题，如果遇到了失败，甚至是多次的失败，当整个团队都在质疑数字化转型是否适合自己企业的时候，企业决策者会不会动摇？是半途而废还是一直走下去？问题是无论向左还是向右，企业形成的损失都已经成为既定事实，而且还不知道未来的路上会不会有更多不可预料的坑，这些坑会不会成为企业的无底洞。所以，无论企业数字化转型是否在进行，都需要决策者有十足的战略定力。

第二，业务部和 IT 部门相互不配合。其实不仅是业务部和 IT 部门相互不配合，数字化转型就像企业内任何一项需要跨部门协作的工作一样，需要多部门配合，甚至需要各个部门的协作。而且这项工作的难度很高，需要配合的力度更大，只不过在业务部和IT部门之间的矛盾更突出。很多公司的数字化转型都是由IT部门主导的，直接影响业务流程，业务部门对新的系统和流程一开始会不习惯。如果IT部门和业务部门各自为政，业务部得不到IT部门的支持，业务部对IT部门推进的数字化不配合、不买账，就会影响公司业务的正常开展。

第三，陷入伪数字化系统骗局。数字化是一个新鲜事物，在早期，很多对数字化是什么都不清楚的企业，打着数字化的旗号，把已经过时的系统高价卖出。现在云计算、大数据、首席信息官（CIO）、中台、机器人流自动化（RPA）、数据治理、信息安全、远程协作、工业互联网、柔性供应链等新概念、新技术、新应用层出不穷，如何去伪存真，找到真正适合自己的数字化服务商也是一门高难度技术活。

对于数字化转型，无论是企业还是个人，最重要的是结合自身的情况、自己的需求和痛点来量身定制数字化转型方案。数字化转型过程中想要一帆风顺，不走一点弯路显然是不切实际的，在数字化转型的过程中要战略清晰，做好风险管理，减少试错成本。当我们面对一些挫折的时候，需要理性、冷静地分析，尽快找到解决问题的方法，尽量降低损失，使数字化转型服务于企业战略，推进企业发展。